2012年度国家社科基金重大项目：
“国际传播发展新趋势与加快构建现代传播体系研究”阶段性成果
批准号：12&ZD017

新媒体前沿(2013)

NEW MEDIA INDUSTRIES FRONTIERS

主　编／胡正荣　唐晓芬　李继东

社会科学文献出版社
SOCIAL SCIENCES ACADEMIC PRESS (CHINA)

《新媒体前沿》课题组

课题组组长　胡正荣　唐晓芬　李继东

课题组成员　（以姓氏拼音为序）

曹三省　范　洁　冯　琰　付玉辉　盖　鹏
甘　露　郭依蕊　郝亚洲　胡　泳　黄　建
姬德强　李　冰　刘　斌　刘　昶　刘丰海
龙　耘　王弘扬　王洁茹　王润珏　王雨琼
文卫华　吴敏苏　谢卓潇　杨冰清　张　斌
张方方　张　磊　张　蕊　张新华　赵春光
周　亭

资料支持　（以姓氏拼音为序）

董文萍　李　杰　刘　畅　吕修琦　周培源

目 录

专 题 篇

国 别 篇

案 例 篇

社交媒体的崛起与传统媒体的转型：2012～2013年全球新媒体发展报告

胡正荣　唐晓芬*

2013年10月亚马逊（Amazon）创始人杰夫·贝佐斯（Jeff Bezos）以2.5亿美元现金收购华盛顿邮报公司（Washington Post Co.）旗下的《华盛顿邮报》（*The Washington Post*）和其他出版业务。根据收购协议，出售了旗舰报纸的华盛顿邮报公司将更改公司名字。而贝佐斯本人早在2013年8月宣布收购计划时，就提出要在"新媒体"占优时代扭转这份传统报纸的颓势。

贝佐斯指的"新媒体占优"可以体现在实力媒体（ZenithOptimedia）对2012年全球30强媒体公司的排名上。在这份囊括了互联网和社交媒体公司的排名中，谷歌（Google）以379亿美元的媒体收入位列第一，雅虎（Yahoo）、微软（Microsoft）和脸书（Facebook）都榜上有名（见表1）。

表1　2012年全球媒体公司三十强

单位：亿美元

排名	媒体公司	媒体收入
1	谷歌(Google)	379
2	直播电视集团(The Direct TV Group)	272
3	新闻集团(News Corp.)	264
4	华特迪士尼(Walt Disney Co.)	197
5	康卡斯特(Comcast)	162
6	时代华纳(Time Warner)	156
7	德国贝塔斯曼(Bertelsmann)	113

* 胡正荣，中国传媒大学副校长、广播电视研究中心主任，教授，博士生导师；唐晓芬，中国传媒大学广播电视研究中心助理研究员。

续表

排名	媒体公司	媒体收入
8	考克斯企业(Cox Enterprises)	111
9	哥伦比亚广播公司(CBS Corp.)	108
10	英国天空电视台(BSkyB)	102
11	维亚康姆(Viacom)	91
12	法国维旺迪(Vivendi)	68
13	先进出版公司(Advance Publications)	66
14	清晰频道传播公司(Clear Channel Communications)	62
15	雅虎(Yahoo!)	50
16	甘乃特公司(Gannett)	50
17	巴西环球电视台(Globo)	47
18	墨西哥电视集团(Grupo Televisa)	45
19	日本富士媒体控股(Fuji Media Holdings)	45
20	日本读卖新闻控股(Yomiuri Shimbun Holdings)	41
21	德国斯普林格出版集团(Axel Springer)	39
22	意大利 Mediaset 集团(Mediaset)	38
23	赫斯特公司(Hearst Cop.)	38
24	法国德高集团(JCDecaux)	34
25	日本朝日新闻公司(Asahi Shimbun Company)	32
26	微软(Microsoft)	32
27	脸书(Facebook)	32
28	德国 ProSiebenSat. 1 公司(ProSiebenSat. 1)	30
29	英国独立电视有限公司(ITV plc)	29
30	芬兰 Sanoma 公司(Sanoma)	25

注：公司名称中未标明具体国别的，默认为美国公司。

资料来源：ZenithOptimedia。

如果将互联网公司排除在外，我们会发现传统媒体和娱乐公司的日子并不太好过。根据 SNL Kagan 的排名（见表2），2012 年全球传统媒体和娱乐公司前 25 强的平均营业增长率是 1.9%，时代华纳公司（Time Warner Inc.）、汤森路透公司（Thomson Reuters Corp.）、华盛顿邮报公司（Washington Post Co.）等 7 家老牌媒体和娱乐公司出现营业收入的负增长。而增长幅度超过 10% 的 5 家公司中，Netflix Inc. 的收入增长主要来源于其在线视频业务。根据 2013 年 6 月 Pricewaterhouse Coopers 公司对 1008 位 18~59 岁年龄段美国人的调查表明，63% 的受调查者表示使用 Netflix 作为观看网络视频的主要来源。

表 2　2012 年全球收入前 25 位的媒体和娱乐公司

单位：百万美元，%

公司名称	排名		主营业务	营业收入		增长率
	2011 年	2012 年		2011 年	2012 年	
华特迪士尼/Walt Disney Co.（DIS）	1	1	D	40893	42278	3.4
新闻集团/News Corp.（NWSA）	2	2	D	33405	33706	0.9
时代华纳/Time Warner Inc.（TWX）	3	3	D	28974	28729	-0.8
宏盟集团/Omnicom Group Inc.（OMC）	4	5	A/R	13873	14219	2.5
哥伦比亚广播电视公司/CBS Corp.（CBS）	5	7	D	13637	14089	3.3
维亚康姆/Viacom Inc.（VIAB）	6	4	C/D	14914	13887	-6.9
汤森路透公司/Thomson Reuters Corp.（TRI）	7	6	A/R	13807	13278	-3.8
自由媒体公司/Liberty Interactive Corp.（LINTA）	8	8	C/D	9616	10054	4.6
埃培智市场咨询公司/Interpublic Group of Cos. Inc.（IPG）	9	9	A/R	7015	6956	-0.8
清晰频道媒体控股公司/CC Media Holdings Inc.（CCMO）	10	10	B	6161	6247	1.4
莱恩娱乐公司/Live Nation Entertainment Inc.（LYV）	11	12	C/D	5384	5819	8.1
尼尔森控股公司/Nielsen Holdings N. V.（NLSN）	12	11	A/R	5532	5612	1.4
甘乃特公司/Gannett Co. Inc.（GCI）	13	13	P	5240	5353	2.2
发现传播公司/Discovery Communications Inc.（DISCA）	14	14	C/D	4168	4487	7.7
麦格劳 - 希尔公司/McGraw-Hill Cos. Inc.（MHP）	15	16	A/R	3594	4450	12.5
华盛顿邮报公司/Washington Post Co.（WPO）	16	15	P	4131	4018	-2.7
奈飞公司/Netflix Inc.（NFLX）	17	17	C/D	3205	3609	12.6
家庭购物网络公司/HSN Inc.（HSNI）	18	18	C/D	3069	3267	6.4
清晰频道户外控股公司/Clear Channel Outdoor Holdings Inc.（CCO）	19	20	A/R	3004	2947	-1.9
帝王娱乐集团/Regal Entertainment Group（RGC）	20	21	C/D	2682	2824	5.3
穆迪公司/Moody's Corp.（MCO）	21	22	A/R	2281	2730	19.7
赛尼马克控股公司/Cinemark Holdings Inc.（CNK）	22	23	C/D	2280	2474	8.5
斯克利普斯网络互动公司/Scripps Networks Interactive Inc.（SNI）	23	25	C/D	2072	2307	11.3
银星公司/Coinstar Inc.（CSTR）	24	28	C/D	1845	2202	19.3
瓦拉西斯传播公司/Valassis Communications Inc.（VCI）	25	24	A/R	2236	2162	-3.3

注：A/R = 广告/调研，B = 广播电视，C/D = 内容生产/分发，D = 媒体多元经营和娱乐业，P = 出版。

资料来源：SNL Kagan。

《华盛顿邮报》并非是华盛顿邮报公司旗下“在‘新媒体’占优势时代”出售的第一份报纸。早在2010年，西尼·哈曼（Sidney Harman），一位被《纽约时报》（*The New York Times*）形容为“毫无媒体经验”的音响和汽车业富豪，用1美元附加偿还4700万美元债务的代价，从华盛顿邮报公司购买了《新闻周刊》（*Newsweek*）。

《新闻周刊》的衰落始于2009年，当年第一季度因亏损2000万美元不得不发行量减半以避免破产。《新闻周刊》被收购后，隶属于刚成立两年的野兽日报网站（The Daily Beast）。2012年12月31日，《新闻周刊》发行了最后一期印刷版本，随后这家有着80年历史、仅次于《时代》（*Time*）的美国第二大新闻周刊正式转向全数字发行。

其实在《新闻周刊》之前，“纸媒已死”已经是很常见的说法。纸媒赖以生存的广告费用被互联网分流，报纸和杂志的广告收入呈现下降趋势。报纸杂志关闭纸媒业务甚至申请破产的案例在近年内频繁发生。最近的案例有：2013年8月，国际数据集团（IDG）旗下的计算机杂志《个人计算机世界》（*PC World*）停止发行印刷版，仅提供数字在线和移动平台版本；2013年9月，美国男性成人杂志《阁楼》（*Penthouse*）的出版商FriendFinder网络公司无法负担巨额亏损向法院申请破产重组。

与传统纸质媒体呈现的颓势形成鲜明对比的，是社交媒体的一路高歌猛进。2012年Facebook公司在首次公开募股时获得了高达1040亿美元的估值，高出《华盛顿邮报》售价400倍还多；截至目前全球拥有11.5亿活跃用户。此外，另一社交媒体Twitter在短短七年时间内获得了2亿用户。

庞大的用户数量为社交媒体带来可喜的广告收入。以Facebook为例，仅2013年第一季度广告收入就超过12亿美元，占全部营业收入的85%以上（见图1）。

随着智能手机和平板电脑的大量普及，移动广告成为社交媒体货币化的重要手段。移动广告也带来了新的广告形式，Facebook率先推出的“受赞助的内容”（sponsored stories）广告形式涨势喜人，在2012年度占到其广告总收入的14%。而Twitter在类似的广告形式上被认为做得比Facebook更为成功。

Twitter还在另外一件事情上追随Facebook的脚步，那就是上市。2013年

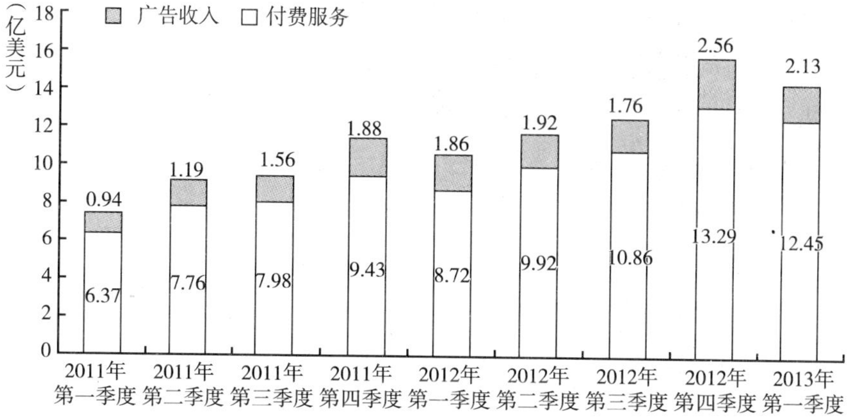

图 1 Facebook 2011 年第一季度至 2013 年第一季度收入情况

资料来源：Facebook。

10 月 4 日，Twitter 正式公开 IPO 申请文件，拟筹资 10 亿美元，股票交易代码将是 TWTR。尽管根据 Twitter 首次公布的业绩状况，该公司并未实现盈利（2012 年营业收入 3. 169 亿美元，净亏损 7940 万美元；2013 年上半年营业收入 2. 536 亿美元，净亏损 6930 万美元），但是外界普遍认为 Twitter 在其 IPO 申请文件里估值 128 亿美元是公允的行为。投资界普遍看好 Twitter 此次上市计划，有投资公司如 Ronfire Capital 和 Gamco Investors 预计它上市后的估值将为 150 亿～200 亿美元。

此外，2013 年还被预言为社交电视（Social TV）起飞年。Twitter 与尼尔森（Nielsen）在 10 月推出首份来自 Twitter 数据的电视节目排名，关注具体节目播出过程中 Twitter 消息的数量，以及观看该节目的观众规模。此举表明，Twitter 把与电视节目相关的数据视为其货币化计划的重要一部分，这将成为 Twitter 未来重要的收入来源。而 Facebook 也宣布，将开始向美国主要的广播商发布一份每周报告，详细介绍在其社交网站上用户围绕特定电视节目进行的活动。

对于传统出版商而言，幸运的是，借助数字化和全媒体转型，已经有部分媒体取得了一定的成效。英国专业出版商协会最新的发行数据表明，2013 年 1～6 月，《BBC 历史》杂志的电子版订阅量同比增长 693%，《时尚》电子版订阅量同比增长463%。

电子版订阅量恢复元气的老牌报纸杂志，重拾在内容生产制作上的强大优势。以《纽约时报》为例，2012年的付费墙业务，扭转了之前发行收入下滑和广告业务呈现负增长的颓势，并且在第二季度首次出现付费业务超过广告收入，成功实现盈利模式的转型。在数字在线出版领域站稳脚跟使《纽约时报》重拾信心，在2013年初耗资几十万美元历时半年精心策划制作了数字专题报道《雪崩：特纳尔溪事故》（*Snow Fall*：*The avalanche at Tunnel Creek*，以下简称《雪崩》），发布后仅六天时间内它就获得了290万访问量和350万页面浏览量，负责这一报道的记者约翰·布兰奇（John Branch）荣获普利策特稿写作奖（Feature Writing）。《纽约时报》的这一举措被认为是传统媒体的逆袭，老牌媒体重新定义了新媒体时代的新闻生产。资深科技记者欧姆·马利克（Om Malik）更是盛赞这个数字专题报道为《纽约时报》的新机会，他在自己的网站GigaOm上发表文章指出，《纽约时报》完全可以“以这类型的数字化报道模式为起点，开创一种新的商业模式，重新定义新闻报道”。

除了传统媒体的积极自救，新媒体新贵们也开始加入拯救传统媒体的行列。在杰夫·贝佐斯信誓旦旦要拯救《华盛顿邮报》之前，Facebook的联合创始人克里斯·休斯（Chris Hughes）就成功地拯救了《新共和》杂志。

2012年，克里斯·休斯收购了发行量连续多年负增长、处于破产边缘的《新共和》（*The New Republic*）杂志，重新设计纸质版、杂志网站和iPad应用。一年之后，杂志网站流量创下新纪录，纸质版半月刊发行量恢复到5万份的水平，员工数量增长一半，并在纽约开设新办公室。休斯领导下的《新共和》杂志网站（www. newrepublic. com）是最早采用Spokenlayer技术即为每篇故事提供音频版的新闻网站。此外，在技术细节上，休斯也做了很多有益的尝试，比如网页页面自动适应不同的浏览器、文章页面增加进度条显示阅读进度，以及内容居中两边留白并在右边增加批注功能。

休斯治下的《新共和》杂志的成功，激励着更多的传统纸媒走向数字化转型。正如《新闻周刊》总编辑蒂娜·布朗（Tina Brown）在2012年10月18日发表的文章《〈新闻周刊〉翻过一页》中写到的：“我们正在转型，不是结束”，“这不是一本传统意义的杂志，或者一个墨守成规的地方。本着这样的精神，我们进行了最重大的改革，拥抱数字媒介，我们的竞争者终有一天将以同样的热情拥抱互联网”。

当然，催促传统媒体热情拥抱互联网的重要原因之一，是移动互联网和智能终端的迅速发展。移动互联网和智能终端也带来社交媒体的移动化，为社交媒体的商业模式带来新的可能。

一 全球新媒体发展基础数据

（一）2012年全球互联网用户超过24亿，中国成为互联网用户数量最多的国家（5.65亿）；2012年全球互联网渗透率为35.7%，2013年将达到38.8%

根据瑞典互联网市场研究机构Pingdom在2013年1月发布的数据，2012年全球互联网用户超过24亿，亚洲拥有11亿用户（见表3），超过全球用户的45%。其中，中国用户达到5.65亿，成为全球互联网用户最多的国家。

表3 2012年全球互联网用户数

单位：亿

地区	亚洲	欧洲	北美	拉美/加勒比海地区	非洲	中东	大洋洲
用户数	11	5.19	2.74	2.55	1.67	0.9	0.243

资料来源：Pingdom。

另据国际电信联盟（ITU）的数据，2012年全球互联网渗透率为35.7%，2013年将达到38.8%（见表4）。

表4 2005～2013年全球互联网用户渗透率

单位：%

年份	2005	2006	2007	2008	2009	2010	2011	2012*	2013*
互联网用户渗透率	15.8	17.6	20.6	23.2	25.7	29.5	32.7	35.7	38.8

注：*为估计值。
资料来源：ITU。

如果从互联网用户渗透率看，欧洲是全球互联网普及率最高的地区。ITU的数据表明，2012年全球互联网渗透率最高的前20个国家中，大部分来自欧洲（见表5）；美国以81.0%位居第24位。而Pingdom的数据也表明，全球互联网用户最多的中国，渗透率只有42.1%。

表5　2012年全球各国互联网渗透率（前20位）

单位：%

排名	国家	渗透率	排名	国家	渗透率
1	冰岛	96.0	11	巴林	88.0
2	挪威	95.0	12	英国	87.0*
3	瑞典	94.0	13	摩纳哥	87.0*
4	丹麦	93.0	14	加拿大	86.8*
5	荷兰	93.0	15	安道尔	86.4*
6	卢森堡	92.0	16	瑞士	85.2
7	芬兰	91.0	17	阿拉伯联合酋长国	85.0
8	新西兰	89.5*	18	韩国	84.1
9	利希滕斯坦	89.4*	19	德国	84.0
10	卡塔尔	88.1	20	安提瓜和巴布达	83.8

注：*为估计值。

资料来源：ITU。

（二）2012年全球手机用户渗透率为91.2%，2013年将达到96.2%；2012年全球移动宽带用户渗透率为22.1%，2013年将达到29.5%

ITU的数据表明，2013年全球手机用户渗透率和移动宽带用户渗透率比2012年将分别增长5个和7个百分点，前者渗透率将超过96%，后者接近30%（见表6）。

表6　2005～2013年全球手机用户和移动宽带用户渗透率

单位：%

年份	2005	2006	2007	2008	2009	2010	2011	2012*	2013*
手机用户渗透率	33.9	41.7	50.6	59.8	68.1	77.2	85.5	91.2	96.2
移动宽带用户渗透率	—	—	4.0	6.3	9.0	11.3	16.6	22.1	29.5

注：*为估计值。

资料来源：ITU。

从图 2 可以看出，移动宽带用户从 2008 年首次超过固定宽带用户后，两者的发展呈现不断拉大的剪刀差效应。

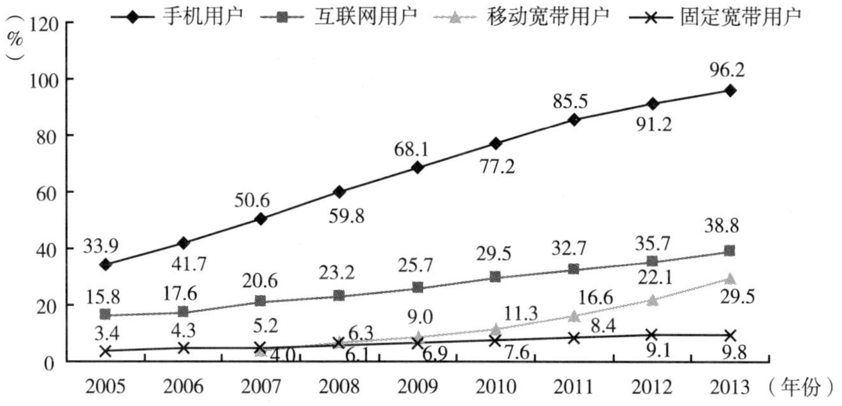

图 2　2005～2013 年全球手机和互联网用户渗透率

注：2012 年、2013 年为估计值。
资料来源：ITU。

（三）2012 年全球智能手机用户达 11 亿，移动设备占据全球 13%的互联网流量；全球超过 1 亿台智能电视机投入使用，日本、美国和中国为最大市场

根据 Pingdom 的数据，2012 年全球 50 亿用户中超过 1/5 是智能手机用户，智能手机和平板电脑等移动设备占据全球 13% 的互联网流量。另据调查公司 Deloitte 在年初预测，2013 年全球将有 10 亿支智能手机的出货量。在全球主要发达国家，日本以 92% 的比例位居智能手机上网率第一，美国以 85% 位居第二，英国以 79% 位居第三（见图 3）。

智能电视成为智能手机和平板电脑之外的第三大智能终端。根据美国 Strategy Analytics 的数据，2012 年全球有 1.04 亿台智能电视投入使用，其中日本为全球拥有最多智能电视机用户的国家，超过 2000 万台，其次为美国和中国（见表 7）。根据 Strategy Analytics 的预测，中国将在 2013 年超过美国成为智能电视机使用量第二的国家，到 2017 年中国的市场规模将两倍于美国。

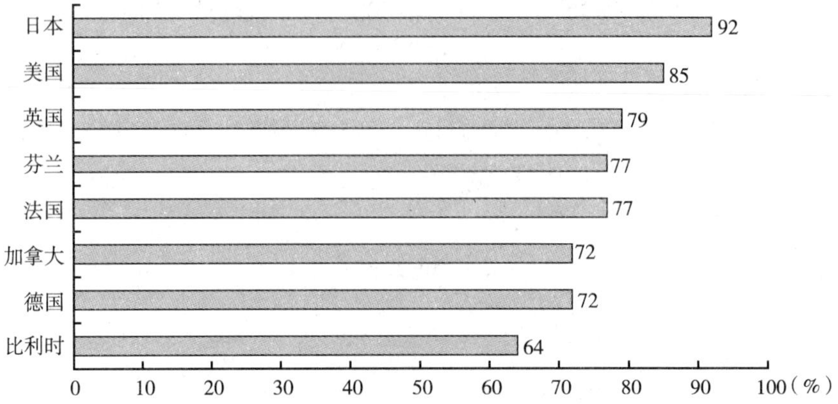

图3　2013 年全球主要发达国家智能手机上网率

资料来源：Deloitte。

表7　2012 年全球各国投入使用的智能电视机的数量（前 10 位）

单位：百万台

排名	国　家	数量	排名	国　家	数量
1	日　本	21. 1	6	法　国	4. 2
2	美　国	15. 8	7	韩　国	3. 5
3	中　国	13. 8	8	俄罗斯	3. 1
4	德　国	7. 1	9	意大利	2. 9
5	英　国	6. 8	10	西班牙	2. 7

资料来源：Strategy Analytics。

（四）2012 年全球广告收入 5770 亿美元；2013 年第一季度广告收入 766 亿美元，同比增长 1. 9%；互联网广告增长迅速，2013 年第一季度达 26. 3%

尼尔森发布的季度报告《全球广告市场展望》（*Global AdView Pulse*）表明，2012 年全年和 2013 年第一季度，电视广告依然是最大的赢家，分别占全球广告总收入的 62. 8% 和 59. 0%（见表 8）。对于电视广告而言，优势中潜伏危机，增长速度持续放缓和市场占比连年下降的趋势，无不预示着电视广告市场已经是一个充分饱和的市场。

表 8　2012 年和 2013 年第一季度全球广告收入情况

单位：%

媒介类型	2012 年全年		2013 年第一季度	
	占总收入比例	同比增长	占总收入比例	同比增长
电　视	62.8	4.3	59.0	3.5
报　纸	19.5	-1.6	18.3	-4.7
杂　志	8.0	-0.2	9.4	-2.8
广　播	5.2	—	5.5	-0.2
户　外	2.3	—	3.3	4.3
互联网	1.9	—	4.4	26.3
电　影	0.3	—	0.1	-5.8

资料来源：Nielsen，*Global AdView Pulse*。

纸质媒体虽然深陷颓势、广告收入连续出现负增长，但是“瘦死的骆驼比马大”，报纸和杂志依然是市场份额排名第二和第三的媒介类型，两者相加的份额占 2012 年全年的 27.5% 和 2013 年第一季度的 27.7% 。可以预见的是，随着越来越多的纸质媒体转向数字在线发行，纸媒的广告收入份额将进一步被互联网广告分流。

互联网广告的迅速崛起确实不容小觑。2013 年第一季度互联网广告的增长速度达到了 26.3% ，而且这种增长突破了大经济环境的限制。即使在受经济不景气影响的欧洲，在电视、广播、报纸、杂志、电影、广告一路下滑的情况下，互联网广告依然有超过 10 个百分点的增长。此外，2013 年第一季度，互联网广告增长最快的是拉美地区，涨幅接近 50% ；其次是亚太地区，涨幅达 33.2% （见表 9）。

表 9　2013 年第一季度较 2012 年第一季度全球及各地区广告收入增长情况

单位：%

媒介类型	全球	亚太	北美	欧洲	非洲	拉美
互联网	26.3	33.2	—	10.4	-4.4	48.2
户　外	4.3	8.3	2.2	6.6	2.9	-11.9
电　视	3.5	7.8	1.3	-2.9	3.0	13.1
广　播	-0.2	0.1	-0.2	-6.2	12.2	10.3
杂　志	-2.8	-6.4	2.9	-9.9	-4.7	-3.7
报　纸	-4.7	-0.8	-9.9	-10.5	1.0	8.4
电　影	-5.8	-13.4	—	-4.3	—	-19.3

资料来源：Nielsen，*Global AdView Pulse*。

二　社交媒体的盈利模式创新：移动广告和数据服务

移动宽带和智能终端的迅速发展，促使 Facebook 和 Twitter 等社交媒体巨头的发展重心从 PC 平台转向移动平台，适应以智能手机和平板电脑为主角的移动互联世界。另外，Facebook 和 Twitter 等社交媒体在完成用户积累之后，开始转向追求盈利模式的探索，社交媒体的货币化之路成为 2012 年度的探讨重点。具体而言，2012～2013 年度社交媒体转向移动平台和货币化的两个关键词是移动广告和数据服务。

（一）移动广告

移动广告成为社交媒体新宠。eMarketer 预计 2013 年 Twitter 移动广告收入将达到 3.089 亿美元，同比增长 123%，占 Twitter 广告总营收的 50% 以上。根据 Facebook 公布的数据，2013 年第一季度来自移动终端的广告收入占全部广告收入的 1/3，而且增长势头非常强劲。

根据 eMarketer 的预测，2013 年移动广告市场将整体增长 89%，达到 166.5 亿美元。与 Facebook 和 Twitter 形成竞争的主要是谷歌和雅虎，其中仅谷歌一家就将占据 53.17% 的份额。

2012 年表现较好的社交媒体的移动广告类型有：

1. 用户生成的广告

Facebook 从 2011 年推出受赞助的内容（sponsored stories）服务，使广告主、商户或应用软件可以抓取与其互动的用户的动向，并将这些动向变成自己的广告。目前 Sponsored Stories 的合作伙伴包括可口可乐、李维斯，以及一些非营利组织，比如防治疟疾基金会（Malaria No More）、联合抗艾滋病（RED）计划、阿尔兹海默症协会（Alzheimer's Association）和儿童基金会（UNICEF）等。其实早在 Facebook 之前，Twitter 于 2010 年春天就推出了推广消息（Promoted Tweets），让广告主从社交网站的内容中生成广告。此类广告的有效性被证明是传统互联网横幅广告的 15 倍。

2. 广告竞标系统

以Facebook交易所（Facebook exchange）为代表，运用社交媒体已有的数据和外部广告商合作，在用户的News Feed中插入用户可能感兴趣的广告，让广告主向用户展示更具相关性的广告。此外，Pinterest和Instagram等社交媒体后起之秀，也在通过设置页面使网站与潜在客户建立新的联系方式。

（二）数据服务

2013年10月尼尔森发布“Twitter电视评价”报告，该报告关注与电视节目相关的Twitter会话的活跃程度和覆盖范围。尼尔森公布的第一期报告显示，有9.86万人在Twitter上发布消息，讨论9月26日最新一季《实习医生格蕾》（*Grey's Anatomy*）的开播。根据尼尔森的算法，有22.5万条消息被280万独立Twitter账号查看，并有可能促使一些用户随后收看了这部电视剧。

Facebook也推出了类似的业务，向电视台提供重要电视节目的相关用户评论数据。目前，Facebook除了向美国本土电视台的节目提供赞、评论或分享等数据信息之外，还利用其庞大的海外用户规模向法国、英国、德国、巴西和印度等8个国家或地区的10家电视台推出此项服务。除了允许广播电视公司使用用户实时发布的信息，并在电视节目直播的过程中发布这些内容之外，还允许电视台挖掘Facebook用户之间的个人对话。

三　传统媒体转型：付费订阅与新媒体中心

（一）付费之路

转型后的《新闻周刊》网络版改名为《全球新闻周刊》（*Newsweek Global*），通过电子阅读器和网页发布内容，主打用户付费订阅的收入模式。这种模式在《纽约时报》付费墙业务获得成功后被广泛模仿。2012年，《纽约时报》发行收入首次超过广告收入（见表10），2013年靠着付费业务收入扭亏为盈，获得2000万美元的净利润（见表11）。

表 10　2012～2013 年《纽约时报》收入情况

单位：亿美元，%

	2012 年第二季度	2013 年第二季度	增长率
发行收入	2. 33	2. 45	5. 1
广告收入	2. 20	2. 07	－5. 8
纸媒广告	—	—	－6. 8
数字广告	—	—	－2. 7
其他收入	0. 328	0. 363	－6. 8

资料来源：The New York Times Company。

表 11　2011～2013 年《纽约时报》利润

单位：亿美元

	2011 年第二季度	2012 年第二季度	2013 年第二季度
净利润	－1. 197	－0. 881	0. 201

资料来源：The New York Times Company。

从其他几家老牌报业也可以看出类似情况（见表 12）。

表 12　2012～2013 年部分老牌报业营收增长情况

单位：%

公　司	印刷广告收入增长	发行收入增长
纽约时报公司	－7. 0(2013 年上半年)	5. 1(2013 年上半年)
Gannett	－5. 0(2013 年上半年)	7. 3(2013 年上半年)
Tribune	－9. 0(2013 年第一季度)	8. 5(2012 年全年)
麦克拉奇	－8. 7(2013 年上半年)	4. 5(2013 年上半年)

资料来源：徐淑芝，《纽约时报转型：原地奔跑求出路　数字付费大幅增》，腾讯科技，2013 年 8 月 5 日，http：//zgbx. people. com. cn/n/2013/0805/c347611－22451696. html。

电视业的情况也与报业大致相同，电视广告市场的萎缩、电视观众向互联网的分流，都促使电视业将盈利焦点转向付费电视用户。2012 年全球付费电视收入 1840 亿美元，中国成为亚洲最大的付费电视市场；2018 年将接近 10 亿用户，中国届时将拥有全球最多付费电视用户。

根据英国 Digital TV Research 集团的报告，2012 年全球有 7720 万户家庭使用付费电视，付费电视业务收入达到 1840 亿美元。与 2008 年相比，付费电视家庭用户数量增加了 32%，收入增加了 28.5%（见表 13）。

表 13　2008、2012 年全球付费电视用户数量和付费电视收入情况

	2008 年	2012 年	增幅(%)
付费电视家庭用户数量(百万户)	585	772	32.0
付费电视收入(亿美元)	1432	1840	28.5

资料来源：Digital TV Research。

同时，根据 Digital TV Research 的数据，2013 年全球付费电视用户将达到 8.14 亿户，到 2018 年将接近 10 亿户，其中 59% 来自亚太地区（见表 14）。届时，中国将成为拥有全球最多付费电视用户的国家，达 3.13 亿户；印度次之，达 1.58 亿户；美国居第三，1.07 亿户。上述三个国家的付费电视用户将占全球用户总量的 58%。

表 14　2012、2013、2018 年全球付费电视用户数

单位：百万户，%

	2012 年		2013 年		2018 年	
	用户数	占全球比	用户数	占全球比	用户数	占全球比
亚　太	432.7	56.0	458.6	56.0	586.8	59.0
北　美	112	14.5	113.4	13.9	119.5	12.0
西　欧	94.1	12.2	95	11.7	100.6	10.1
东　欧	61.1	7.9	64.2	7.9	73.8	7.4
拉　美	54.9	7.1	62.2	7.6	84.6	8.5
中东非	54.9	7.1	62.2	7.6	84.6	8.5
全　球	772	104.8	814	104.7	995	105.5

注：上述 6 个分区，会有国家重叠，全球数据并非上述 6 个分区数据的简单相加。
资料来源：Digital TV Research。

从全球市场来看，有线数字电视和卫星直播电视（DTH）成为付费业务的主要收入来源。IPTV 增长态势良好，有望取代卫星直播电视成为第二大付费电视业务。地面直播电视（DTT）付费业务开始起步，基数虽小，增长速度却也不容小觑。以 IPTV 为例，SNL Kagan 的数据表明，2012 年全球用户达到 6500 万，业务收入达到 219 亿美元；2012～2017 年全球用户数量将达到 1 亿。

亚洲的情况也大致相同。根据 Digital TV Research 的数据，2012 年亚洲各个国家或地区付费电视收入近 318 亿美元，2013 年将达到 339 亿美元，到 2018 年将达到 439 亿美元（见表 15）。

表 15　2008～2018 年亚洲付费电视收入情况

单位：百万美元

年份	2008	2012	2013	2018
有线电视（模拟）	12843	10386	8903	1834
有线电视（数字）	4226	10453	12422	23163
IPTV	371	3173	4016	7171
DTH	5232	7779	8519	11603
DTT	—	9	40	129
总　计	22672	31791	33900	43900

资料来源：Digital TV Research。

从国家或地区的情况看，2012 年中国取代日本成为亚洲最大的付费电视市场。此外，印度尼西亚、巴基斯坦、菲律宾、泰国和越南等五个国家在 2012～2018 年间付费电视收入将翻倍；但是一些成熟的市场，如韩国或者中国香港地区，2012～2018 年间的付费电视收入将呈现下降趋势。

在拉美地区，所有国家无一例外地实现了付费电视业务的增长。拉美多渠道广告委员会（Latin American Council of Multichannel Advertising，简称 LACMA）的综合巴西民意和统计研究所（Instituto Brasileiro de Opinião Pública e Estatística，简称 IBOPE）的数据发现，2012 年拉美地区的付费电视渗透率突破 50%，达到 51.2%，2013 年更是有望达到 55.2%（见图 4）。相较于 2008 年 36.3% 的渗透率，到 2013 年将实现 52% 的增长。

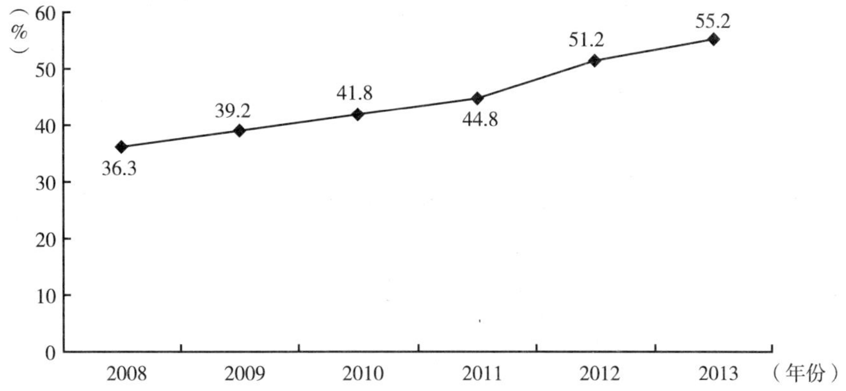

图4　2008～2013年拉美地区付费电视渗透率

资料来源：LACMA，IBOPE。

（二）新媒体中心

《纽约时报》"雪崩"数字专题的成功，被称为"传统媒体逆袭"，象征着老牌传统媒体开始适应"新媒体"（互联网、移动互联网或社交网络）时代的生存逻辑，并重新整合其强大的内容优势，最终引领了新的新闻业态。"雪崩"数字专题可以说是数据库新闻＋交互式图文技术的成功典范。

"雪崩"专题的报道灵感来自于约翰·布兰奇对滑雪场上高死亡率的高度关注。它并不是简单地把文字报道放在网络版上，而是通过交互式图片、采访视频以及知名滑雪人的传记等多元化的方式，围绕"雪崩"主题讲述了多个故事。打开专题地址，读者可以看到滑雪胜地的3D版地图、追踪知名滑雪者的第一手图片、幻灯片式的滑雪运动历史，以及知名滑雪人的视频访谈等。该专题推出后六天内获得350万的页面浏览量，是《纽约时报》2012年纸质版发行量（160万）的两倍多。

除了"雪崩"专题，在2012年，《纽约时报》网站发布的交互式图片使读者可以探索飓风桑迪（Hurricane Sandy）的破坏路径，浏览与叙利亚冲突相关、带有注解的YouTube片段，推测美国总统大选的可能结果。

内容＋技术的模式被认为是传统媒体成功转型的核心经验。2013年1月皮尤研究中心（Pew Research）的报告发现，在美国转型较为成功的传统媒体，几乎都设立了一个独立的新媒体中心，并独立于传统报纸业务之外。《犹他州新闻》坚持数字版和传统业务分开管理，数字版的收入以超过40%的速度增长。《圣罗莎新闻民主党》（*Santa Rosa Press Democrat*）的媒体实验室（The Media Lab）独立于母报，提供全方位的网络营销服务，比如为中小客户提供网站建设、社会化媒体运营以及搜索引擎优化、电子商务等服务，2012年该实验室的收入占母报数字出版收入的25%，据预测2013年能达到40%。

此外，刚在2012年打了翻身仗或正在打翻身仗的传统媒体，在小尝胜利成果后开始积极进军新媒体的其他平台。比如《纽约时报》计划针对平板电脑设备发布一款专门应用，该应用将包含许多特色板块，甚至会加入类似于获得普利策特别报道的《雪崩》的专栏空间。

专　题　篇

2013～2014年中国新媒体发展环境展望：来自电信行业的视角

付玉辉*

2013～2014年，中国新媒体产业发展的政策、技术、产业等环境向着移动化、宽带化、社会化的方向继续发生深刻变化。在我国新媒体产业的发展进程中，信息传播产业政策制定、信息传播技术演进、信息基础设施建设和信息传播服务创新等是新媒体发展不可或缺的重要方面。2013～2014年，我国在上述方面又取得新进展，为新媒体的可持续发展创造了更为优越的产业环境。

一 电信产业环境的新变化：信息消费、宽带战略、4G牌照、虚拟运营

在产业政策方面，我国近年来新出台的产业政策加快了新技术应用步伐，进一步推动了信息传播领域的持续创新。2012年2月，中国IPv6发展路线和时间表确定；2012年3月工信部组织召开宽带普及提速动员会议，提出“宽带中国”战略；2012年5月《通信业“十二五”发展规划》发布，针对我国宽带普及、物联网和云计算等新型服务业态制定了未来发展目标和规划。2013年在产业政策方面延续了2012年的关键要素，并在“宽带中国”战略和信息消费等方面进一步提升到国家战略的层面。2013年是全面贯彻落实党的十八大精神的开局之年，党的十八大报告所明确提出的实现“信息化水平大幅提升”“推动信息化和工业化深度融合”“促进工业化、信息化、城镇化、农业现代化同步发展”等新要求，正在逐步得到落实。与此同时，我国

* 付玉辉，中国联通集团综合部高级编辑。

信息传播技术快速发展，创新力度不断加大，市场格局加速调整，以移动互联网、大数据、云计算和物联网等新技术为代表的新一代信息技术得到了迅猛发展和广泛应用。因此有观点认为，“后电信时代”已经揭开帷幕。[①] 2013年5月17日，工信部出台了《关于开展移动通信转售业务试点工作的通告》，标志着虚拟运营商业务在国内进入试点阶段；5月31日，中国移动、中国联通以及中国电信宣布正式启动移动通信转售业务的试点工作，我国移动通信市场将进一步趋于开放和活跃。2013年7月12日，李克强总理主持召开国务院常务会议，研究部署促进信息消费、拉动国内有效需求、推动经济转型升级。此次会议将信息消费作为一项重要工作提出，并明确要实施“宽带中国”战略，在年内推动4G牌照发放。这是我国政府对4G牌照发放问题的一次明确表态。这次会议基本明确了我国近期在信息传播领域的核心工作。2013年7月16日，工信部公布了《电信和互联网用户个人信息保护规定》和《电话用户真实身份信息登记规定》。这两项《规定》于2013年9月1日生效，表明我国政府维护个人信息安全的决心。2013年8月1日，国务院发布《关于印发“宽带中国”战略及实施方案的通知》（国发〔2013〕31号）。我国此次所制定的《“宽带中国”战略及实施方案》，有助于加强战略引导和系统部署，进一步推动我国宽带基础设施快速健康发展。以上这些我国重大信息传播产业政策的出台，涉及信息消费、宽带发展、4G发展、虚拟运营和个人信息保护等方面内容，进一步明确或强化了我国电信业以及新媒体产业的发展方向，为其创造了更为优越的发展环境。

在产业发展方面，我国电信业的发展在面向移动化和社会化的转型中继续新的探索。尤其是2013年以来，我国电信运营商围绕“宽带中国”战略落实，移动通信领域3G与4G技术、服务和应用发展方面又做了许多扎实工作，而4G牌照发放的确定性已经进一步得到明确。2013年9月4日，工信部发放了国内首批4G手机入网许可。值得注意的是，第一批获得许可的4款手机均

① 《工信部电信专家研讨“后电信时代”转型与发展》，新华网，http：//news.xinhuanet.com/info/2013-06/19/c_132467240.htm，2013年6月19日。

为TD-LTE网络制式。在移动互联网领域，以微信、微博为主体的社会化传播方式的发展更为普遍，易信的推出受到产业各方的广泛关注。移动智能终端及其服务和应用更为普及。2013年9月，市场调研机构IDC所公布报告预计2014年中国智能手机出货量将超过4.5亿部，中国移动TD-LTE制式的智能手机出货量则将超过3200万部。① 我国电信业在推动移动互联网服务和应用方面取得突出进展。工信部公布数据显示，我国2013年1～8月电话用户总数净增7664.6万户，达到14.67亿户；移动电话用户达11.96亿户，占电话用户总数比重提升至81.5%；3G用户总数达3.51亿户，在移动电话用户中的渗透率达29.4%。话音业务收入增长速度明显放缓，数据和互联网业务收入保持近30%增长。非话音业务实现收入4097.2亿元，同比增长16.8%，占全行业收入比重53.3%。数据及互联网业务实现收入2202.0亿元，同比增长29.8%，对电信业务收入的增长贡献达到81.6%。移动互联网接入流量累计完成80835.6万G，同比增长65.2%；月户均移动互联网接入流量达到128.3M。移动数据及互联网业务收入实现1211.4亿元，同比增长54.9%，对电信业务收入增长的贡献接近70%，充分体现流量业务对收入增长日益强劲的拉动作用。② 由此可见，一方面，移动互联网相关服务和应用正在成为电信业发展的核心源泉，另一方面，移动互联网领域也已成为电信业发展与竞争的重要阵地。

二　电信服务发展的历史与转型：沿着开放、创新的方向转型

在电信服务领域，服务的融合已经更加深入，不管是传统的媒介组织（广播、电视、报纸、通讯社等），还是互联网服务提供商或电信运营商，都在各自擅长的领域依托自身优势在提供着移动互联网时代的不同类型的

① 崔雷：《IDC：2014年中国4G智能手机将达1.2亿部》，人民网，http：//it.people.com.cn/n/2013/0925/c1009－23027498.html，2013年9月25日。

② 《2013年8月份通信业经济运行情况》，工业和信息化部网站，http：//www.miit.gov.cn/n11293472/n11293832/n11294132/n12858447/15643654.html，2013年9月23日。

信息传播服务。从这个角度看，我国电信产业环境的变化在客观上也为我国新媒体的发展创造了更为优越的环境，奠定了更为坚实的发展基础。信息传播领域最为核心的本质就是服务。信息传播领域的上游产业环节为下游产业环节提供服务，传输环节为内容环节提供服务，接入服务提供商和内容服务提供商分别为终端信息服务消费者提供服务。在移动互联网发展阶段，电信运营商所提供的信息传播服务正在不断趋于融合。对于电信运营商而言，其服务形态主要涉及传输（话音和数据）、平台（接入和应用）、内容（图、文、音频、视频）等。电信运营商提供信息服务的历史要从1837年的电报通信和1876年的固定电话通信开始。从那时开始，封闭化、专业化、管道化的通信网络成为电信运营商提供信息服务的基础。从发展历史的角度看，电信服务开始经历了一条从稀缺到普及的漫长发展之路。

（一）历史飞跃

电信业信息传播服务的第一次飞跃，是从固定通信服务到移动通信服务。在固定通信服务时代，对于普通信息服务消费者而言，点对点的电报无法普遍实现，移动性的以话音为主的通信服务无法普遍实现。在移动通信服务时代，对于普通信息服务消费者而言，传统的电报方式退出历史舞台，但是点对点的电报方式以短信、MSN、微信、微博私信、QQ聊天等方式得以实现和普及，而以话音为主的移动通信服务得以普遍实现。电信业信息传播服务的第二次飞跃，是从话音通信服务到互联网信息服务。在固定通信服务和移动通信服务发展的过程中，互联网信息传播方式开始普及，沿着固定互联网接入方式和移动互联网接入方式发展的互联网信息服务成为信息传播领域的主导传播方式。移动通信网、移动互联网和社会关系网的叠加式的普通信息服务，使消费者所能享受到的信息服务类型极大丰富，电信运营商的信息服务进入一个新的发展阶段。

（二）产业转型

电信业领域的信息传播服务主要通过创新（技术创新、管理创新、体制创新）、开放（面向产业、面向市场、面向用户）、合作（面向网络、面向内容、面向产品）等方式来实现。信息传播技术的变化是信息传播领域服务转型的直接动因。从固定通信到移动通信，是电信运营商遇到的第一个重要转型。固定语音通信的百年发展之路，形成了一整套与之相适应的管理体制和服务体系，而移动语音通信的出现，则使得固定通信发展阶段的管理体制和服务体系面临变革。这个变革使得通信服务的服务范围、服务频次、服务压力、服务质量等方面的要求有了新的提高。这个变革所带来的变化是电信运营商的战略重点从固定通信服务转移到移动通信服务，固定电话用户数量开始不断下降，移动电话用户数量开始不断上升。电信运营商的管理体制和服务体系正在向着更加富有移动性和灵活性的方向发展，踏上了一条从固定性向移动性发展的转型之路。

而从传统话音通信服务到新兴互联网增值信息服务，是电信运营商遇到的第二次重大挑战。这个挑战所带来的压力更为巨大，使得电信运营商从封闭开始走向开放。这是互联网兴起以来带给信息传播领域最为重要的深刻变革之一。中国联通何华杰认为："在移动互联网时代，运营商角色需要转变，要跟互联网结合，把运营商的优势资源和互联网公司的创新能力、迭代速度和机制等结合，共同把市场做大。"① 互联网精神中自由、开放、共享、协作的精神元素也渗透到电信运营商管理体制和服务体系的诸多方面。一是在技术发展方面，不断推进物联网、云计算、移动互联网等业务形态的发展，以及电信运营商公司官方微博体系和客户服务微博体系的构建和运行。针对运营商如何转型、如何摆脱不利的竞争局面等问题，有观点认为，以云计算为核心展开的各种业务模式有可能成为运营商的破局"利器"。② 有分析认为，中国电信全力打造IaaS和PaaS，目前主要向用户提供云计算生产平台、云呼叫中心及面向对象的存储。中国联通向企业提供IaaS，并致力于打造智慧城市云平台。中国移动的"大云"平台，可提供强大的个性化信息服务。通过整合网络资源、

① 万斯琴：《三大运营商转变角色布局移动互联》，中国信息产业网，http：//www.cnii.com.cn/index/content/2012-09/18/content_1007671.htm，2012年9月18日。

② 岳文燕：《你有OTT，我有云服务》，《人民邮电报》2013年8月12日，第5版。

用户资源以及各种业务资源来为移动互联网提供强大的个性化信息服务。[①] 二是在内容服务方面，电信运营商采取基地模式进行音乐、阅读、手机支付等增值服务的合作化、开放化运营。2012 年 4 月 26 日，中国联通“联通支付有限公司”在北京举行挂牌仪式。2012 年 11 月 26 日，中国联通和招商银行在上海共同举办了“中国联通、招商银行手机近场支付产品发布会”，携手推出了“联通招行手机钱包”产品。三是在理论认知层面，不管是三网融合还是产业融合，电信业的互联网化都成为一个重要方向。有观点认为，为改变被沦为廉价管道的命运，国内三家运营商先后提出了各自的智能管道战略，希望借助管道的智能化实现市场运营的智能化。[②] 在此背景下，2013 年前后关于“去电信化”“去管道化”等主题的探讨，就说明我国电信业对本领域中不适应移动互联网时代创新发展的固有因素的反思和警醒。

三　我国电信服务发展的模式变迁：沿着移动社会化服务方向演进

在我国电信服务领域，从固定通信阶段到移动通信阶段再到移动社会化传播阶段，电信服务的形态和模式均发生了深刻变化。截至 2013 年 8 月底，从我国三大电信运营商 2013 年上半年财报所发布的相关数据来看，我国三大电信运营商在移动业务和流量经营两个方面均取得了令人瞩目的成就。[③] 这种变化说明我国当前电信服务模式正在沿着移动化、社会化的演进方向快速发展。

（一）以传输业务为主导的服务模式：技术和网络方向

在以固定通信方式为主导的电信服务发展阶段，固定化电信服务模式成为电信服务模式的主导方式。在电信业，一般习惯于将电信业务分为基础业务和增值业务两大类。有观点认为：“传统电信业务主要以语音、短信和基于网络

① 尹静：《运营商云服务：中国特色最重要》，《人民邮电报》2013 年 1 月 24 日，第 8 版。

② 张秀凤、杨宁：《国外运营商智能管道市场运营经验》，《通信企业管理》2013 年第 7 期。

③ 魏慧：《运营商上半年财报出炉　数据流量规模效益凸显》，通信世界网，http://www.cww.net.cn/news/html/2013/8/27/201382781564833.htm，2013 年 8 月 27 日。

应用的增值业务为主，业务模式较为固定和简单。与传统电信业务提供过程相适应，传统电信服务体系主要由与用户接触的窗口咨询、查询、办理服务和售后投诉处理等构成，具有附属性、被动性、单向性、标准化等特征。”[①] 在传统电信服务模式下，作为信息传播的重要基础设施，作为信息传播的传输管道，技术和网络优势是电信运营商最为基础、最为重要的传统优势，传统电信服务形态和模式都基于此而形成。例如，中国联通即依托自身传输优势和海尔开展了深度的电信服务合作。海尔长期以来始终是中国联通的友好合作伙伴，双方在业务发展上始终精诚合作、共创共赢。海尔使用包括语音、电路、IDC、4006、统一通信、海尔信息通信服务体系等在内的多项联通业务和服务，不但有力推进了海尔的信息化建设，还彰显了中国联通的信息化服务水平和业务创新能力。[②] 这种依托自身传输优势而形成的专业管理服务合作是电信运营商传统服务的极致，是电信运营商基础资源优势的集中体现。在该阶段，电信运营商的服务模式主要通过构建信息基础设施——修建信息高速公路的方式实现。

（二）以移动业务为主导服务模式：内容和应用方向

进入移动通信和移动互联网发展阶段之后，电信运营商的服务模式发生了重要变化。有观点认为：“在移动互联网时代，电信运营企业应基于用户体验与感知，重点加强服务过程的体系完善，适应服务模式的新特征，提高服务能力，打造差异化竞争优势，不断提升用户价值。”[③] 还有观点认为：“在电信、互联网、广播电视三网融合下，传统的电信服务向信息服务转变，固网业务和移动业务融合成 FMC 或直接发展为语音、数据、视频于一体的融合业务。”[④] 在移动互联网发展阶段，电信运营商电信服务模式的传输导向开始向内容和应用导向转型，这种转型主要体现在以基于专业内容分类而形成的基地模式和基

---

① 杨岭才：《移动互联网时代电信服务模式的演变》，《通信企业管理》2012 年第 3 期。

② 郭剑、邢建文：《中国联通与海尔签署战略合作协议》，飞象网，http：//www. cctime. com/html/2009－6－18/2009618848209587. htm，2009 年 6 月 18 日。

③ 杨岭才：《移动互联网时代电信服务模式的演变》，《通信企业管理》2012 年第 3 期。

④ 刘珊、姜阳：《全业务时代，电信服务质量如何管?》，《中国电信业》2010 年第 1 期。

于移动智能终端应用而形成的应用软件商店模式上。

1. 新业务发展基地模式：面向内容的方向

随着移动互联网服务和应用的兴起，大量对传统电信服务具有替代功能的互联网信息传播服务类型得以诞生并迅猛发展，这使得我国电信运营商对于被边缘化的危机感不断加深。在此背景之下，我国电信运营商开始积极开展面向内容的服务模式的探索。有观点认为，我国电信运营商的基地建设模式主要表现为：对于某一项新业务，运营商集团总部会挑选几个条件比较适合的省份，从中选出一个省份做试点，如果有了成效，就在全国铺开。运营商通过将各省公司的资源集中化建设基地，将属于各个省公司实体的资源实现了集中，从而实现了规模经济，降低了开发成本，有利于新业务的快速推广。这种模式被业界称为新业务发展的“基地模式”。[①] 这种基地模式产生的一个内在原因主要是电信运营商在内容服务方面的经验不足。有观点认为：“在内容提供、业务提供这两个领域，要采取向合作伙伴完全开放的策略。运营商的定位是各类内容和业务的聚合平台和分发平台，不应该直接做内容创造者，因为运营商的运营机制、人才储备都不适合从事内容创造，介入内容创造也会影响内容创造领域的商业秩序，打破产业生态的平衡。”[②]

我国电信运营商基地模式的兴起和推进主要以中国移动为代表。为推进移动互联网战略，中国移动从2005年开始探索基地化运营模式。[③] 2009年6月，中国移动下发《关于开展无线音乐内容集中管理工作的通知》，要求自2010年1月1日起，所有彩铃和各省个性化内容需求都统一由四川无线音乐基地的12530中央音乐平台统一引入和分发，从而使无线音乐基地的集权更进了一步。继中国移动率先成立无线音乐基地后，基地模式不断推广。截至目前，中国移动已在全国设立手机视频、位置服务、电子商务、互联网、手机阅读、手机游戏及12580、手机动漫、物联网等九大基地。依托基地模式，中国移动开

---

① 《电信破解“基地模式”困局：基地建设之惑》，慧聪广电网，http：//info. broadcast. hc360. com/2010/08/021806268818. shtml，2010年8月2日。

② 吴钢：《移动互联网时代电信运营商的商业模式——能力开放》，《信息通信技术》2011年第1期。

③ 李静：《中国移动谋转型，九大业务基地公司化》，经济参考网，http：//jjckb. xinhuanet. com/2012 - 12/11/content_ 417583. htm，2012年12月11日。

始以专业化公司为载体进行新的探索。中国移动筹备建立专业化公司的基础来自于近年来快速发展的基地业务。有观点认为："进入移动互联网及物联网时代，运营商的产业基地模式仍是自身转型、实现创新发展的关键。但仅仅依靠自身力量、独立完成新产品开发的概率较低，因此开放、合作创新成为新形势下运营商产业基地发展的趋势。"[①] 当然，对于我国电信运营商基地模式的探索，近年来也存在不同的意见和争论，有观点认为这种基地模式在专业化资源相对集中的前提下，会在管理和运营等方面产生一系列问题，而这些问题则需要在探索进程中妥善加以解决。

2. 应用软件商店模式：面向应用的方向

在基于移动互联网内容的基地模式的探索之外，我国电信运营商还在移动互联网应用方面进行了新的探索。随着移动智能终端应用的不断兴起，基于移动智能终端的软件应用商店成为一种依托应用提供服务的重要模式。中国移动 2009 年 8 月 17 日 MM（Mobile Market）商城上线，2010 年 3 月 17 日中国电信正式推出天翼空间，2010 年 11 月 10 日中国联通举行沃商店上市发布会暨系列创意大赛启动仪式。至此，我国三大电信运营商悉数推出软件应用商店。[②]其中，中国移动的移动商店 MM，是中国移动为用户推出的移动应用商场，这里包括游戏、音乐、阅读、视频等多方面的应用软件。中国联通的沃商店，则是中国联通的战略产品，是一个跨平台开放的手机应用开发和推广平台，是联通所有面对用户的手机应用软件的聚合、交易和服务平台。中国联通沃商店完全区别于传统增值业务平台，更趋向于开放的互联网业务，承担着理顺产业链各中间环节，彻底打通开发者、运营商和用户之间通道的职责。中国电信的天翼空间是中国电信为用户提供各类手机应用，数字内容发现、下载、购买的一项移动业务。天翼空间由面向用户的应用商城和面向开发者的应用工厂（开发者社区）组成。其中，天翼应用工厂是为应用开发者提供信息聚集、开发资源、测试资源、销售支持、客服支持以及开发信息交流的服务平台。这些实

① 周双阳：《基地模式创新："走出去，请进来"》，搜狐 IT 频道，http：//it. sohu. com/20110228/n279564789. shtml，2011 年 2 月 28 日。

② 于艺婉：《中国联通沃商店正式上线期待后发制人》，C114 中国通信网，http：//www. c114. net/news/119/a558317. html，2010 年 11 月 11 日。

践说明，在移动互联网发展阶段，我国电信运营商在坚持自身的传输优势之外，沿着移动互联网内容和应用的方向不断拓宽其电信服务的发展空间。这种探索极大程度上推进了电信服务模式的深刻转型。在该阶段，电信运营商的服务模式主要通过提供信息高速公路上所承载的内容和应用的方式来实现。

（三）以移动化、社会化应用为主导的服务模式：移动社会化服务方向

2013年上半年，中国移动无线上网业务收入达474亿元，同比增长62.2%，占通信服务收入比例达到16.6%。中国联通2013年上半年营业收入中移动业务服务收入为728.5亿元，在服务收入中的贡献达到62.5%，非语音业务贡献达到55.3%。2013年上半年，中国电信3G手机用户的每户月均流量超过168M，同比增长51%，3G手机上网流量同比增长近两倍，手机上网收入达到98亿元，增幅接近一倍。[①] 而我国电信运营商流量经营规模的快速扩张主要得益于3G应用的精准营销、流量套餐的推出以及包括基地业务在内的自有应用和社会应用的大力推广。在我国电信运营商的流量经营过程中，微博、微信、易信等新型移动互联网传播形态的出现，为电信服务模式的发展指明了新的发展方向即社会化的发展方向。随着移动互联网应用和服务的不断发展，我国电信运营商的电信服务模式开始向着社会化的方向发展。微博、微信、易信等依托移动通信网、移动互联网和社会关系网络而兴起的社会化传播应用成为推动电信服务转型的重要新型业务形态。

1. 基于微博的合作：内容传播和流量支持

微博、微信、易信等典型的移动社会化传播应用形态，一方面为电信运营商流量经营开辟了新的重要领域，另一方面也为电信服务转型带来了新的挑战。2009年8月之后，随着新浪微博的兴起，微博传播形态成为电信运营商流量经营的重要业务形态。与此同时，微博传播形态也使得电信运营商的服务体系更为开放。我国三大电信运营商先后开设了公司官方微博和客户服务官方

---

① 魏慧：《运营商上半年财报出炉——数据流量规模效益凸显》，通信世界网，http://www.cww.net.cn/news/html/2013/8/27/201382781564833.htm，2013年8月27日。

微博，在通过社会化传播方式塑造公司品牌和完善客户服务体系方面进行了新的探索。但是在微博兴起阶段，微博业务形态所引发的我国电信运营商和互联网公司之间的冲突并不明显和激烈。因为微博传播更重要的是基于内容的传播，其业务内容本身并不对短信、语音等传统业务形成强烈而鲜明的替代作用。但是随着微信的兴起，原先基于内容传播逻辑线在电信运营商和互联网公司之间所形成的业务平衡状态迅速被打破。

2. 基于微信的合作：流量冲突和流量合作

以腾讯微信为代表的微信传播形态的兴起，成为微博之后又一个具有移动社会化传播特色的移动互联网传播形态。从微信传播形态的兴起来看，互联网公司在创新发展方面又一次走在了互联网传播领域的前列。微信的传播特性和微博的传播特性有所不同，微信更多的是通过语音、文字进行一对一沟通、微信群和朋友圈交流，这种不以新闻内容为主体而以人际传播为主体的传播方式必然对电信运营商的短信、话音等业务形成明显的替代作用，因此才引起电信运营商和互联网公司之间的业务冲突。在2013年3月关于微信是否收费的讨论逐渐平息之后，2013年8月8日，广东联通和腾讯微信双方合作共同推出了具有创新性的产品——“微信沃卡”。该产品基于用户的微信流量需求而设计，吸引了社会各界广泛关注。微信5.0新版本上线之后，微信沃卡作为一款为微信重度用户量身定做的产品，也能够全面支持微信5.0的全部功能。[①] 有观点认为，广东联通与腾讯公司联合推出的该产品，是电信服务的一个重要变化。“不仅仅是在广东联通，江苏联通前不久也推出了风行卡，当中包含了6G/月的搜狐视频定向流量，而中国电信据称不久之后，也将推出与微信合作的定向流量套餐。这可以说是运营商流量经营的逆袭，在甘当管道多年之后，运营商将对自我少量移动互联网业务的内容计费方式（如中国移动的MM商城），延伸到第三方互联网公司，解决了相当数量的用户因为担心流量费而不敢使用流量的问题，为这些公司的业务拓展提供了基础性支撑。”[②] 由

① 《微信沃卡广州联通网上今日正式发售》，新华网广东频道，http：//www.gd.xinhuanet.com/newscenter/2013－08/15/c_ 116956291.htm。

② 金峰：《从“沃信卡”的推出谈运营商流量经营的未来》，人民网通信频道，http：//tc.people.com.cn/n/2013/0820/c183175－22625130.html，2013年8月20日。

此可见，基于流量的争夺战归根结底还是对于移动互联网领域业务主导权和整合权的争夺。

3. 基于易信的合作：运营参与和运营合作

易信传播形态的出现，自然属于和微信同类型的业务形态，但是对于电信运营商而言，比照在微信发展过程中的所作所为，易信却迈出了跨度更大的步伐。2013 年 8 月 19 日，中国电信集团公司和网易公司联合在北京共同宣布合资成立浙江翼信科技有限公司，并发布新一代移动即时通信社交产品“易信”。与同类应用相比，易信具备跨网免费短信、免费电话留言等独特功能，实现 APP 与手机、固定电话的互通。据悉，易信上线 24 小时后，注册用户迅速突破 100 万，发送文字、语音、图片类消息共计 1200 万条。① 有分析认为：“新组建的翼信公司，注册资本为 2 亿元，其中，中国电信持股 73%，网易持股 27%，双方共同运营易信。这样的合作开创了骨干电信运营商和领先互联网企业联姻合作的先河，这样的基因重组必将更大程度发挥双方的优势，实现资源互补与共享，更好实现电信网与互联网的融合。”③ 随着易信模式的出现，将推动电信运营商在移动互联网信息传播服务方面走得更远，进行更为深入的探索和合作。在该阶段，电信运营商的服务模式主要通过合作方式提供信息高速公路上所承载的更高附加值的社会化应用的方式来实现。

有观点认为：“服务模式创新，不仅是一种服务经营模式的变革，更是带动企业文化升华的前提和基础。”② 而电信服务模式的创新则需要电信运营商从管理体系和服务体系等多方面的全方位的支撑才能够得以顺利推进。从新浪微博到腾讯微信再到中国电信与网易合作推出的易信，可以看出在移动互联网创新发展领域中，电信运营商一方面想要积极创新、积极求变，另一方面电信运营商也在不断加大其创新步伐，力争在移动互联网创新发展方面获得更多的主动权和主导权。由此来看，和电信相关的信息传播服务业务形态的不断开放，必然导致电信服务体系的不断开放。因此，随着我国信息传播

---

① 黄海峰：《中国电信、网易联合发布“易信”或将打破微信垄断》，通信世界网，http：//www.cww.net.cn/cwwMag/html/2013/8/26/20138261116314471.htm，2013 年 8 月 26 日。

②③ 朱道平：《全业务运营下电信服务模式如何创新?》，《人民邮电报》2009 年 12 月 19 日，第 3 版。

服务领域的不断开放，电信运营商的服务形态和服务体系将随之发生深刻变化。而在此过程中，电信运营商是否能够掌握信息传播服务领域的主动权和主导权，还需要在转型过程中继续付出更多的耐心和努力。可以肯定的是，如果电信运营商放慢或者停下创新发展的步伐，必将失去在信息传播服务领域的主动权和主导权。只有不断推进信息传播服务的创新发展，才有可能成为我国信息传播服务产业链上创新服务的核心主导者和产业资源的重要整合者。

四 我国电信服务发展趋势：为新媒体发展提供广阔空间

客观来看，电信业在发展信息传播服务方面既有优势，也存在不足。其优势在于善于沿着技术逻辑、网络逻辑和单一化专业逻辑来推动信息传播服务的实现，比如其基础业务、增值业务基本上都以不同的业务形态来呈现。其不足之处在于，在平台逻辑、人本逻辑、多元化融合逻辑等方面和互联网公司相比存在欠缺，比如互联网公司所推出的QQ聊天、微博、微信等服务形态则打破了电信运营商单一化专业服务的局限，从而走上多元化融合业务的发展方向。在此背景之下，具有移动性、宽带化、开放性、融合性、人本性、内省性等特征的信息传播服务将成为电信运营商服务转型的主要方向。

（一）移动性

移动性特征将进一步得到强化。截至2013年6月底，我国网民规模达到5.9亿，其中手机网民达4.64亿，占网民总数的78.5%。“可以预见这个比例在今后一个时期还会有较大幅度的提升，可以说我国已经迈入移动互联网时代。”[①] 中国移动刘昕认为，在应对移动互联时代的挑战时，中国移动“在移动互联网上提出16字战略：智能管道、开放平台、特色业务和友好界面”。[②]

---

① 张意轩、王政：《移动互联网加速信息消费增长》，《人民日报》2013年8月14日，第10版。

② 万斯琴：《三大运营商转变角色布局移动互联》，中国信息产业网，http://www.cnii.com.cn/index/content/2012－09/18/content_1007671.htm，2012年9月18日。

由此看来，在移动通信、移动互联网、移动社会化传播的大背景下，移动性已经成为电信行业信息传播服务的核心特质之一，不具备移动性功能的信息传播服务将很难在高移动性的传播环境中得到持续性的发展。

（二）宽带化

宽带化将成为信息传播服务的基本特征。我国政府认为："宽带网络是新时期我国经济社会发展的战略性公共基础设施，发展宽带网络对拉动有效投资和促进信息消费、推进发展方式转变和小康社会建设具有重要支撑作用。"[①] 由此可见，信息传播服务的宽带化已成为信息传播服务速度的核心要求。不管是固定网络的接入方式、移动网络的接入方式，还是各种网络传播平台上的服务和应用，都需要有足够的带宽予以支撑。而宽带化的标准也将随着信息社会基础设施和人类信息传播服务需求的提高而不断提高。信息基础设施及其平台上所能提供的信息传播服务的宽带化标准的不断提高，也将进一步推动管理和服务体系的不断完善。

（三）开放性

互联网传播所带来的开放性特征不可逆转。中国联通李刚认为："对于电信运营商来说，由于进入移动互联网领域较晚，没有掌握太大的话语权，因此更需要重视合作的力量。"[②] 基于此，电信运营商将进一步采取开放的运营模式和合作模式以推进信息传播服务的创新发展。2013 年 8 月 8 日，第一款由运营商深度定制的 OTT 合作产品——微信沃卡正式发售，标志着随着智能手机和 3G 无线网络的逐渐普及，在电信运营商的竞争博弈和产业链逐渐变革背景下，运营商和互联网公司正在尝试全新的合作方式。[③] 2013 年 8 月 19 日，中国电信和网易合作推出易信，也成为电信运营商和互联网公司合作迈出的重

① 《国务院关于印发"宽带中国"战略及实施方案的通知》，中央政府门户网站，http：//www.gov.cn/zwgk/2013－08/17/content_2468348.htm，2013 年 8 月 17 日。

② 《中国联通副总经理李刚：发挥合力推动移动互联网发展》，中国信息产业网，http：//www.cnii.com.cn/ydhlw/conetent/2012－06/06/content_982539.htm，2012 年 6 月 6 日。

③ 向坤：《运营商和互联网公司合作是大势所趋》，《人民邮电报》2013 年 8 月 12 日，第 8 版。

要一步。这些实践说明，从封闭性走向开放性、从专业化走向便捷化、从服务管道化走向服务集成化，已成为信息传播服务发展的重要方向。而导致这种开放性趋势的根本原因则是互联网传播方式的兴起，以及互联网传播方式对于社会关系网络的渗透与唤醒。我们同时也认为，在强调服务开放性的同时，也应该强调服务的安全性，而处理好开放性与安全性的关系则至关重要。

（四）融合性

从媒介融合到产业融合，融合的趋势一直在逐渐强化并出现深刻变化。2012 年 9 月 4 日，中国联通在北京召开智慧城市战略发布会，正式发布以“共建、汇聚、开放”为发展模式的智慧城市战略，而智慧城市战略本身就是信息传播融合服务在城市中的综合应用。从近年来我国信息传播服务的发展历程来看，其网络、管理、服务体系已在不同层面、不同范围内向着融合的方向发展。这种融合既包括电信业内部固定通信网、移动通信网等不同网络体系的融合，人际互联网服务（互联网）和物际互联网服务（物联网）的融合，移动通信网、移动互联网和移动社会网络的融合，也包括电信业内部管理服务体系与电信业外部传统媒体内容提供者和新兴互联网服务提供者之间的融合。

（五）人本性

信息传播服务是因满足人类信息传播需求而存在的，人类日益频繁的社会交往又催生了越来越丰富的信息传播需求，因此人本性是信息传播服务的核心和基石。虽然电信业的信息传播服务所依托的传播平台是物理化的信息基础设施和庞大的管理、服务体系，但是这些物质化的技术、网络和管理等所服务的核心却是人类本身，其内在的设计准则应以人性的感性感知和理性逻辑为基础。只有不偏离人本性的原则，信息传播服务才能获得更为长久的可持续发展。

（六）内省性

跳出技术主义的局限，保持对技术创新可能性的警醒，是电信业信息传播服务发展过程中必须保持的态度。虽然电信业的信息传播服务沿着技术的逻辑线不断向前延伸，但是对于技术和人类的关系则应有清醒的认识。信息传播技术在给人类带来前所未有的信息传播服务和信息传播权利的同时，也为人类交往带来了一定程度的负面影响。电信业应该对此现象有所警觉，从而在满足人类合理信息传播服务需求的同时，不偏离信息传播服务的初衷，不越过职业道德的伦理边界，保证电信业信息传播服务的创新发展不走向信息传播服务内在道德逻辑的反面。

据预测，到2015年，我国信息消费规模超过3.2万亿元，年均增长20%以上，带动相关行业新增产出超过1.2万亿元，其中基于互联网的新型信息消费规模达到2.4万亿元，年均增长30%以上。基于电子商务、云计算等信息平台的消费快速增长，电子商务交易额超过18万亿元，网络零售交易额突破3万亿元。[①] 信息消费、宽带战略、4G牌照等关键因素将构成未来我国信息传播领域的发展主题。可以预见，随着我国信息传播领域产业布局的进一步清晰，我国电信运营商的信息传播服务发展方向日趋明确，即：依托主业的基础电信服务，面向开放的增值电信服务；依托通信骨干网络，面向各项创新的互联网信息服务；依托固定宽带网，面向移动宽带网；依托传统的信息传播服务，面向虚拟的信息传播服务。这些将成为我国电信业信息传播服务未来发展的主要趋势。对于当前信息传播领域的创新发展和服务转型而言，只有在信息传播服务各种形态的发展进程中，不断沿着技术逻辑线和人本逻辑线梳理、调整各种信息传播服务的管理模式、服务模式，不断挖掘其内在的创新潜能和服务潜能，才能在信息传播服务的整个生态系统和价值链条中找到自身应有的发展坐标，并获得持续性的发展。

综上所述，2013～2014年，我国电信产业环境正在沿着移动化、融合化、开放化、社会化、安全性等方向向前发展。我国关于宽带发展和移动通信发展的产业政策进一步明确则为电信业的发展提供了新的空间。我国电信运营商在信息传播服务领域要扮演怎样的角色，将成为我国信息传播领域需要关注的一个重要问题。只有依托电信业自身的技术、网络、传输等优势，才能进一步推

---

① 《国务院印发关于促进信息消费扩大内需的若干意见》，新华网，http://news.xinhuanet.com/politics/2013-08/14/c_116945851.htm，2013年8月14日。

进我国电信业的开放进程。但是需要明确的是，在推进信息传播服务创新发展的过程中，我国电信运营商既不能固守或止步于传统的传输管道角色，也不能成为信息传播服务的全能型选手，而只能在二者之间找到合适的坐标和位置，即成为我国信息传播领域资源、应用、平台和服务的核心整合者。也就是说，我国电信运营商在信息传播服务领域的运营中，应注意以下三点：一是不能忘却运营根本，即信息传播服务的传输者角色；二是不能迷失基本原则，即应明确创新、开放、合作、融合、人性等基本发展原则；三是不能越过理性边界，即不能寻求成为信息传播服务领域的全能型选手，而应成为信息传播服务领域的核心整合者。从我国电信业发展的趋势来看，其具有开放性、融合性的产业环境将为新阶段的新媒体提供更为宽广的发展环境。

中国网络视频栏目发展概况

谢卓潇　张 磊*

中国网络视频栏目的发展走过了什么历程？它的主要市场参与者有谁？它的内容形成了什么类型，又带来了什么样的收视状况？在此基础上，我们可以对互联网视频栏目形成什么样的认识？本文试图对中国网络视频栏目发展做一次全景扫描以了解概况，并建立对它的基础性理解。

一　网络视频栏目：起源与发展

传统电视栏目的基本特点是拥有固定的栏目名称，具有统一的选题定位、风格定位、栏目包装，也拥有相对固定的播出时段、板块模式、收视群体，以及相对固定的生产周期、制作队伍、经费预算等。如今，网络业者也发展出了类似电视栏目的视听服务内容，早在 2007 年就有了先行者。这些互联网内容产品采取栏目式的外形，却与传统电视栏目在生产、定位、制作者、收视群体上有较大的差异。

（一）定义与特征

本文将网络视频栏目定义为：具有相对固定的更新时间、相对固定的播出平台、相对统一的主题与风格的网络视频内容集合体。国家广电总局在《互联网视听节目服务业务分类目录》（以下简称《分类目录》）将视听服务划分为四类。①

---

* 谢卓潇，中国传媒大学传播研究院硕士研究生；张磊，中国传媒大学广播电视研究中心副研究员。

① 国家广播电影电视总局：《互联网视听节目服务业务分类目录（试行）》，http：//www. sarft. gov. cn/articles/2010/04/01/20100401152707820019. html，2013 -3 -22。

本文论及的网络视频栏目主要包含《分类目录》中的第二类［文艺、娱乐、科技、财经、体育、教育等专业类视听节目的主持、访谈、报道、评论服务、制作（不含采访）和播出服务］，以及第三类（聚合网上视听节目的服务和转发网民上传视听节目的服务）。

此外，其他类似电视节目的内容，如网络转制的电视节目并非网络平台所独有，而只组织内容却没有相对固定主题和更新周期的“栏目”，以及更偏向电视剧的视频集合“栏目”，则不纳入本文讨论范围。

（二）发展概况

2010~2012 年，中国的视频网站经过了一系列上市风波、版权争夺、网站并购之后，走向新一轮成熟的发展。同时，这些网站面对内容同质化的趋势，亟须大量原创视频填充版面，形成网站品牌和用户忠诚度，同时减轻购买版权充实内容的负担。于是，网站自制剧、综艺节目、微视频遍地开花，成为引人注目的现象。视频网站一面进行视频产品量的比拼，以海量视频抓住眼球、占领市场；另一面以自制栏目、微电影作为辅翼，满足客户观众个性化的需求。①

实际上，此前栏目形式的网络视频已经在门户网站萌芽。搜狐视频 2007 年的《大鹏嘚吧嘚》（目前在播）、人民视频 2008 年的《小白闪报》（已停播）和 2009 年的《小六砖头铺》（已停播）是最早的一批网络视频栏目。

2010 年，网络视频栏目进一步发展，典型性栏目包括腾讯网的社会纪实类人物访谈栏目《某某某》，以及爱奇艺网的《环球影讯》《头号人物》等。

早期视频栏目属于“准栏目”，一般借鉴传统电视栏目的外形，但没有固定的播出周期，嘉宾与内容的选择也比较随意。还有一些栏目基本上是整合现有的视频内容，做成“栏目”的形式进行播出。

2011 年，凤凰网《全民相对论》、腾讯网《娱乐—名人坊》、搜狐网《大视野》和优酷网《优酷娱乐播报》等相继推出，并形成较大影响力，此时网

---

① DCCI 互联网数据中心：《中国网络视频蓝皮书》，http：//www. dcci. com. cn/report/index/cid/6/m/1. html，2013 -3 -23。

络视频栏目已初具规模，质量较用户自制节目也有了较大地提升，形成了网络视频栏目的独有特点。例如，凤凰网的《全民相对论》《财子佳人》等栏目在演播厅进行录制；《大视野》的纪录片颇受好评，其内容被认为达到了电视台的专业水准；《优酷娱乐播报》信息量丰富，远超一般电视台的综艺播报数量——截至 2013 年 3 月 30 日，该栏目的节目总数已经达到 16362 个。①

从 2012 年起，网络视频栏目的生产和播出步入上升期，数量进一步增多、质量进一步提高，有影响力的品牌栏目也不断涌现。另一方面，网络视频栏目总体而言在内容定位、制作水平、栏目包装和品牌宣传等方面仍与传统电视台的精品栏目有一定差距。

（三）相关政策

总体而言，中国网络视频行业正处于“政策红利”期。一方面，其业务、广告受到的规制比传统电视媒体少；另一方面，传统电视受到的政策规制反而为网络视频提供了更大发展空间。

目前网络视频栏目的主要规制机构是国家广播电影电视总局（2013 年与国家新闻出版总署合并为国家新闻出版广电总局）。相关政策涉及网络视频版权、机构管理和业务划分三个方面。按照总局的规定，网络视听服务实行许可证制度，总局还进一步框定了网络传播视听节目的经营者资质和范围。② 此外，政策对视听节目服务业务进行了细分，将其业务按照内容来源分为四类，即电视台内容、PGC（professional generated content，专业生产内容）、UGC（user generated content，用户生成内容）和转播内容四个类别。③

2011 年底，总局出台了针对传统电视台娱乐节目的规范性文件（即通常所称的“限娱令”），这反而促进了网络视频栏目的发展。根据央视索福瑞（CSM）2012 年上半年所有城市的收视调查数据，“限娱令”实施后，省级卫

① 这个数量是根据优酷已经更新完毕的视频单作出的统计，并未计入 3 月的《优酷娱乐播报》视频单。

② 国家广播电影电视总局：《互联网视听节目服务持证机构名单》，http：//www. sarft. gov. cn/articles/2011/07/21/20110721171831580434. html，2013 - 3 - 22。

③ 国家广播电影电视总局：《互联网视听节目服务业务分类目录（试行）》，http：//www. sarft. gov. cn/articles/2010/04/01/20100401152707820019. html，2013 - 3 - 22。

视综艺节目的收视比重下降了30%。电视综艺节目播出量和收视比重的下降，为视频网站自制的综艺娱乐节目带来了更多市场机会。①

二　网络视频栏目的主要市场参与者

经历了数年的发展与整合，网络视频栏目的播出平台和制作者都呈现出多元化的景象，而部分竞争者在发展中逐渐取得了优势。

（一）播出平台

网络视频栏目的播出平台可以分为两类，一是纯粹的视频网站，二是传统媒体建设的网络视频平台。前者是本文所论及的网络视频栏目的主要播出平台，而后者凭借内容优势也占据了重要位置。

根据研究机构的调查数据，目前网络视频的主要领军者有五家，分别是优酷土豆（简称“优土”）、爱奇艺、搜狐视频、乐视网和腾讯视频。② 其中，“优土”、爱奇艺和乐视网是专业化的垂直视频网站，它们历经整合，从数百家独立发展的视频网站中杀出重围，分别确立了在网络视频行业内的领军者地位。而搜狐视频、腾讯视频则属于门户网站的视频版块，背靠“母体”强大的资金支持和流量支持，赢得了可观的受众群和市场份额。

除了以上五家，诸如56网、酷6网、PPTV、音悦台和百度视频等网站也聚合并播出大量的网络视频栏目，而芭乐网等专业网络视频服务提供商则以独特的设计与服务成为本领域的后起之秀。

在传统媒体建设的视频播出平台方面，凤凰视频、人民电视和CNTV是典型的代表。依托传统媒体，这三个网站在播出国内、国际新闻，直播重大事件、比赛上具有较大的优势。

凤凰视频凭借网站和卫视在综合新闻资讯、深度访谈和观点评论上的优

---

① 张天莉：《网络视频发展及其对电视媒体影响的不断深化（上）》，《电视研究》2012年第12期。

② 易观网：《网络视频五强格局初定　未来或血拼移动端大屏端》，http://news.eguan.cn/yiguantuijian_149724.html，2013-3-25。

势，以及凤凰卫视明星团队的效应，着力打造高精尖的栏目风格。人民视频是较早筹划和播出网络视频栏目的网站之一，虽然节目组织和制作精良，却一直没有获得强烈反响，视频栏目只作为网站原创视频的补充版块。CNTV 作为央视旗下的网络平台，整合了海量的传统电视栏目内容，也在网络视频栏目制作、整合与播出方面作出了初步的尝试，但目前栏目数量较少，内容编排也相对随意。

总体而言，传统媒体的网络视频平台的主要问题是未能深度挖掘网络视频栏目的独特性和创新性，因此缺乏用户数量和黏性。其次，其栏目的后期管理也存在不足，往期节目大量缺失（人民视频最严重）。因此难与专门的视频网站抗衡。

（二）制作者

网络视频栏目的制作者主要包括三类，一是播出平台自有的制作团队，二是专业的传媒公司，三是所谓“制消者”（prosumers）的升级版——由个体用户发展成的“工作坊式”微型团队。

前两类制作者拥有较为稳定与专业的团队，其节目产量大、专业程度高。而“工作坊式”的微型团队的优势在于节目创新性强，贴近网络用户，制作和播出的周期相对灵活，但缺点是栏目播出不稳定，常有突然停播或更换平台的现象。

1. 平台自有团队

目前主要的视频网站都组建了自己的视频原创团队，批量开发、制作原创栏目和精品栏目。

“优土”的专业团队目前已经打造了“优酷出品”“优酷自制综艺”和“土豆映像”三个原创品牌，不仅在网络上获得广泛认可，而且还将多档自制栏目反向输出到传统的电视台，包括《晓说》《我是传奇》等精品栏目，以及《优酷娱乐播报》《让口水飞》等低成本短视频栏目。

乐视网拥有专业化的平台团队，其中一部分资源来自兄弟公司乐视影业、乐视音乐以及和《ELLE》合作的乐视风尚。在此基础上，乐视网推出了一系列高质量的影视、音乐和时尚栏目，如《乐视大牌党》《乐视剧好看》《风尚 In 向标》等。

爱奇艺获得百度持股之后，加大了内容生产的投入，着力打造“奇艺出品”这一品牌。爱奇艺团队邀请郭德纲、朱丹等名人大腕制作了《以德服人》《娱乐猛回头》《浪漫满车》《头号人物》等综艺栏目。

而门户网站所拥有的搜狐视频、腾讯视频，传统媒体所建设的凤凰视频、人民视频等，凭借各自母体的支持，也建设了专业化的制作团队，从前期策划、制作到后期包装的专业水准都足以与传统电视台媲美。

2. 传媒公司

一些专业化的传媒公司也选择与网络视频播出平台合作，推出专门的栏目产品，表现突出的公司包括DMG传媒、天娱传媒、芭乐网等。芭乐网甚至还建设了自己的播出平台。

芭乐公司致力于专门的新媒体内容服务及互动节目的聚合，提供原创自制微电影、网络剧及非电视台出品的各类网络自制综艺栏目等。这家公司目前已经与国内超过26家的视频网站、10多家的移动媒体建立“共赢型”伙伴关系，每月通过合作平台播出的芭乐内容超过3.5亿播放量，其内容的广告植入具有较大的影响力。目前出品的品牌栏目包括《娱人碎碎念》《开运星八客》《就想妆美女》等。

其他的成功案例则体现在播出平台与专业传媒公司的合作上。例如，爱奇艺与灿星制作、浙江卫视合作，成为《爱奇艺中国好声音学员推介会》独家冠名合作商；优酷土豆集团与本山传媒合作，2012年底优酷推出的自制综艺《我是传奇2—欢乐季》吸引了多组赵家班弟子加盟。①

3. 工作坊

一些网络视频的品牌化、栏目化与UGC的发展是紧密相连的。在网络视频的发展过程中，一些爱好者创作了自己的作品，成为制消者，获得一定程度的成功后则打造了独有的品牌栏目，以“工作坊式”微型团队进行创作，其制作的栏目一般在多个视频网站播放。其中一部分已经成为具有知名度的微栏目品牌，如《老湿》《叫兽出品》《淮秀帮》《嬉兔系列》《暴走糗事》和《麻

① 易观网，《优酷：2013年2月中国网络视频指数报告》，http://data.eguan.cn/wangluoshipin_157650.html，2013-3-25。

辣书生》等。

工作坊团队制作的栏目为各大平台版面填充做出贡献，同时也存在栏目播出不稳定、制作标准专业性不足的问题。目前，芭乐网等专业化传媒公司开始尝试整合工作坊的产品，建立统一的上传标准，以收视分成的方式整合售卖。这种模式或许将为工作坊生产寻找新的发展道路。

（三）竞争者格局

为了全面了解网络视频栏目状况，本文对“优土”、爱奇艺、乐视、搜狐视频、腾讯视频、凤凰视频、人民视频和 CNTV 等八家主要网站的视频栏目进行了统计，也包括了 56 网、酷 6 网、音悦台等小型竞争者。由于工作坊及部分个体制作的网络视频栏目常在多个平台同时播出，因此独立进行统计。通过视频栏目的数量统计，我们可以初步概括主要的市场参与者（主要是播出平台）的产品数量。

本文共统计了 167 个网络视频栏目，其中数量最多的是拥有 27 个栏目的“优土”网，然后是拥有 25 个栏目的乐视网，其后是爱奇艺和腾讯视频，分别都拥有 17 个。八家网站之外的小型竞争者以及工作坊栏目共 43 个，占 25.7%（见图 1）。

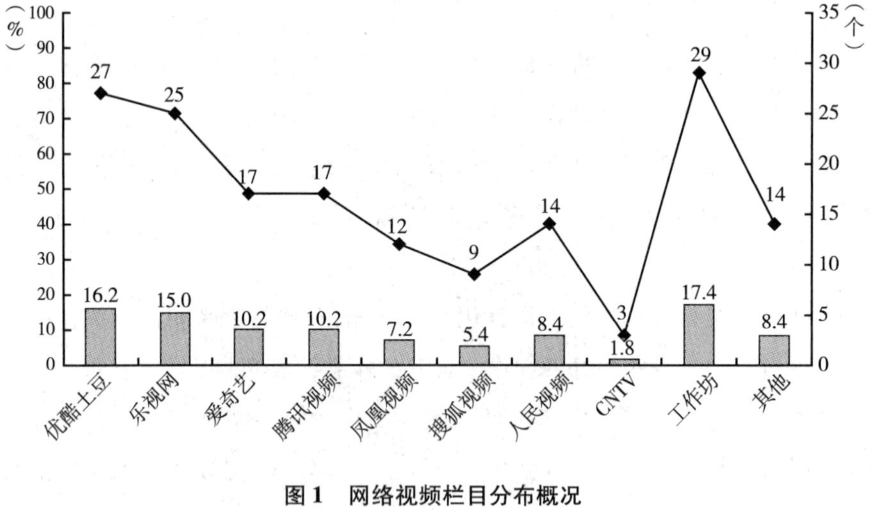

图 1　网络视频栏目分布概况

这 167 个栏目拥有的视频节目总量为 26937 个。“优土”占据极大优势，它拥有栏目数占 16.2%，视频节目数却达 67.4%，大大领先于其他网站（见图 2）。

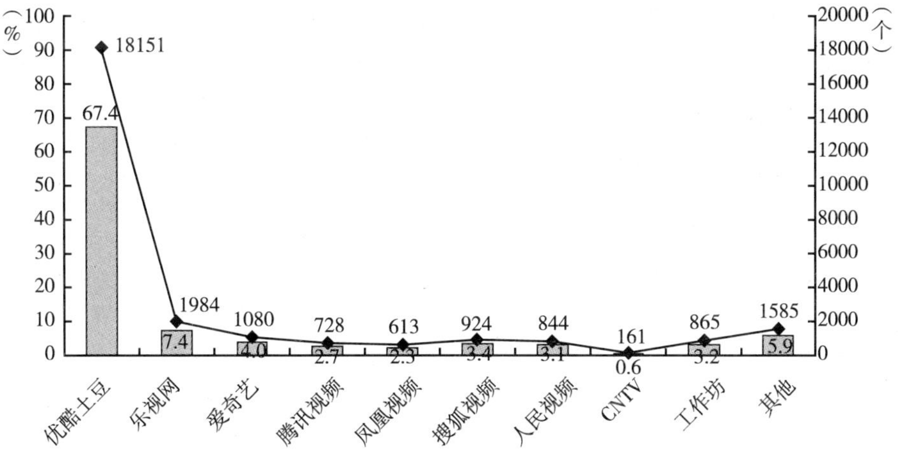

图 2　网络栏目的节目数量

三　网络视频栏目的内容及其收视

（一）内容和类型

本文对上述网站的 167 个网络视频栏目进行整理，按时长、类型和内容进行了分类（见表 1）。

表 1　网络视频栏目分类

分类依据	具体分类
按时长分类	微视频(20 分钟以内)、中视频(20 ~ 60 分钟)、中长视频(40 ~ 60 分钟)、长视频(60 分钟以上)
按类型分类	人物纪事类(包括以明星或平民为对象的人物访谈、人物故事等)、榜单典礼类、新闻播报类、综艺节目类、专题策划类
按内容分类	娱乐、体育、生活、时尚、音乐、教育、时政、历史、影视剧

网络视频制造者根据自身特点，有各自的内容偏向。

从节目的时长上看，微视频数量最多，有 109 个，占总体的 65.3%，中视频占 24.6%，中长视频占 8.4%，长视频仅有 3 个，占总体的 1.8%（见图 3）。

纵观四种时长视频栏目的竞争格局（见表2），“优土”和工作坊团队主导微视频栏目生产，分别为22个和25个，共占微视频总数的43.1%；在中视频领域，腾讯视频、乐视和凤凰视频齐头并进，4家主要网站有两三个中长视频作为补充；长视频专业参与者只有腾讯视频。

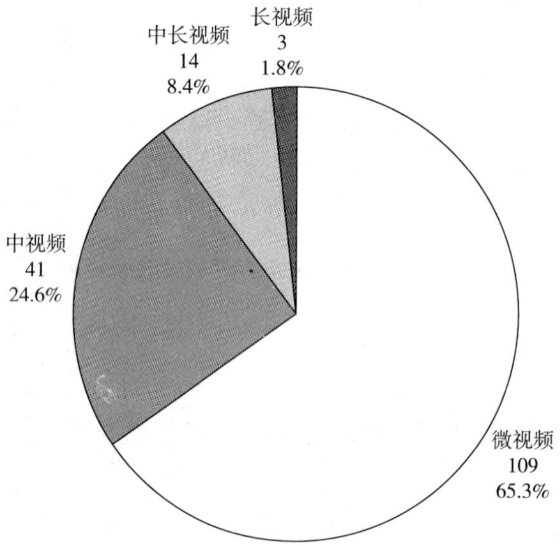

图3　视频栏目的时长

表2　各网站视频栏目时长选择

单位：个

	微视频	中视频	中长视频	长视频
优酷土豆	22	4	1	—
工作坊/个人	25	3	—	1
乐视网	15	7	3	—
爱奇艺	12	3	2	—
人民视频	10	4	—	—
其他	8	4	2	—
腾讯视频	6	6	3	2
凤凰视频	6	6	—	—
搜狐视频	4	4	1	—
CNTV	1	—	2	—

视频栏目播出类型以专题策划、人物纪事和新闻播报为主，分别占总数的29.9%、28.7%和25.7%（见图4）。

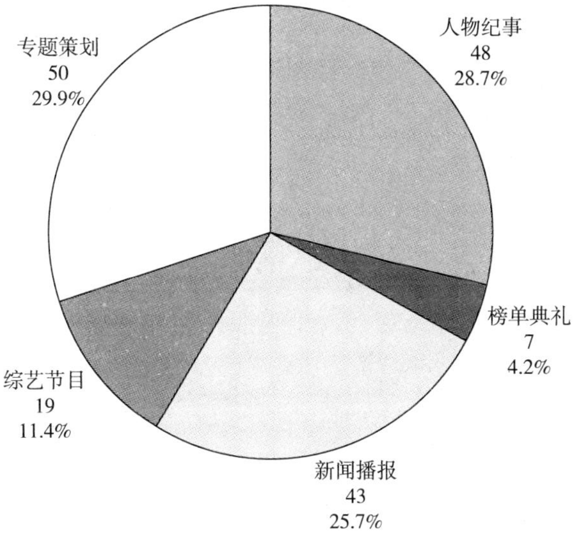

图4　视频栏目的类型

视频栏目内容有一个突出的表现，即以娱乐内容为主（见图5），此类栏目多达74个，占总数的44.3%。其次是时政栏目，占13.2%（基本上来自传统媒体的播出平台）；其余如影视剧、音乐和生活均有播出，但差距不大。

不同内容和类型的视频栏目在时长的选择上有一套内在的逻辑（见表3）。人物纪事栏目的娱乐内容占总数的22.2%；时政和娱乐的新闻播报都占总数的9%；音乐、娱乐、时尚和生活是综艺节目的主要内容；专题策划涵盖了娱乐、体育、生活、音乐、教育、时政、历史、影视剧8个方面内容，共占总数的29.9%。

网络视频制造者也有各自的内容偏向（见表4）。垂直类视频网站平台偏好娱乐内容，如“优土”的娱乐栏目数量多达17个，占其栏目总数的62.9%。乐视拥有10个音乐栏目，这与集团公司提供的服务有一定关联。

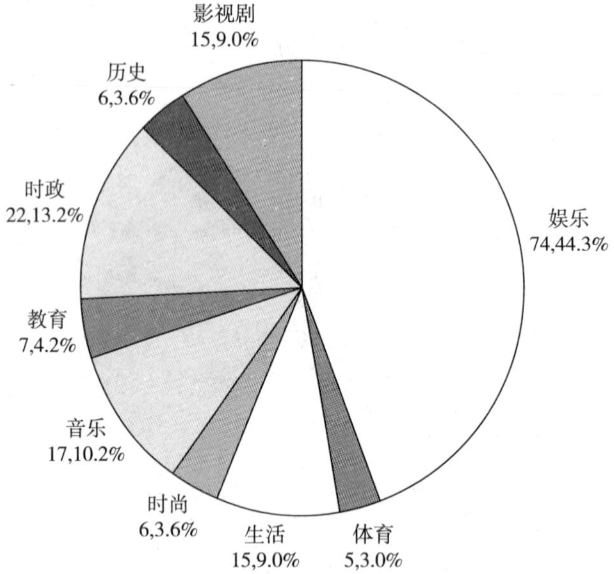

图 5　网络视频栏目的内容

表 3　各类型栏目的内容偏向

单位：%

	人物纪事	榜单典礼	新闻播报	综艺节目	专题策划
影视剧	1.2	1.2	3.6	—	3.0
历　史	—	—	—	—	3.6
时　政	1.2	—	9.0	0.6	2.4
教　育	—	—	—	—	4.2
音　乐	2.4	1.2	1.8	3.6	1.2
时　尚	0.6	—	0.6	2.4	—
生　活	0.6	1.2	—	1.8	5.4
体　育	0.6	—	1.8	—	0.6
娱　乐	22.2	0.6	9.0	3.0	9.6

表 4　各网站栏目的内容偏向

单位：个

	影视剧	历史	时政	教育	音乐	时尚	生活	体育	娱乐
优酷土豆	2	—	—	—	2	—	5	1	17
工作坊/个人	3	—	9	—	—	1	5	—	11
乐视网	3	—	—	—	10	3	—	—	9
爱奇艺	2	—	—	—	1	2	4	—	8

续表

	影视剧	历史	时政	教育	音乐	时尚	生活	体育	娱乐
人民视频	1	5	8	—	—	—	—	—	—
其他	1	—	—	—	3	1	—	—	9
腾讯视频	1	—	—	5	—	—	—	4	7
凤凰视频	1	—	5	—	—	—	1	—	5
搜狐视频	—	1	—	1	—	—	—	—	7
CNTV	1	—	—	—	1	—	—	—	1

传统媒体建设的平台如凤凰视频和人民视频则专注于时政类内容。人民视频有8个时政栏目，占总数一半以上。工作坊团队也可能制作时政类内容，但多半只是围绕某些时事发言，其提供的视听服务性质与前者有很大差异。《互联网视听节目服务业务分类目录》对广播电台、电视台形态的互联网视听节目服务的管控比较严格，只有如人民网等网站才能提供诸如网络时政类视听、新闻节目首发服务等服务。

依托于门户网站的平台提供了教育内容。此外，几乎所有网站都有涉及影视剧内容的网络视频栏目。

（二）典型栏目分析

网络视频栏目几乎覆盖了传统电视栏目的所有重要类型，同时结合网络特点进行创造，开发了许多具有独特性的产品。本文选取了四个在内容或产制上有一定特色的栏目进行了分析。

1. 凤凰视频《全民相对论》

该栏目于2011年开播，每周一、周四播出，每期约30分钟。

《全民相对论》是一档时政辩论栏目，以辩论体的方式呈现国内外重大社会事件。栏目由闾丘露薇主持，每期邀请国内知名时评人、专家和教授以及当事人三方进行辩论，观众也可以通过网络报名参加。

《全民相对论》针对的是较高学历层次的人群，话题选择和问题探讨具有一定的深度，体现了凤凰传媒的一贯风格。精品化可能无法批量生产，但有可能在目标受众市场上获得超出预期的效益。

类似的以高端受众为目标的栏目还有凤凰视频的《马鼎盛军事观察》、乐视网的《午间道》等。

2. “优土”网《我是传奇》

该栏目开播于2012年，每周六播出，时长约45分钟。

《我是传奇》由优酷土豆与十大卫视、十大唱片公司联合推出，是一档草根音乐达人秀，目前已进行了两季。栏目由郭德纲全程主持，高晓松出任首席观察员，配备了高端的演播厅现场。

《我是传奇》是网络视频栏目中获得高收视和知名度的典型栏目之一，月播放数几乎都达到1000万次以上。它集中体现了高投入、主题化运作的特点，以平台影响力为节目成功的后盾。

“优土”在“牛人”“草根”等主题化运作上颇为重视，不仅有像《我是传奇》这样的高投入草根主题栏目，也有《土豆映像节》《优酷牛人盛典》《优酷榜样盛典》等相关主题栏目。这类主题受到欢迎的一个重要原因，就在于它对UGC类视频具有强大的整合力。类似的还有“优土”的《让口水飞》、腾讯视频的《某某某》等。

3. “优土”网《晓说》

该栏目开播于2012年，每周五播出，时长约25分钟。

《晓说》是优酷推出的互联网全互动式脱口秀栏目。栏目选题另辟蹊径，以“揭秘”和“民间轶事”为亮点。《晓说》上线24小时，播放量便突破百万，截至2013年3月30日，总播放量超过1.4亿次。

《晓说》在台网联动和品牌拓展上具有很大的探索意义。在《晓说》创造6000万播放奇迹后，与浙江卫视联合制作纪录片《晓说：艺术北纬30度》，输出到一线领先卫视的黄金档，被视为国内在线视频“网台联动”模式的又一里程碑。

目前该栏目已经衍生出网络视频动画版《小晓说》。2012年12月，以演讲集形式整理该栏目内容的书籍《晓说》相应问世，《晓说》的品牌效应进一步得到发挥。

4. 爱奇艺《浪漫满车》

该栏目开播于2012年，每周五播出，时长约50分钟。

《浪漫满车》是一档以车会友的互联网约会交友栏目。它是爱奇艺购买了风靡英法的恋爱交友真人秀节目“浪漫满车”国际版权之后推出的中国版本。至今共播出两季。

《浪漫满车》充分体现了爱奇艺的栏目特色。在栏目编排上，以“季”的方式播出；成功地获得了企业冠名，还采用了广告植入等方式获得收入。

爱奇艺的这种特色学习了美国视频网站 HULU 的模式，依靠植入性广告和视频流量费的结合，即 CPM（每千人成本）广告售卖模式获得盈利。这种模式对于中国网络视频栏目的产业化与盈利模式寻求有极大的启示作用。

（三）收视情况

总体上看，网络视频栏目的收视难以与老牌电视栏目匹敌，没有形成较大的规模效应。即使不考虑传统的电视播映，只观察网络播放状况，我们也发现传统电视栏目、电视剧主导了网络视频收视。不过，也有少数网络视频栏目从中突围。部分网络视频栏目作为播放平台的内容辅翼初显成效。

根据艺恩咨询的数据，最大的播放平台“优土”在 2012 年 12 月至 2013 年 2 月的播映状况中，《YIF 魔幻第一季》《晓说》和《我是传奇 2》均有出色表现（见表 5）。其中《YIF 魔幻第一季》连续三个月进入前十，而《我是传奇 2》和《晓说》后来居上，屡创新高。2013 年 1 月，《我是传奇 2》排名第四，《晓说》排名第五，《YIF 魔幻第一季》排名第九。在 2013 年 2 月的收视调查中，《我是传奇 2》排名提升至第三，播放高达 1961 万次。[①]

艾瑞网的网络视频监测（iVideoTracker）的全网数据显示，2013 年 1 月综艺播放总时长为 3.4 亿小时。其中覆盖人数超过 200 万的综艺共 43 部，有效播放时长合计 3 亿小时，占综艺总有效播放时长的 86.7%。《我是传奇 2》播放量 988 万，是唯一上榜的网络视频栏目，排名第十。[②]

---

① 艺恩咨询：《中国新媒体影视暨中国网络视频指数研究报告》，http://www.entgroup.cn/reports/f/，2013-4-5。

② 艾瑞网：《2013 年 1 月网络视频收视数据》，http://news.iresearch.cn/zt/195388.shtml，2013-4-1。

表 5　2013 年 1 月中国网络视频综艺播放量排名 TOP10

排名	片　　名	播放量(万次)
1	2012～2013 快乐中国湖南卫视跨年狂欢夜	2150
2	快乐大本营 2012	1907
3	我们结婚了 2011	1273
4	我是传奇 2	1261
5	晓说	990
6	百变大咖秀　第二季	972
7	天天向上 2012	840
8	快乐大本营 2013	790
9	YIF 魔幻　第一季	727
10	安徽卫视国剧盛典 2012	653

资料来源：艺恩咨询。

无论是在单一平台，还是作为总体的网络视频栏目市场，部分网络视频栏目已经开始崭露头角，具有广阔的发展前景和发展空间。

四　网络视频的产业链

网络视频栏目不仅在内容上具备特色，在收视上日渐成功，而且在产业模式方面作出了重要的探索。目前，在线视频运营商积极布局内容生产发行环节，向产业链的上下游渗透。这使得网络视频栏目成为价值链整合的重要环节。“价值链”概念由哈佛大学商学院教授迈克尔·波特提出，他认为企业在设计、生产、销售、发送产品的过程可以用“价值链”来加以描述，从上游到下游的附加产值呈凹状的曲线，也被称作“微笑曲线”。①

笔者结合价值链理论对网络视频产业进行分析（见图 6）。我们认为，网络视频产业价值链现在已经发生重要转型，价值链重心已经有所变化。以往网络视频网站的经营活动主要是从事内容整合与播放，在价值链中处在中游，这个环节的附加价值较低。而现在，越来越多的网站试图生产网络视频栏目，能够为网站拓展更多获取利润的环节。

① 〔美〕迈克尔·波特：《竞争优势》，华夏出版社，2005。

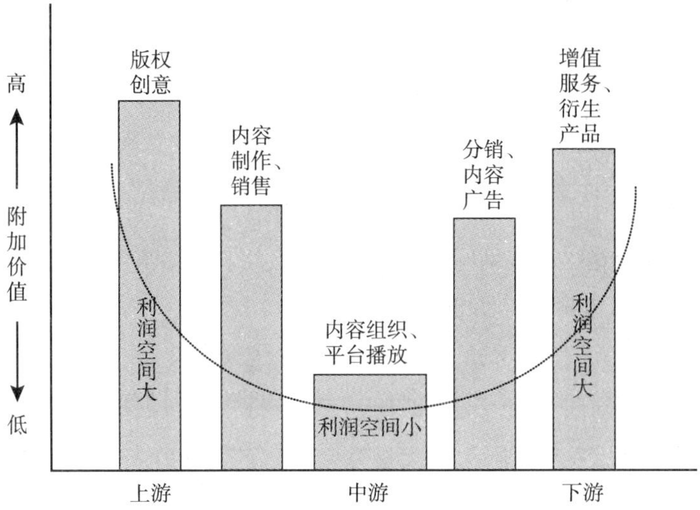

图 6　网络视频产业价值链

网络视频的栏目化生产是组织视频产业价值链的有效方式，这主要体现在三个方面：首先，视频栏目不同于单个的栏目，它是连续播出、生命周期较长的内容商品；其次，栏目为网站提供了稳定而长期的广告平台；最后，栏目还可以作为包含版权和创意的商品进行多次售卖。此外，栏目的播出还能打造品牌效应，成功的视频栏目就是网站的品牌。这在传统电视台上已经得到实践，也在互联网业找到了用武之地。

格外值得关注的是，在价值链整合的过程中，网络视频栏目所属的平台通过网台互动和栏目品牌运作使得部分栏目增加了附加价值，代表着创新的走向。

1. 网台互动

网台互动是整合视频栏目制作到分销内容和广告的有效措施。网络平台通过与电视台的合作，可以做到资源互通、力量互补。

例如，PPTV 与湖南卫视合作打造“快女真人秀”、优酷与山东卫视线上线下开展《歌声传奇》栏目全方位营销，均属此类。PPTV 制作的《美丽随心变》经过精编剪辑，融入上海东方卫视《就是爱漂亮》栏目；优酷制作的热门栏目《晓说》与浙江卫视合作纪录片《晓说：艺术北纬 30 度》，都体现了通过视频网站优质自制栏目搭载传统电视栏目，实现网台栏目特质、用户定位的有机对接。

目前，网台互动的方式已经开始从先前的“先台后网”向“网台同步”转变，甚至出现了网络对电视台的反哺。如乐视网的《乐视风向标》，它是乐视网携手东南卫视，推出的一档以影视剧及音乐为主体的娱乐互动栏目，在东南卫视每周日十八点档放送，乐视网同步播出，电视收视和网络流量表现出众。

在微视频、微电影产品方面，网台互动也初显成效，反向内容输出增多。搜狐视频自制网剧《钱多多嫁人记》《疯狂办公室》登陆旅游卫视《网剧来了》；土豆网的自制偶像剧《爱啊哎呀，我愿意》已在深圳卫视播出，每集价格在 50～60 万元；爱奇艺制作的《奇异家庭》的版权在全剧上线前就已成功售卖给电视台。

总之，网台互动体现了新媒体优势与传统媒体价值的结合，在当前转型和融合期具有双方均值得重视的意义。

2. 栏目品牌运作

网络视频栏目的品牌运作能够促进网台互动、版权售卖，也能拓展栏目的衍生产品开发。目前主要网站一方面在强化“网站制造”的品牌效应，另一方面也在着力开发单个的栏目和微剧。

随着 2012 年优酷全力打造的首档互联网全互动式脱口秀栏目《晓说》大获成功，网络视频动画版《小晓说》、浙江卫视《晓说：艺术北纬 30 度》以及《晓说》的书籍相应问世。《晓说》除了在优酷网络视频平台获得上亿的播放量，获得较高的广告收入外，其品牌带来衍生产品的版权也成为高额附加价值环节，这是视频行业向一线领先卫视黄金档中成系列和品牌输出的里程碑。在《晓说》大获成功之后，各主要网站更是加大力度打造网站品牌栏目、品牌剧，希望获得类似的成功。

五　结语

网络视频栏目具有显而易见的优势。首先，网络平台具有庞大的用户基数和强大的聚合力，视频栏目产出量大，内容和形式丰富多样。其次，灵活的节目播放方式能跨越视频网站、社交网络、门户等各个平台。最后，较长的生命周期使得网络视频栏目能够在广告累积播放上产生长尾效应。

网络视频栏目作为一种新生的网络产品，目前还处于探索阶段，有诸多问题值得探讨。在栏目制作方面，怎样结合和利用网络平台优势、摆脱传统电视栏目的生产惯性思维，同时平衡“大众化”和“定制化”两种生产路径？怎样利用好网络视频“微”的特征、丰富的视听效果、互动分享功能？网络视频栏目的形式和内容安排怎样结合社交网站的传播特点、移动平台的传播特质？怎样平衡网络视频栏目的数量和质量？

在产制方面，不同规模的网站在整合产业链能力上存在差异，上游开发和下游分销采取何种分工合作才能实现利益最大化？网络视频栏目制作和拍摄团队能不能像电视台一样实现大规模、大制作的效应？高额的栏目生产成本要怎样才能实现回收和盈利？网络收视群体与传统媒体受众在收视习惯上有何种差异，网络注意力经济有什么新特点？

最后，在各种微栏目、微视频充斥网络的时候，网络收视怎样建立一个合理的评价体系？在网络视频栏目成规模发展之后，制播者可能还需要考虑频道细分问题。总之，网络视频栏目蔚然成风，发展前景广阔，但同时也需要勇敢尝试，在创新中获得真正的效益。

中国新媒体技术发展概况

曹三省　张 斌　盖 鹏*

进入2013年，新媒体依旧保持着迅猛发展的势头，随着新媒体技术的不断演进，以及国家政策的大力扶持，各种新媒体形式也在持续丰富，业务形态不断创新，我国的新媒体行业已经开启了创新发展的征程。随着“宽带中国”战略的不断推进，我国网络基础设施建设正在提速；爆发式发展的移动化联网，正在重塑新媒体产业格局；云计算促使各行业应用呈现众多机遇；持续深入挖掘的大数据应用，也在不断催生出新的商业模式。此外，HTML5、NFC、语音识别等创新性的新媒体技术也在不断补充着新媒体创新发展的活力，新媒体正在加速向着社会各领域逐渐渗透，开放合作的新媒体生态圈也逐步形成。

一　基于互联网与移动互联网的技术发展

（一）IPv6 新一代互联网技术

互联网应用的高清化、互动性、业务云化，极大地加速了互联网应用的创新。尤其在网络视频领域，随着视频相关业务在互联网应用中所占比例越来越高，高清、超清、720P、甚至1080P的需求不断增加，这也为互联网宽带业务带来了极大的挑战。另外，移动互联网、云计算、物联网等新兴技术的迅猛发展，也加大了人们对IP地址的需求，智能终端激增、业务形态丰富、用户规模加大，这一切都在刺激着互联网的发展，并且亟须更大的空间和更先进的网络基础设施。然而全球IPv4地址已然开始走向枯竭和匮乏，无法满足当前

* 曹三省，中国传媒大学新媒体研究院副院长、副教授；张斌，中国传媒大学新媒体研究院讲师；盖鹏，中国传媒大学新媒体研究院硕士研究生。

的现状，这也使下一代互联网 IPv6 技术成为当前互联网发展的重中之重。下一代互联网规模商用已经到了关键阶段。

2012 年，全球已经开始进行 IPv6 的商业部署。仅 2012 年上半年，全球 199 个国家已经申请了 IPv6 地址，近 3000 多家网站已经提交了 IPv6 的商用请求。目前已经有近 10 个国家支持了 IPv6，近 80 家运营商提供 IPv6 的商用服务。

由于从 IPv4 向 IPv6 的过渡涉及整个互联网产业，巨大的互联网规模以及 IPv4 用户和设备数量的庞大，使得这种过渡无法实现一蹴而就，所以二者的共存将是一个长期而缓慢的过程。尽管目前，国内外在对 IPv6 的过渡技术上，提出了许多解决方案并存在诸多技术创新，过渡技术也成了当前研究的重点，但是仍未超越双栈、隧道与协议转换等三大主流技术范畴，过渡的整体路线规范也相对缺乏。实现从 IPv4 到 IPv6 的平稳过渡也成了网络环境面临的巨大挑战。

我国在 IPv6 的过渡技术上也提出了解决方案和国际标准。2012 年 3 月，国家有关部门研究制定并发布了《关于下一代互联网“十二五”发展建议的意见》，进一步明确了“十二五”期间，我国 IPv6 发展的重点目标和任务。按照国家统一部署，2013 年底前，将开展 IPv6 网络小规模商用试点，形成成熟的商业模式和技术演进路线；2014～2015 年实现 IPv4 和 IPv6 主流业务互通，争取在“十三五”时期，完成向下一代互联网 IPv6 的平滑过渡。据了解，2013 年，已有部分地区在进行 IPv6 的试点部署，一些家庭宽带已经可以访问 IPv6 网络。以无锡为例，正在对该地区网络进行扩容，以实现该地区的 IPv6 全网覆盖，使家庭网络可以通过 IPv6 网络访问 Internet 上的资源。

（二）云计算

云计算（Cloud Computing）是基于互联网的相关服务的增加、使用和交付模式，通常涉及通过互联网来提供动态易扩展且经常是虚拟化的资源。随着互联网技术的快速发展，信息量、数据量也在大量地增加，原本的计算机计算能力已经远远无法满足人们不断扩大的需求，成本费用也在水涨船高，应运而生的云计算将互联网变成了一种全新的计算平台。云计算利用高速的互联网传输能力，将待处理的数据送到互联网上的超级计算机集群中进行计算和处理，带来了空前的计算能力，并可以实现按需使用、按量付费，自从被提出，便引起了业内广泛关注。

2013 年，我国云计算技术及产业已经进入到高速发展阶段。随着成功案例的不断丰富，用户了解和认可的程度不断提高，越来越多的商业资源大量涌入，生态环境建设和商业模式构建也成了此时的关键词。虽然我国主要行业对云计算的应用还仅仅是“冰山一角”，但是本土化计算技术产品、解决方案的逐渐成熟也为医疗医药、制造、金融、能源、电信等多个领域奠定了核心基础，公有云、私有云、混合云等建设并发前行。

有人预言，在未来电脑将只是一个终端，而所有的内容都将存储在云端。这可以协助未来的智能应用更好地摆脱硬件的束缚，让很小巧乃至微型的终端，都可以具有高超快速的计算能力，从而实现真正的智能社会。尽管中国云计算的道路还很长，不过云计算已经开始走向真正的应用和实践，而非停留在数据中心的建设和概念上的空谈阶段，这一切带给我们无限希望。

（三）NFC 近场通信

2012 年，NFC 近场通信技术开始走进人们的视野。NFC 是英文 Near Field Communication 的缩写，即近距离无线通信技术，就是把 RFID 射频读卡器与智能卡的功能整合在一起，可以直接利用各种现有的 RFID 基础设施，实现不同 NFC 设备之间的交互。作为一种非接触式识别及互联网技术，NFC 可以在移动设备、消费类电子产品、PC 以及智能控件工具间进行近距离无心通信，为各位终端提供了一种便捷的通信方式。目前，NFC 设备的日出货量达到 100 万台，支持 NFC 技术的终端设备激增，预测到 2015 年，支持 NFC 技术的手持终端将达到 8. 63 亿台，将会占据 53% 的市场份额，从新媒体角度而言，这将能够带动新媒体终端从富媒体内容提供加速转向综合信息服务、媒体电子商务以及线上线下业务（O2O）的升级与转型。

NFC 可在移动支付、智能公共服务、智能移动商务、智慧家庭等方面大展身手，尤其在 2012 年底，央行正式发布了中国金融移动支付系列技术标准，确定采用 13. 65MHz NFC 为标准并支持将安全模块存储在 SIM 卡中的 NFC – SWP

方案，NFC 近场支付标准之争也终于尘埃落定。2013 年，中国移动把 NFC 手机钱包作为重点业务，全年计划销售 NFC 终端超过千万台，同时，与中国银联合作，在全国 21 个省推出 NFC 移动支付服务，并对焦市政公交、商户、政企、校园等消费领域。NFC 在各方的推动下，技术也将逐渐成熟，并向规模化发展。若 NFC 与蓝牙、Wi-Fi 联手，也必将会掀起一场更为深刻的技术变革。

（四）HTML5 及 WEB APP

1. HTML5

2012 年 12 月 7 日，万维网联盟（W3C）正式宣布 HTML5 规范正式定稿，标志着 HTML5 标准趋于稳定。作为 HTML 的第五个版本，HTML5 将各种浏览器中所做的很多插件或者特殊调准都做到了标准中，其可随意拖动部件、原声视频支持、地址信息获取等功能夺人眼球。对于 Web 端而言，将是一个完整的操作系统。随着该项技术的不断发展，HTML5 将会大范围普及，成为新媒体数据业务封装和用户体验开发的关键技术。

随着移动互联网的迅猛发展及 HTML5 技术的日臻完善，越来越多的开发者开始兼容这项新技术。数据显示，2011 年，采用 HTML5 开发应用的比例仅为 23%，2012 年已经上升到了 78%，移动设备使用支持 HTML5 浏览器的数量也从 2010 年的 1.09 亿飙升到 2012 年的 21 亿。2013 年，谷歌发布的 Android 平台新版 ChromeBeta 支持 HTML5，360 宣布将全面推动 HTML5 发展与普及，三星、中兴、摩托罗拉等新手机都支持 HTML5 应用。数据显示，2013 年全球将有 10 亿部手机浏览器支持 HTML5，同时，HTML Web 开发者数量将达到 200 万。毫无疑问，HTML5 在未来 5 ~ 10 年内仍旧会是移动互联网领域的主宰者。

由于其丰富的界面表现能力、开放 API 的能力、存储通讯等应用能力、跨媒体支持能力，使得基于 HTML5 新技术的 Web 运行环境具备标准化的移动应用承载平台的能力。除此以外，它不仅仅可以用于表述 Web 内容，还将 Web 带入了一个更为广阔的生态平台。可以说，HTML5 具有一定的革命性，特别是其丰富的标签体系，将取代一些能完成比较简单任务的插件，这样也可以降低应用开发的技术门槛。

2. Web APP

作为一种全新的 Web 标准，HTML5 可以让网页表现出更丰富的内容，同时也带来了一个全新的概念 Web App。这是一种页面直接适配于手机屏幕且免安装、免更新的 App，用户可在浏览器中呈现出一个个类似于 APP 的客户端。Web App 的出现，也被普遍认为将蚕食传统 App 的市场，对其带来极大挑战。

由于 HTML5 已被大众所认可，移动 Web App 也在多平台、多设备兼容等传统优势的基础上，具备更大的竞争力。相比较于传统的 APP 应用，Web App 不仅打破了彼此并不衔接、互不相通的弊端，更能够根据用户的偏好，提供更为贴切的相关信息，丰富其选择性。另外，对于开发者而言，只需在移动 Web App 标准下开发一个版本应用即可，具备良好的跨平台属性。

目前来看，HTML 5 仍是一种在不断发展的技术。Strategy Analytics 研究主管托马斯·康（Thomas Kang）将 HTML 5 称作是一种“相对不成熟的技术”，与在 iOS 或 Android 上运行的原生应用相比，HTML 5 提供有限的 API（应用编程接口）和功能。但是，由于技术的发展永远存在演进和更替，因此基于哪一种技术能够带来更好的用户体验，哪一种技术能够创造更合理更优秀的商业模式，则必将获得成功。

（五）二维码

2012 年，借助智能手机和移动互联网的发展，二维码卷土重来。虽然二维码并不算是新技术，但是它可以将人、移动设备、地理位置信息、线上线下天然地结合到一起，被认作是移动互联网的主要入口之一，因此在众多识别软件纷纷推出后，二维码被广泛应用。早在 2012 年 9 月，腾讯旗下第三方支付平台财付通就宣布与微信合作，依托微信二维码扫描等功能有针对性地开发出各种支付方式；其他互联网巨头也在二维码领域积极布局，新浪、搜狗、阿里巴巴等先后推出二维码功能，让二维码在移动互联网领域迅速发展。目前，移动互联网技术受到传统行业的重视，并被用来开展宣传、营销、互动和电子商务等活动，二维码因此成为突破口，企业通过代理商来搭建和做大二维码的商务平台，也成大势所趋。不仅如此，在一些视频网站中，二维码已经成为了多屏互动的入口，用户只需扫描二维码，即可实现视频多终端同步、用户登录等功能。

李开复曾经这样预测我国 O2O 的发展情况，“O2O 未来会改变中国，线上、线下一旦连起来，这是巨大的爆发式力量”。作为 020 闭环的入口，二维码在零售、餐饮、美容美发、物流包装等行业的应用愈加广泛，同时在杂志、报纸、户外媒体上的使用也极为普遍。数据显示，2012 年4 月到2013 年3 月，中国市场中，手机二维码月平均环比增长 10% 左右。其中，手机二维码生成量 2013 年 3 月同比增长 281. 35% ，手机二维码扫描量同比增长 301. 84% 。

随着二维码的火爆，二维码技术也将引发一场商业模式革命，二维码营销也将成为各个行业竞争的宝地。

（六）语音识别技术

语音识别技术，也被称为自动语音识别，可通过此技术将人类语音中的词汇内容转换为计算机可读的输入，例如按键、二进制编码或者字符序列。作为智能人机交互最自然、最便捷的手段，近来语音识别技术逐渐引起人们的广泛关注。当前，语音识别技术大大丰富了智能终端的感知手段，其发展已经达到了一定水平。尤其随着智能移动终端的普及、互联网电视的发展，语音识别技术被广泛运用其中，其所带来的交互优势极为明显，可以大幅度提升各终端的交互体验和交互效率。

目前在国际上，语音识别技术已经比较成熟，代表企业是被苹果 Siri 技术整合的语音厂商 Nuance。我国语音识别研究工作起步于五十年代，近年来取得了显著的进步。尤其随着智能移动终端的兴起，语音识别也再次成为焦点。国内的语音识别技术，如科大讯飞、中科信利、盛大语音云等，都在中文语音系统上发展迅猛，与此同时，百度、搜狗语音也正在不断发力。

在不同领域，甚至不同的技术环境下，语音识别技术应用的广度与深度也存在不同。在电信、金融等行业中，该技术正在逐步进入规模化，在手机、汽车导航等终端设备中，其应用也在不断地创新和加速前进，在智能玩具、互联网电视等智能家电上，个性化的语音技术应用正在逐步推广。尤其在 2013 年，互联网电视发展迅猛，这一年推出的智能电视大部分都打着“智能语音”的旗号，宣布电视将进入无须遥控器的时代，语音换台、语音调音量、语音问天气、语音放歌曲等功能层出不穷，同时对语言的精准识别技术也在大幅度提升，而未来对语气、口音、环境、情绪等干扰因素甚至是跨语言沟通，也成为语音识别技术正在突破的关键点。

（七）开放平台

互联网行业一直在进行惨烈的厮杀和战争，在这个“应用为王”的年代，无数开发者正在不断成为新一代互联网从业者，寄希望于让自己的产品为更多人所接触。因此，搭建一个优秀的、能够让开发者大展拳脚的平台，显得异常重要。2012 年开始，在经过近两年时间的筹备后，目前国内互联网巨头乃至运营商都纷纷搭建起了自己的开放平台，以期通过构建平台聚集行业资源，达到用户、开发者和公司自身的三方共赢。2013 年开放平台必将成为惨烈搏杀的舞台。

开放平台的可行性已在国外社交网站 Facebook 的身上尽显无遗，2007 年拥有 1.32 亿用户的 Facebook 宣布开发自己的平台，一方面依靠分享用户资源吸引应用开发者，另一方面开发者和应用也极大增加了 Facebook 自身吸引力，2012 年 Facebook 的最新估值高达 1040 亿美元。这种具有强大生命力的良性循环开放模式引起了国内诸多互联网企业的注意，尤其是同样拥有海量用户的腾讯。

早在 2011 年 6 月，腾讯就正式宣布全面开放 QQ、微博等八大平台，9 月社交广告自助投放系统“广点通”正式发布，第三方开发商可自主竞价推广，2012 年腾讯全面开放平台，大幅度提高合作分成比例，对月收入 10 万以下开发者免分成。在 2013 年，腾讯不仅是致力于 PC 端的开放平台，同时在移动端腾讯也加大了对开发者的支持力度。在移动端，腾讯开放平台呈现出更紧密地与 QQ 关系链整合起来的趋势。同时，也开放适合移动端的支付渠道，让用户在移动端也能享受便捷支付的乐趣。腾讯的平台开放，也意味着其告别了原有的产品化能力和内生型创新，转而向下汇集用户，向上汇聚开发者，是一次革命性的战略转变。开放平台的构建，使得互联网公司能够有步骤地吸纳其他互联网公司和开发者，也将自己引入中国互联网的生态系统中。

不仅是腾讯的转型，一些电商巨头也在大张旗鼓地开放平台，以顺应市场潮流，招商入驻，获得佣金收入以及挖掘平台的媒体价值。在开放背景下，平台化竞争也将加速，不管是推出开放平台，还是进驻开放平台都是趋势，而且也是利益驱动的必然结果。

京东于2011年就已经启动开放平台，2013年京东提出了开放平台四大支持计划，这四项扶持政策分别针对技术、物流、服务和财务，计划2013年实现平台交易额达1100亿元，其中POP有望破300亿元销售规模；竞争对手苏宁易购针对入驻的供应商，推行“免年费、免平台使用费、免保证金”的“三免政策”，并实行“双线开放”，激发了入驻商户极大的热情；再加上腾讯QQ网购的平台开放，国内的几大电商在2013年打响了平台之战。

开放平台使得各电商一方面可以快速做大市场份额，另一方面则可以贡献净利润，取得一石三鸟的效果：丰富平台的SKU、获得佣金收入、使平台的媒体属性增加变现机会。对于中国的互联网企业来讲，开放平台，已经成为必然之路。

（八）物联网与智慧媒体

物联网技术，实际上是信息技术发展新阶段，是电子技术、传感技术、通信技术和计算机技术的一次大集成，是互联网技术的一次大爆炸。

物联网作为信息技术创新最为活跃的领域之一，是新媒体产业快速成长的肥沃土壤，市场前景十分广阔（见图1）。2012年，物联网“十二五”规划推出，极大地推动了物联网的发展。随着国家经济扶持力度大幅上涨，物联网产业的发展势头越来越强劲。2012年全国的物联网市场规模已达3650亿元，据预测，2013年有望达到4890亿元，将比2012年增长34%。物联网产业之所以发展如此之快，信息技术功不可没。

物联网相关技术的进步也带动着物联网的发展，如RFID射频识别技术在物联网中的应用，使其与物联网、通信技术相结合，实现全球范围内物品的跟踪与信息共享。而RFID的智能化发展，也使得双向信息交互成为现实，带动着物联网的发展。另外，IPv6的发展，为物联网提供了高效的传送通道；4G网络的研发推进，将智能手机成为物联网无人化服务体系中唯一的人机交互平

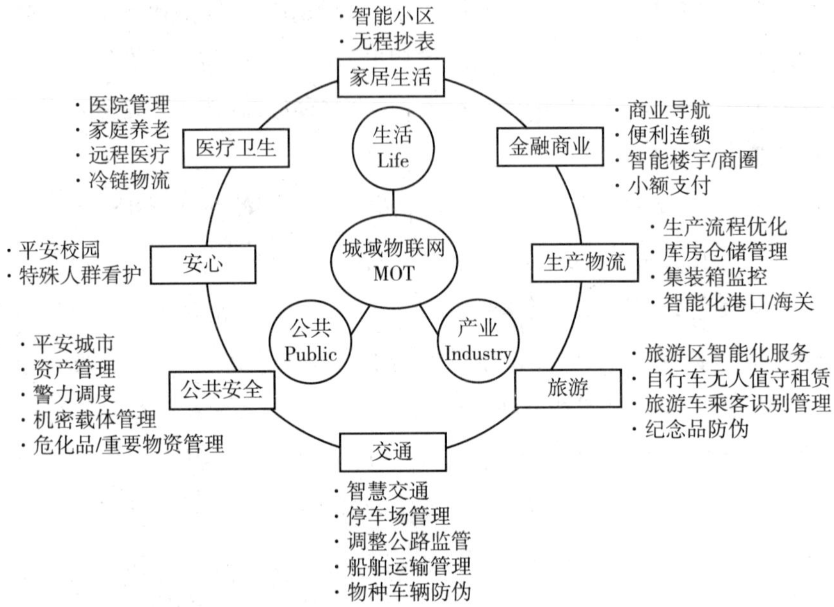

图 1　物联网应用产业示意图

资料来源：中商情报网，http：//www.askci.com/news/201303/07/07/75/2280292.shtml。

台，也将成为国家对社会成员个体特殊服务的重要渠道。

物联网领域的发展相当可观，许多想法已经变成现实。例如，SIM 卡已经配备有汽车管理、GPS 全球定位系统、智能电表、诸多交流工具等功能。从住宅自动化管理技术到电子医疗，物联网覆盖的范围似乎无所不及。不过，当今世界只有 1% 的物品彼此之间实现了有效连接。目前物联网主要应用于交通、物流、电力等行业，但如何在电商领域推广应用，实现消费领域的需求，还有待挖掘。

随着物联网的发展、大数据的爆发，应运而生的智慧媒体也逐渐走进人们的视野，并将开启一个崭新的媒体时代。智慧媒体不仅仅是智能化，还能实现海量存储、云计算服务，在体验上实现用户与终端、内容、应用之间的情感化与个性化的有机融合。

作为智慧媒体的重要形式，人机交互技术在 2012 年也得到飞速发展。人机交互是指人与计算机之间使用某种对话语言，以一定的交互方式，为完成确定任务的人与计算机之间的信息交换过程。目前，利用传感器的手势识别已经日渐成为了人机交互的重要手段，2012 年声波技术的开发使得手势识别拥有更加广阔的发展空间，当人们在电脑前做出手势的时候，超声波音波就以轻微的、不同的音量和波长发射回扬声器，随后这些数据可用于测量速度、方位、距离、尺寸以及改变的频率。声波技术能够检测多样的手势，还能直接控制现有的应用，而且用户也无须佩戴任何特别的传感器。另外，增强现实技术在 2012 年也得到广泛应用，无论是央视春晚、湖南卫视跨年等娱乐艺术领域，还是在医疗军事、数据模型可视化、虚拟训练等其他领域，增强现实技术无疑显示出巨大的潜力，其应用也必将日益增长，为诸多领域带来革命性变化。同时，液晶屏双视图、多点触控、人体天线等技术也在不断被研发，势必带来一场技术性革命。

与此同时，基于 Hadoop 的数据仓库工具 Hive 也得到迅猛发展。Hive 可以将结构化的数据文件映射为一张数据库表，并提供完整的 SQL 查询功能，可以将 SQL 语句转换为 MapReduce 任务进行运行。目前应用最广泛的是 Facebook 开源贡献的 Hive，具有良好的扩展性和容错性。作为互联网领域应用最为广泛的开源数据仓库，Hive 应算是免费的午餐，其前景被一致看好。但是对比传统并行数据仓库，Hive 在存储引擎支持、执行引擎高效化以及多样化接口等方面，尚有改进优化的空间。

（九）互联网电视

2013 年，互联网电视成为视频网站角力的战场。OTT TV 也在这一年出现拐点。目前，已有乐视网、爱奇艺、小米、阿里巴巴分别推出了自己或自主生产，或联合制作的互联网电视，据消息称，优酷也正在布局自己的 TV 市场，对于屏幕的争夺已经开始从手机延伸到了客厅，互联网公司对电视的争夺也从"盒子"走到了电视。

目前，各家所做的互联网电视都是基于 Android 系统，但是在本质上有区分：乐视与爱奇艺做电视主要是为了让自己的视频内容有更多的用户观看，而小米和阿里更多的是为了做平台，将各个视频网站的内容融入其中。

据了解，阿里智能 TV 操作系统已经打通电子商务与网络支付功能，无缝接入阿里系电子商务平台和网络支付平台的底层，用户可以在电视屏幕上登录自己的淘宝或者支付宝账号，即可轻松完成商品浏览及支付购买。而乐视将电视产业固有的垂直产业链压平，却又加之以内容、应用，从而扩充成一个由“平台 + 终端 + 内容 + 应用”四层架构筑成的生态系统。底层是云视频平台和电子商务平台，负责分发内容及硬件产品；第二层是内容，包括乐视影业、乐视采购及自制的版权节目；第三层是各种终端（即屏），是内容达到的载体；第四层是应用（即 LeTV Store），如同智能手机一样，可以让电视成为互联网生活的大屏延展。乐视 TV 高级副总裁梁军表示，传统 IT 行业的发展证明，硬件基础确立之后，只有操作系统和应用开发程序不断升级完善，硬件产业才会实现腾飞并颠覆传统产业。电视机将会成为继 PC、平板电脑、智能手机之后，下一个借助智能操作系统成为平台的重要设备。

互联网电视改变的不只是硬件本身，而是产业链的各个环节，甚至颠覆了整条产业链自上而下的垂直运作模式，代之以互联网平台的方式，从用户体验开始向外发散。随着宽带接入技术的迅速发展，电视屏、PC 屏、手机屏多平台互相连接，增强了互联网上网功能，节目内容比传统节目丰富多彩，互联网电视正在让客厅迎来新一轮的用户回归，2013 年互联网电视也真正成为主流。

二　基于三网融合的技术发展

2013 年 8 月，国务院发布《国务院关于促进信息消费扩大内需的若干意见》指出，全面推进三网融合，加快电信和广电业务双向进入，在试点基础上于 2013 年下半年逐步向全国推广（见图 2）。此次国务院明确三网融合即将全国推广，也意味着三网融合的发展将进行提速，而激活产业链也将成为当务之急。

回顾过去的这三年发展时间，三网融合可以说取得了长足的发展。在三网融合压力下，在政策支持和外部竞争下，行业趋势有望转好。虽然若想实现全国有线电视网络的升级改造、各地有线电视网络的整合还尚需时日，但是随着智能电视的快速发展，有线运营商可以充分地发挥自己网络覆盖的优势，通过双向网络改造，捆绑发展宽带业务。

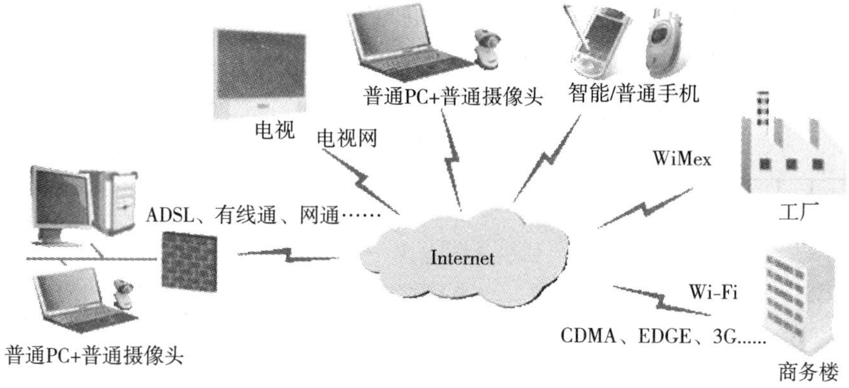

图2　三网融合示意图

资料来源：通信百科，http：//baike.580114.com/pic－view－51.html。

而随着4G时代的到来，运营商、终端厂商、内容商也随之迎来崭新的市场，并有望催生出新兴的生态链。针对这些生态链，有线电视网络运营商与电信运营商其实都站在同一水平线上，双方可充分发挥自身的优势，加快资本引进、促进业务创新、加大人才培养，围绕着自身特性和消费需求，推广全新的三网融合试点业务。

1. 云媒体播出平台

尽管伴随着云计算而产生的“云媒体”在现阶段仍不过是一种媒介理想，但是云媒体平台正在逐渐被广电机构所尝试。

目前，上海广播电视台、中国国际广播电台等传统广电机构正在积极尝试，如上海广播电视台正在着力建设广电系统最大的视频云平台，以实现云直播、云转码、云推送等各种高科技内容。可以说，云媒体的发展在2012年进入了一个崭新的时期。如何利用云计算技术，构建云媒体服务平台，提供融合电视解决方案，成为各方关注的焦点。通过云媒体平台，可以实现多终端间音视频媒体流与相关网络服务的共享与无缝迁移、为用户提供节目分享、评论等社交功能、实现海量用户数据统计分析。在云媒体播出平台实现之后，如果用户正在用电视观看世界杯的比赛，但是由于与朋友约好出门见面，于是可以使用手机登陆，将电视上的视频直接同步到手机客户端，通过3G网络继续观看，并且通过客户端进行评论等。当然这一系列云技术的实现，也需要各个在线视频技术服务商提供模块化媒资管理和云计算技术的及时支持。

国内众多机构、企业也在积极对云媒体技术领域方面进行探索，如大唐移动公司，正在国家三网融合政策指导下，针对目前广电网络运营的新要求，结合广播、IP 的各自优势，利用与中国传媒大学新媒体研究院合作的理论架构设计和技术优势，正在积极开发“云媒体平台系统 VIC（video intelligence clouds）”，这一云媒体平台系统将具有可以实现音频加速服务、作为视频交易平台提供云服务、视频协同工作服务、作为互联网电视台运营服务平台等功能特点，是广电在三网融合应用推广中占据领先地位的应用平台。

2. 新媒体内容监管

随着新媒体的发展、传统广电与新媒体的积极融合，多样的传输网络、海量的传播内容以汹涌的姿态强势来袭，使得新媒体内容监管在理念、手段与技术等方面不得不迎接新的挑战。传统意义上的广播电视内容监管，只是针对通过广播电视传输的音视频节目的监管，而如今新媒体环境下，内容的播出渠道和平台大大增加，播出的途径和范围也不断扩大，再加上新媒体的移动性、广泛传播性，给内容监管带来了很大困难。传统对广电内容的监管已不适用于新媒体环境，一些监管标准也渐现滞后。

从目前的监管模式来看，收听收看机构主要依托于相应的技术平台。为建立安全有序的新媒体内容环境，2012 年在三网融合的契机下，国家广电总局对新媒体的统一技术监管平台做出了全面部署：在组建国家新媒体集成播控平台（CNTV、百视通两大 IPTV 内容播控平台合并）的同时建设好 IPTV、手机电视、互联网电视的技术监管平台，由广电总局直接监管。这一政策的部署，使得在内容播控平台的基础上，又对新媒体的播出设立了一道技术上的保障。

目前，正在开发建设的 IPTV 监管平台，致力于实现从播控平台到用户终端的 IPTV 业务全方位监管。IPTV 综合监管系统，提供全方位的违规内容监测手段，采用 EPG 内容分析、频道资源监测、直播视频节目插播监测、点播节目篡改监测、智能视频分析、语音比对分析等诸多先进的技术手段，对视频内容进行全方位的监测，及时有效地发现违规内容。同时，各省级监管机构也正在建设各区域的监管平台，从技术上实现与总局监管平台的全面对接，以期形成一个上下贯通、分级管理的全国性 IPTV 综合业务监管系统。

在 IPTV 技术监管平台的基础上，基于云计算的视听新媒体统一技术监管平台规划了整体解决方案，采用模块化的平台设计，实现对 IPTV、互联网电视、互联网音视频、手机电视、有线互动电视的全面监管，并建设视听新媒体的云监管平台，集中进行内容审核与管控；同时，全面运用图像处理与模式识别技术等计算机人工智能技术，对采集的内容进行深入的视频智能分析，实现对海量内容的甄别与审查，目前该项技术已经在 IPTV 监管平台上全面应用；另外，逐步采用自然予以理解技术，更加准确、智能、人性化地进行监管；强化对多种形态的收视终端监管，净化播出市场。

随着技术手段的不断创新、查找和定位违法违规目标的能力不断提高、相关管理规定的逐步完善、监管标准的逐渐更新、查处能力和应急处置能力的继续加强，新媒体内容监管这个长期而艰巨的任务也在不断进步，更加有效。

三　新媒体技术发展趋势展望

首先，“多屏呈现及互动”将会在未来快速发展。多屏呈现及互动是指利用多种终端，呈现 IPTV 系统提供的内容和服务，打通手机、PC、平板电脑、电视等多个屏幕，建构“多屏联动”，让用户随时随地、在各种平台间无缝便捷地收看海量内容。互联网、移动互联网在 2013 年发展迅猛，已经为终端消费者的消费心理和消费模式做足了铺垫，越来越多的终端用户享受着多屏呈现带来的全新体验。未来，需要能够承载新媒体业务的多屏解决方案，以适应多终端应用，并且将多媒体、信息技术等多领域的优势业务进行整合，形成多屏一体化的用户体验，打造新的赢利点。

其次，更优质的视频体验也是目前各大视频网站致力的方向。随着网络带宽的不断扩展，视频内容的不断丰富，未来视频业务也将会朝着高清、3D 的方向发展，高清编转码、3D 编转码、2D 转 3D 等技术将会成为下一阶段视频处理的主流技术。

再次，随着“宽带中国”战略的实施，带宽呈跨越式增长，以 IPTV 平台为基础发展多业务的新媒体服务已经成为电信运营商做差异化竞争的必然，借助国家推动文化产业和三网融合的政策逐步利好，关联增值业务也将会有创新性质的突破，实现差异化的发展。

另外，互联网与电视客厅的争夺战也将愈演愈烈。随着互联网公司在电视行业的介入，已经给传统家电行业带来了巨大的影响和挑战。未来，各家的互联网电视除了在操作系统、TV 应用、影视资源等方面发力外，如何带来极致用户体验也会成为各方争夺的重中之重。在互联网上，人们与内容和应用互动的频率远胜于他们与传统电视节目之间的互动，而如何让用户更方便、更快捷地操作，如何在视频播放速度清晰度上实现重大跨越，如何用语言、手势等带来更为多样化的操作形式，如何进一步实现个性化电视，决定着互联网电视的发展，是互联网电视致力的方向。只有做好用户体验，用户也才更愿意买单。

参考文献

1. 臧华中：《云计算技术研究》，《计算机光盘软件与应用》2013 年第 6 期。
2. 王武军：《移动互联网技术创新方向研究》，《互联网天地》2013 年第 6 期。
3. 周兰：《基于 HTML5 的移动操作系统的发展研究》，《现代电信科技》2013 年第 6 期。
4. 闵栋：《移动互联网技术产业进展与发展趋势》，《现代电信科技》2013 年 2 月第 1 ~ 2 期。
5. 姜奇平：《移动互联网技术产业发展的三个主要方向》，《互联网周刊》2013 年第 3 期。
6. 黄明超：《下一代互联网 IPv6 技术的研究》，南京邮电大学，2013 年硕士论文。
7. 陈力丹：《2012 年新媒体技术与应用走势分析》，《编辑之友》2013 年第 2 期。

中国社交媒体的发展与趋势

冯 琰*

中国无论从互联网人口还是从线下人口而言，都是世界第一。自2009年以来，被认为是最接近于“中国Twitter”的“新浪微博”开始问世，便很快成为一种时尚，受到追捧。就用户基数而言，微博仍然雄居当今主流的互联网通信和社交媒体的榜首。2011年起，另一个更新颖的社交媒体通信工具微信横空出世，它同样也引起了大众的迅速关注，用户量也在快速递增，这其中包含了媒体对其的关注以及机构、社团和商业用户的加入。以上这些都是中国社交媒体界近年来的一些明显发展。

一 微博的问世及不断壮大

自微博问世以来，中国的互联网群体有了明显的发展和壮大。特别是对微博的活跃用户而言，其引发的影响更大、更显而易见。

中国最早出现的微博始于2007年，当时以饭否、叽歪和腾讯滔滔最具代表性。然而由于种种原因，这些老牌的微博产品在2009年7月便开始停止了运营。没过多久，一批新的微博开始诞生，如新浪微博、搜狐微博、网易微博、腾讯微博以及凤凰微博等。当然，这其中要以2009年8月上线的新浪微博最为惹眼。这一切似乎表明了越来越多的网站意识到微博的重要性，而微博也慢慢发展成为一种通过关注机制来分享简短内容的社交网络平台。

2012年，被外界普遍认为是“中国Twitter”或“具有中国特色的Twitter”

---

* 冯琰，中国传媒大学讲师。

的“微博”发展得风生水起、有声有色。其中，来自前身是QQ通信工具的制造商的“腾讯微博”和来自著名互联网门户网站的“新浪微博”，则更是争先恐后，互不相让。

微博初期的用户主要以名人和技术人士为主。随着其优势的不断显现，越来越多的个体用户也加入其中。由于微博的大量用户及其影响力，政府方面也开始加入微博的行列，利用微博发布信息。在这方面，外交部和原铁道部最早加入微博。到目前为止，国家正部级都开设了官方微博账户；各地公安机关也开设了诸多“公安”“平安”等类似的微博账户。现在，越来越多的人习惯通过微博获取信息。除了获取新闻资讯外，随着政府的微博服务平台的建立，大众也开始习惯利用政府的微博平台，接受职能部门提供的各种服务。例如，关注开往某一个热门景点的列车还有没有余票，或者高速公路某一交汇处是否拥堵等。这就使得微博从传统意义上的“获取信息”的通道变成了交换和利用信息的多向通道。

那么，微博为何会得到如此多受众们的青睐呢？

1. 微博是受众们开放式群聊的窗口

微博是一个开放式的讨论窗口，即便是一个人或者几个人小声地嘀咕，也有着惊人的传播速度。短短140字以内的微博，有时会产生巨大的爆发力。人们获得了更及时的信息来源和更便捷的表达机制，这让互不相识的老百姓们找到了更大的圈子去表达自己的想法。微博无形间缩短了互联网世界与真实世界之间的距离，甚至连著名的“沉默的螺旋”理论也将会被改写。

2. 微博是多种可使用媒体元素的载体

微博在初建伊始仅能发送文字内容，随着受众群体的增多，微博的日常功能渐渐不能满足用户的需要。服务提供商们便开发了能承载超链接、音频、视频、文件传输等多种媒体元素的微博。加之微博本身的操作程序简单，还可以添加表情图标，人们上微博成为了一种表现个性的方式并慢慢地成为了习惯。

3. 微博让人人都成为信息源变为可能

微博的一个强大功能就是搜索。在微博上，既能搜到有关键字的帖子，也能搜到有关键字的微博用户，每个人都可以作为一个信息源进行随时的信息共享，特别是有突发事件的时候，其实时性和现场感是最强的，这对于媒体的报道和积极的营救也有着不寻常的意义。

根据中国国家互联网信息中心 CNNIC 的官方数据，2012 年微博的用户量持续递增。2011 年末，微博的总体用户刚达 2.4988 亿，仅占全国互联网用户的 48.7%。2012 年末则达到了 3.0861 亿，其比例占到了全国互联网用户的 54.7%。当然该数据关注的仅是微博的用户数字。虽然微博在全国用户最常用的网络应用中的位置是第七位，但用户数量的递增速率是无可比拟的，这也显示了微博的发展潜力。

微博为何能迅速发展并拥有了大量的用户群体呢？这主要是得益于微博自身的易操作性以及现代科技发展、无线互联网、智能手机等的问世。

中国互联网群体自微博问世以来，有了明显的变化和发展。在微博出现之前，人们在网络上获取到的都是带有目的性搜索到的信息，这些信息都是经过处理后的窄信息。微博开始承担起了社会化媒体的角色，让信息的获得多元化。社会大众以群广播的形式来形成自己的意见圈。

二　微信的崛起及穷追不舍

2012 年的大部分时间，依然是“微博世界”大发展的时期。不过随着时间的推移，微博已经不再属于“新鲜工具”。科技观察者和一些敏感用户都同时观察到了新的社交媒体平台正在异军突起，其中最具代表性的就是腾讯微信（WeChat）。微信的发展速率使得其成为了 2012 年社交媒体中的一颗“璀璨的新星”。微信作为社交媒体中的后起之秀，已经成为了时尚人士必备的新一代通信手段。

微信最初发布于 2011 年 1 月，2012 年对于该平台而言只不过是“第二个年头”。不过，2012 年成为了微信的关键一年。在这一年中，微信进行了大幅度的调整，同时将其品牌重新命名。将微信这个绝对中国化的品牌更名为 WeChat（大家一起聊）。这次“重新品牌化”为微信赢得了大量的外国用户。这其中不仅有在华的外国人，还有大量的海外华人以及学习中文、对中国有兴趣的许多外国人。微信一下拉近了大家的距离。通过重新品牌化及一系列的调整动作，微信成为了中国网络界的一个新的、不容忽视的倡导者，结束了迄今为止以互联网为主要互动性平台的博客、QQ 和其他相关的“老一代”应用程序的时代。

微信的确是社交媒体界的一场“革命”。由于目前革命尚在继续，要想准确地界定或描述它有一些困难。在此，我们仅从技术层面做些粗浅的解释。

微信是一个更接近于对既有程序的“组合”（mashup）的社交媒体，其特点有：

（1）它允许用户进行实况现场音频或视频沟通（即 Skype 和苹果的 FaceTime 具备的功能）。

（2）它不仅允许用户发文本信息，也允许用户发图片信息。此外，它更加吸引人的功能是允许音频内容作为可发送和接收的信息。这就和一个普通的对讲机相差无几了。事实上也的确有许多用户把它当成了“有时间延后的对讲机”来使用。

（3）它允许任一普通用户发送互联网的信息链接。

（4）它允许用户订阅经认证的公共账户信息，无论是提供文本链接、图片信息还是音频内容等。订阅主要通过扫取二维码实现（这也是被该服务广泛推广的方式），或是从免费推送中自主认证订阅。

（5）它允许用户如在 Facebook 一样，在自己选定的范围内发布状态信息和更新。在使用程序中将其称为“朋友圈”或 Moments；其他用户（但只限于与当事用户互为朋友的用户）可以就此进行评价和表态（赞）。

（6）它允许用户根据个人喜好建立群组，一个用户允许创建多个群组。用户可向该组内全体成员发布信息并且发起讨论。

（7）它还充分利用了地理定位服务。地理定位信息可以单独向用户发布。此外，用户还可以通过“摇一摇”“漂流瓶”等其他功能和邻近的用户进行沟通。当然，对于经实名认证的官方账户，还有更多的信息发布功能。

正是因为微信是多个互联网服务特征的“组合”，在微信上用户可以实现几乎全部需求，所以微信便成为了当今最热门的程序之一。也正是因为微信的混合功能和多样化发送形式大大方便了用户，使得用户不再需要进入多个程序而实现某一较复杂的内容发送，从而大大增加了客户对该程序的粘贴度和依赖性。我们可以由此认为，微信之所以如此“走红”，与其所支持的如此众多的功能是密不可分的。

综合国内和海外的总体发展，微信在2012年取得了非常骄人的业绩。在2012年3月，微信注册用户为1亿；该数据在6个月之后的2012年9月则高达了2亿。到了2012年底，微信用户群体已接近3亿（进入2013年第一个月份该平台已经实际突破了3亿用户）。微信的发展跨出了中国，受到了包括《福布斯》杂志在内的国际媒体的关注。这对于刚刚进入第二个年头的微信而言，是十分令人欣慰的。

设想一下，有这样一个手机应用程序，它不用任何特殊的推广力量，仅靠其程序本身所具有的吸引力，在其发布8个月之后，用户就迅速发展至2亿，且遍布了世界30多个国家，这不得不称之为是一个奇迹。而这个奇迹就是腾讯的微信。这个来自中国的、深受海内外用户欢迎的文本、图像和音频的服务程序，正在变成世界各国喜爱新科技人士必不可少的交流工具。微信是第一个来自中国、进入国际客户群体的科技服务，它的海外用户比国内用户还要更多。

特别值得一提的是，微信平台具有兼容多国语言这个十分重要的特性。与之相比，发展于2009年的微博（特指：新浪微博）目前只提供简体字和繁体字版本；而腾讯微信已经拥有了包括西班牙语、葡萄牙语、泰语、韩语、日语等多国语言的版本。这也是该平台在国际上如此成功的前提。许多最初在中国本土创建的互联网品牌，都在中国本土取得了成功，但是也只限于在中国取得成功，在海外则几乎无人知晓；而腾讯微信则开创了这方面的先河，它在国际上也同时取得了令人瞩目的成功。

进一步具体来说，微信作为社交媒体在中国大陆以外也占有广阔的市场。其在中国港澳台地区、新加坡、马来西亚、泰国、越南、阿拉伯国家等都有着十分长足的发展。但是在属于“真正”西方的美国、欧洲等地，其发展速度则稍慢一些。目前，还更多地局限于华人社交圈。

三　从微博到微信：传播方式的演变

人与人之间的沟通方式因微博和微信的出现而产生了深刻的变化。以书信为主的昔日沟通方式，已经成为历史；以电话为主要沟通手段的年代也正在渐渐离我们远去。而以新科技为载体的微博和微信正在成为人们生活中不可或缺的一部分。以往，信息“扩散”即信息大面积地传播，只有通过权威媒体才能实现。大众与媒体和资讯传播的关系是“只读”，而非“读写”关系。正是微博和微信的出现，将原先必须依赖传统媒体才能做到的大量讯息传播的权利给予了社会大众中的每一个人。然而，微博与微信的存在形态也不完全相同。

微博被用户最广泛使用的是群发功能，因此信息可以被迅速蔓延。微博起初如同戴着面具的舞会，大家在其中均可以无拘无束地表演或发泄心底的欲望。这种发泄若在桌面上，在无面具的环境下，一定会被收敛。正是这种发泄，引起了部分公众和政府的不满。于是要求实名登记微博的呼声变成了现实。然而，即便实名，微博发布者对于其发布内容的范围等特性仍无法掌控。当“发出键”按下，在理论上，全世界、全中国的关注者都可以即时地收到。这时社交媒体的实时性、交互性、广域性及衍生性会同时“发酵”。

而在微信上发出的信息既可称为私人信息，又可认为是公共信息；这种信息受众的混合概念是腾讯微信所创造的一个值得关注的形态。对于特定的微信讯息，它的受众群体属于所谓的“私密公开性信息”群体。之所以称为“私密公开性信息”，其意为：它既不属于一对一信息传输，又不向广大公共场合发布，而只是向某些特定范围发布的信息。这些特定的社交圈由用户自行设立，其成员由用户选定。这一点与微博不同，微博中的大部分信息为“公共”或“公开”信息，即一经发送则人人可见。虽然微博也设计了朋友圈功能，但是由于操作相对复杂，所以鲜有使用。而微信则主张信息的相对私密性，并不重点强调信息的“完全”公开化，所以它就具有了相对高的可控性。

微信与微博在管理方式上的最大区别是有限与无限。微信是地址本管理，微博是寻址管理。对于社交媒体的受众方来说，微信的受众是熟悉的、选择的、可控的及有群体特征性的。微博的受众是少部分熟悉的、选择之外的、多数是不可控的和随机的。

四 总结

与西方的社交媒体相比，虽然在互联网硬件技术方面中国和西方没有太大的区别，但是在西方很难找到与中国的社交媒体对等的版本。在西方，社交媒体是功能单元化的。打一个比方：如果欧美一位用户想发微博，就会直接使用 Twitter 网站；如果使用地理定位社交媒体网络，则会使用 Foursquare；如需发图文并茂的信息更新，或与朋友们互动，就会使用 Facebook。每一个平台都有一个特定的用途。

而中国的社交媒体，例如微博、特别是微信在其功能上，则兼有了 Facebook、Twitter 这些相对成功的网络服务功能，可谓是博采众长。微博和微信均支持文本内容、图像和视频内容，也支持带“#”号的话题和“赞”功能。

相比而言，西方社交媒体没能在中国取得成功的原因可能就在于，西方人的价值观中缺少了“在中国做大”的考量。或者应该说，在网络世界中根本不存在什么西方价值观。微信在国际上的成功就是一个例子。难怪 Mathew McDougall 博士在他的《中国社交媒体宇宙》一书中写道：“我们不该为此感到意外，在中国本土开发的社交媒体取得了成功。而在他的西方同行中，除了个别案例外，大多都以失败告终。”

2012 年末，我们得到的两个数据是，微博的普及率超过了整体网民的半数，达到了 3.0861 亿人；而微信的用户量则接近了 3 亿人。

进入新的一年，微博和微信都必将继续在中国社交媒体界扮演着重要的角色。但是，在这两个服务平台继续努力增加用户的同时，也会出现一种新的传播方式。过去，微博用户之间更多传递的是“人人可见”的公开性内容；但是随着微信的普及率更加广阔，我们将有可能看到“混合公共传播模式”

（hybrid-public communication via social media）的发展，即完全公开与有选择范围的公开相结合的传播模式。随着新科技的发展，通信和传播的手段会越来越简化、便捷和没有界限、无所不在。这也正应验了英国人的一句谚语“没有人能够生存在一个信息的孤岛上了”。

参考文献

1. Bloomberg News， “Tencent Turns to WeChat to Defend China Turf Against Sina：Tech”， http：//www. bloomberg. com/news/2012 – 12 – 27/tencent-turns-to-wechat-to-defend-china-turf-against-sina-tech. html.
2. CNNIC，2012，《第 31 次中国互联网络发展状况统计报告》。
3. Davison，N.，” WeChat：the Chinese social media app that has dissidents worried”，http：//www. theguardian. com/world/2012/dec/07/wechat-chinese-social-media-app.
4. Fannin，R.，“Tencent’s WeChat Speeding Past QQ In Uptake”，http：//www. forbes. com/sites/rebeccafannin/2012/11/27/tencents-wechat-speeding-past-qq/.
5. McDougal，D.，2011，*The Chinese Social Media Universe*.
6. Mozur，P.，“China Real Time Report：Tencent’s WeChat Takes Bite Out of Weibo，Sina Says”，http：//blogs. wsj. com/chinarealtime/2012/11/16/tecents-wechat-takes-bite-out-of-weibo-sina-says/.
7. “微信用户不到两年突破 3 亿”，http：//www. c114. net/news/52/a741599. html。
8. Ong，J.，2012，“200 Million Users Strong，Tencent’s WeChat Messaging Sees Huge Adoption Outside of China”，http：//thenextweb. com/asia/2012/10/12/200 – million-users-strong-tencents-wechat-messaging-sees-huge-adoption-outside-of-china/.
9. 《微信用户数破 2 亿培育行业创新最有价值》，http：//tech. qq. com/a/20120917/000152. htm。
10. 《移动社交时代，勿让微信成“危信”》，http：//news. 163. com/12/1028/08/8ET1GMN000014JB5_ all. html。

数据治国与数据强国

——简论中国的大数据国家战略

胡 泳 郝亚洲*

一 数据治国

美国政府前助理信息官、纽约大学法学院教授贝丝·诺维克（Beth Noveck）在她的《维基政府——运用互联网技术提高政府管理能力》一书中阐述了如何在数字化背景下，运用网络和大数据建立民主和高效的政府。“数据开放可以让体制内外的人一起参与进来，解决政府无法完成的以及棘手的问题。”

诺维克以感染率数据为例说明开放数据的作用。美国的医疗部门搜集了全美几乎所有医院的感染率，但是政府并没有足够的能力把这些数据转化为有价值的信息。而当这些数据被放在 data. gov 网站上以后，微软和谷歌却能够运用自己强大的技术能力制作出数据地图。不管是研究机构还是普通患者，都能够运用搜索引擎查找任何一家医院的感染率，从而决定是否住院。

自 2009 年上任以来，奥巴马就希望把他的这届政府打造成历史上最开放的政府，并致力于推动政府信息向公众开放。他签署了政府信息开放令。根据开放令内容，大多数联邦机构必须对他们拥有的数据资源进行开放，范围包括医疗、教育、能源以及公共安全等，让公众能够“容易地发现、获取并使用”这些数据资源。

为什么选择开放？将政府信息开放不光是为了让公众知道政府在干什么，一个更重要的目的是软件开发商能够利用这些数据开发出商业的 App 或者服

---

* 胡泳，北京大学新闻与传播学院，教授；郝亚洲，中国信息经济学会信息社会研究所，研究员。

务，从而对经济增长带来积极的影响。奥巴马在白宫网站的声明中这样写道："从今天开始，我们让更多的政府数据、信息在网络上开放，这将帮助产生更多的创业公司……并且，我们让公众更容易地找到、使用它（数据），这样能够让企业家制造出他们未曾料想到的产品和服务。"

从政治层面来讲，大数据可以帮助政府实现以下三大价值。

首先，透明的政府。大数据最核心的理念就是要建设开放的政府，这是大数据对于政府最核心的价值。

其次，智慧的政府。中国政府一直在努力提升对公众的服务水平。大数据可以帮助政府更好地了解公众在想什么，需要什么。通过让政府变得更加智慧来提升其执政水平。

第三，负责任的政府。通过为社会公众提供更好的服务，真正做到"权为民所用，利为民所谋"，树立更好的政府形象。

大数据时代，政府要为公众创造价值，有两点很重要：首先，要精准地感知。政府要了解互联网中到底发生了什么，政府要和公众走得更近。其次，在精准感知公众的需求和体验之后，要有效地反馈。从服务的供给到信息的投放，就像做广告一样，政府要把数字资源投放到老百姓需要的地方——公众在微博上，政府就把它投放到微博上；公众在微信上，就投放到微信上。把这两点有机地组在一起，政府在互联网上一定会和公众形成和睦和谐的互动，从而创造一个更美好的治理环境。

二　数据强国

过去三十年里，中国在工业化、信息化和网络化方面都取得了不俗的成绩，但是也要看到由于经济高速发展带来的问题，包括基础设施建设、环境保护、食品安全等方面的挑战，这都需要使用大数据这种创新方式提供更好的解决方案。巨大的需求客观上为中国大数据的研究提供了实践机会。

中国的人口和经济规模决定了中国大数据的规模为全球最大，可为大数据研究提供许多创新角度，同时也意味着中国大数据分析的解决方案将同样适用于其他国家，这将为从"中国制造"向"中国创造"转变提供难得的机遇。

目前全世界都缺乏大数据领域的技术人才和商业人才，而中国在大数据开发和应用方面的广阔平台有利于迅速培养这一领域的领军人物，同时推动产生一批围绕大数据形成的创业型企业，通过企业、科研院所和高等学校之间的合作，中国有望站在大数据领域的技术最前沿。

大数据在推动中国经济转型方面也将发挥重要作用。其一，对大数据的分析可以帮助解决中国城镇化发展中面临的住房、教育、交通等难题。例如，对交通流量数据的实时采集和分析，可以指导驾驶者选择最佳路线，改善城市交通状况。其二，对大数据的研究有助于推动钢铁、零售等传统产业升级，向价值链高端发展。其三，大数据的应用可以帮助中国在发展战略性新兴产业方面迅速站稳脚跟，巩固并提升竞争优势。

同时，云计算、大数据和物联网等新概念的兴起，必然会带来一次深刻的产业革命。如果说前两次产业革命，中国因为历史的原因，都处于落后阶段，以大数据为代表的第三次产业革命必然是中国真正实现经济强国的历史契机。事实上，全世界都还没有准备好迎接这场革命，尚不了解数据的类别、品质和价值如何界定，也不知道数据的隐私、安全和版权如何保障，没有建立良好的数据产业生态环境，也没有针对大数据的教育和训练。这种不清晰给了我们更多的机会，而我国独特的体制允许我们在世界其他国家不可能想象的尺度上“办大事，办好事”，政府、企业界、学术界、投资界和媒体需要齐心协力推动这次可能深刻改变我们社会和经济的变革。

大数据时代，经济社会需要适应现代化的发展，实现新的转型，这就要深刻考量中国的经济社会特征，发现中国在新一轮现代科技革命中面临的短板。

三　打破社会结构的“马赛克化”

改革开放打开了中国的大门，这是近几十年来中国经济飞速发展的重要原因。民族的繁荣强盛与其开放程度息息相关，而中国的内部开放则刚刚起步。社会的内部开放重在社会流动和社会沟通，中国城市化进程的加快和互联网的发展是社会内部开放的具体体现，但还处于消极的不合理状态，需要逐渐朝着合理的方向转型，真正打破社会结构的“马赛克化”。

所谓社会结构“马赛克化”，指的是社会中的群体以政治、文化、经济等各种要素被分割成不同的单元，不同单元的个体形成一个个特殊的利益和价值群落，享受着不同的经济社会政策，促成了他们与单元外的人相互割裂和对立。社会结构“马赛克化”是信息封闭的产物，信息的封闭使人们无法与外界沟通，从而形成“马赛克化”的社会结构。

中国的社会转型呈现多元复合特征，这种多元复合转型表现为八个方面：从乡村社会向城市社会的转型，从计划经济向市场经济的转型，从农业社会向工业社会、知识经济社会的转型，从封闭社会向开放社会的转型，从立体、科层社会向扁平、网络社会的转型，从产业追随向产业创新的转型，从线性经济向循环经济的转型，从生存文化向发展文化的转型。这八个方面的转型互为前提，交互渗透，交织难解。在社会多元复合转型的关键时期，任何政策和体系都应具有系统集成、顶层设计的特点，旧制度已不能适应经济社会发展的需求，许多问题和矛盾开始凸显，如收入差距增大、环境不断恶化等，这些必将成为社会转型中的障碍，探寻新的制度创新已经成为时代发展的必然。

人的需求是丰富多彩的。21 世纪以来，在知识资本和人力资本快速流动的全球化背景下，世界进入了协同发展的轨道。利用大数据的力量有效激发技术创新和文化进步，不仅要改革创新，还要外拓开放，所以，打破社会僵滞状态尤为重要。

其次，创新是中国发展进入到知识经济时代的主题词。简单依靠自上而下的创新模式已然无法适应信息高度个性化的时代要求了。在大数据时代，创新的力量正在向普通大众流动。以英美为代表的大数据国家相继推出了新的执政纲领，就是要把权力从中央下放到地方，从地方下放到社区，从政治家下放到大众，让大众承担起更多的责任，从而建立一个“更大、更强、更好”的社会。应该说这种“去中心化”的模式是符合大数据特征的，信息的流动，层级的减少，使得个体力量得到前所未有的强化，从而形成一个强有力的网状社会。网状社会的最大特点是适应了个体创新能力的组织要求，从一个点可以辐射到整个网络，既繁荣了创新，又降低了创新的成本。

打破“马赛克化”，还可以改变中国社会长久以来数据意识单薄的现象。虽然中国在信息化和数据化方面落后于欧美，但是中国的网络发展速度却是世界第一，我们拥有了数据流通的渠道，缺少的是采集数据的意识。

数据管理的基础是实事求是，未来中国的持续进步依赖于实现这种实事求是的精确管理体系。

四　我国大数据产业尚属雏形

2012 年中国大数据的产值达到了 120 亿美元。随着从事数据采集的机构和相关企业的增多，今后国内数据采集成本也会降低。比如基因数据库分析的相关数据，五年前 100 万美元才可以买到，现在只要 1000 美元就足够了。

整体来看，如果说美国宣称自己尚处于大数据开发的初级阶段的话，中国的大数据则处于雏形阶段。目前，我国的大数据开发以及应用还仅仅局限在商业领域中，尤其以百度、阿里巴巴、腾讯、新浪为首的互联网公司为代表，他们可以利用多年积累的数据优势进行自主开发。制造业的代表海尔集团这两年也在强调大数据的应用，以快速响应客户，感知客户需求。一些行业在大数据领域已经取得一定进展，尤其是零售行业，通过 RFID、供应链、会员卡上的海量数据，挖掘出更多有价值的信息，帮助商场更好地运营和盈利。

从概念的层面讲，中国的商业领域都对大数据有了一个模糊的认识，但从他们对概念的描述以及自身模式的定位来看，也许连雏形都还算不上。政府在数据开放和数据应用上比商业组织落后，需要迎头赶上。

中国的大数据开发主要有以下几股力量：

（1）政府。以国家工业和信息化部为代表的政府部委开始了广泛的行业性讨论，以求给大数据一个标准的定义。

（2）公司。有两种，一种是自身具有开发优势的，比如百度这样的技术型公司。一种是要借助数据外包公司进行开发的，这一种是目前中国商界的主流模式。

（3）投资者。以宽带资本为代表的投资基金主动连横产学研各方面资源，推动成立中关村数据产业联盟，使中关村成为中国大数据的一个重要战略基地。

在人才储备上，专业的数据分析人员并没有形成气候，和走在前列的英美国家相比，中国的专业人才储备不足。

除了技术和资本方面，大数据更重要的是意识革命，它要求打破小数据时代的结构性样本分析局限，完全颠覆存在数百年的因果理念，转而寻求大数据海洋里的相关性。这种意识的革命，中国政府和商界都在短时间难以消化，比如政府部门认为掌握公众的信息就是大数据，而忽略了透明和公开；企业认为，用户行为就是大数据，但是对于如何开发更有价值的信息不得而知。

中国的大数据产业链中各个环节的企业缺乏沟通和协同发展，而且对于行业用户的需求缺乏深入了解。这不仅使我国大数据产业中的企业无法形成合力，而且大数据相关产品和解决方案也缺乏行业应用基础。

五　大数据短板

第一，大数据的重要前提是数据的海量性，中国独一无二的优势是人口数量带来的用户行为的数据海量性，但海量性仅仅是大数据的诸多前提之一，我国在数据的开放性、流动性、交互性方面还远远不够。

第二，中国目前的数据处理技术仍然不成熟，还没做好迎接大数据时代的准备。移动互联网是不可阻挡的大趋势，在中国和美国，使用移动终端访问互联网的人数都已经超过了 PC 机。移动互联网的发展，导致移动性与社交性融合，使时空定位于社会情境，这样的趋势带来了很多价值，例如融合了移动和社交的应用会影响用户消费决策。但与此同时，出现的海量数据给精准的目标分析造成困难，目前国内的数据分析技术还不足以最好地利用这些数据。

第三，从政府层面来讲，信息公开也是政府利用大数据治国的一个必要条件，在这方面中国和美国尚有差距。美国 1967 年就通过了《信息自由法》，中国在 2008 年前后才制定了《政府信息公开条例》，而且实施 4 年以来，总体情况并不理想。除了起步晚，中国各方面制约的力量都很大。信息公开是一件非常难的事情，难就难在没有人愿意主动公开。虽然一谈到透明和公开，大多数人都会认可这是正确的价值观，但一旦要自己透明、要自己公开，那公开和透明就会立刻转化为一种威胁，让某些机构却步不前。

第四，数据的真实性在中国也有可能成为阻碍大数据时代发展的一块暗礁。常见的利用数据弄虚作假的问题，可以总结为几个方面：一是一叶障目，片面解释一个数据，这其中也可能是故意为之；二是人为控制数据的收集和统计过程，使结果产生扭曲和偏差；三是暗箱操作、修改数据；最后是无中生有、“创造”数据，这是最糟糕的，因为假数据比没数据对社会的危害还要大。

第五，非结构数据的不足。企业的数据越是非结构化、杂乱无章，大数据的作用越能发挥得淋漓尽致。以银行为例，由于银行产生的数据更有组织更结构化，因此银行反而不是大数据的先锋，而社交网站是用户展示个人的多媒体地带，拥有大量的非结构性数据，可以弥补电子商务网站在这方面的缺失，恐怕这也是阿里入股新浪微博的原因之一。

六　制定大数据国家战略

理性和开放是迎接大数据浪潮的必备素质，无论对于政府、公司还是个人。要避免成为信息孤岛，避免不再错失这次产业革命，就要从顶层设计入手，在软件、硬件和信息沟通机制三个层面做好准备。

中国制定国家大数据战略的主要内容包括：构建大数据研究平台，即国家顶层规划，整合创新资源，实施“专项计划”，突破关键技术；构建大数据良性生态环境，制定支持政策，形成行业联盟，制定行业标准；构建大数据产业链，促进创新链与产业链有效嫁接。

由于大数据的“去中心化”和非结构性特点，自上而上和自下而上就不会显得泾渭分明。政府一定要开放心态，打开数据之墙，让公众可以真切地参与到执政过程中，做到真正的政务公开，科学执政。

用户隐私权会成为大数据时代一个极具争议的话题。大数据从本质上要求信息开放，而信息开放是一个复杂问题，有些涉及行业内部竞争，受到商业因素影响，企业不愿意开放；有些涉及个人或者行业本身的隐私或机密，无法开放。在大数据应用的过程中，对互联网用户隐私权和数据的保护，是开放信息时的重要考虑因素。在思考这一问题时，国家应该具体问题具体分析。政府应该审慎分析哪些领域的数据能开放，考虑开放共享后数据的管理、数据的质量、数据的隐私和数据的保护等问题。

挖掘大数据的价值，推动大数据的发展，政府需要发挥作用。大数据是一个众多关键行业关注的问题，从国家角度来看，大数据是一种重要的战略资源。同时，学术界和产业界也要共同支持和鼓励大数据的发展。只有学术和产业价值融合，才能真正发挥大数据的应用价值。虽然学术界和产业界关注的价值点并不完全一致，但仍存在一些共性，发现和利用其中的共性，对解决大数据战略中出现的问题很重要。

大数据给中国发展带来新的机遇。抓住生产方式转变这一关键，才能解决发展方式转变的深层次矛盾。面向未来，大数据将激发巨大的内需增量，建设智慧城乡，密切政府和民众的联系，促进民主与社会进步。大数据产业将形成新的增长点，数据业务主营化带来各行各业转型升级。借大数据的东风，用信息生产力与先进生产方式带动发展方式和经济运行机制的转变，可以为中国带来“数字红利”，提高“新四化”建设水平。

未来以政府和电信、教育、医疗、金融、石油石化、电力等行业为重点的大数据应用将直接拉动整个社会对大数据的应用规模。大数据将带来始料未及的变革性影响，将使数据业务成为各行各业的主营业务，围绕大数据，企业将向分析即服务升级转型，从而改变各行各业的业态。广义的“分析”即服务，包含一切以大数据为基础的高附加值的创造性服务，例如面向制造的创客服务、基于咨询数据平台的生活方式设计师服务、基于统计数据挖掘的商业分析服务、基于设计平台的创意服务，还有基于大数据的设计服务、管理服务、教育服务、翻译服务以及基于行业或价值模块细分的服务，等等。

抓住大数据的机遇，中国将在现代化的制高点上，而不仅是在国内生产总值的量的积累上提高信息时代的国际竞争力。

中外数字出版法律制度概览

文卫华*

伴随着网络技术、数字技术的迅猛发展，作为新兴产业的数字出版已经成为出版业未来发展的方向，其发展潜力与势头皆不容小觑。但新技术、新行业也带来了一系列的新问题，盗版、侵权已经成为数字出版产业发展进程中的一个国际性难题。为了使传统的版权保护能更好地适应数字环境的发展与挑战，促进数字出版产业的良性、迅速发展，世界各国都在从政策与法律层面积极探讨新的应对之道，尤其是纷纷修订传统的版权法，加大惩罚与保护力度。本文主要梳理了英、美、德、日、中等五国有关数字出版的法律制度。英、美两国的数字出版产业在全球居于领先地位，其数字版权法律制度经过多年发展、修正也相对完善；而德、日等国与我国同为大陆法系的国家，其数字版权法律的诸多成功经验也值得我们借鉴与参考。

一　英国数字出版法律制度

（一）概述

英国是现代版权制度的发源地。1709 年通过的《安娜女王法》不仅是英国有关版权问题的第一部专门法，被视为近代英国版权制度形成的标志，也是世界上第一部版权法，对后续其他国家的现代版权制度产生了重要影响。英国长久以来都占据着出版大国与出版强国的地位，是全球出版业市场化程度最高的国家之一，出版业也是英国创意产业中最大的子行业。英国出版业的蓬勃发

* 文卫华，北京交通大学语言与传播学院副教授。

展，不仅归功于其发达的文化水平，更离不开其完善的版权保护法律体系。

英国在版权法律体系方面具有专业法和普通法两者结合、相辅相成的特点。自《安娜女王法》之后，英国曾陆续颁布过《1814 年版权法》《1842 年版权法》《1911 年版权法》以及各种单行版权法规。目前英国沿用的是 1988 年的《版权、设计和专利法》。近年来，在网络技术与数字技术的推动下，数字出版发展迅猛，成为整个出版业的发展方向与未来。尽管传统出版业出现萎缩，但英国的数字出版领域发展态势强劲，并取得了骄人的业绩。根据英国出版商协会的统计数据显示：2012 年上半年英国电子小说销售额同比增长 188%，2011 年英国大众类电子书销售额同比增长 366%；同年，所有类型数字图书总销售额为 2.5 亿英镑，较 2010 年增长 55%，占图书总营收的比例接近 10%；[①] 在学术期刊领域，数字产品与服务的收入则已接近 90%。[②] 2013 年 1 月《书商》杂志的统计则表明：英国 2012 年大众类电子书销售额超过 2.6 亿英镑，比 2011 年增长 157%。[③] 可以看出，英国出版业实现了较为成功的数字化转型，而这一系列成绩的取得又与英国相对完善的数字出版法律体系关系密切。

（二）主要法律制度

在数字化转型过程中，英国为了应对数字环境下出现的有关版权保护的新问题，高度重视法律制度建设。英国政府将网络媒体视为数字出版物的一种，通过沿用已有的一些法律规定来规制数字出版内容，如《刑法》《诽谤法》《青少年保护法》《公共秩序法》《淫秽出版物法》《防止滥用电脑法》《数据保护法》《隐私和电子通信条例》《通信法》等中都有与数字出版相关的规定。与此同时，英国还修订和出台了一系列有关数字版权的法律法规，其中最为重要的包括：《版权、外观设计和专利法》（*Copyright, Designs and Patents Act* 1988）、《数字经济法》（*The Digital Economy Act* 2010）、《数据库版权与权力条例》（*Copyright and Rights in Database Regulations* 1997）、《版权与相关权条例》

---

① *PA Statistics Yearbook 2011*, Publishers Association, 2012.

② http://publishingperspectives.com/2012/10/digital-publishing-lessons-learned/.

③ Phillip Jones, " 'E' market nears £ 300", *The Boolseller*, 2013-1-17.

（*Copyright and Related Rights Regulations* 2003）等。

1.《版权、外观设计和专利法》（1988 年）

本法是英国关于知识产权的基本法律，其中就版权、工业产权、专利以及民间文化遗产等都做出了相关的规定。该法明确规定版权是一种财产权利。受该法保护的作品包括：具有原创性的文学、戏剧、音乐或艺术作品；录音、影片、广播或电缆节目以及版本之版面安排。而计算机程序是作为“文学作品”中的一类来加以保护的。该法第 16～21 条对所禁止的各种行为进行了明确的规定，包括版权所有人所具有的排他性权利，禁止对作品进行复制，禁止公开发行作品复制件，禁止公开表演文学、戏剧或音乐作品等。第 24 条第 2 款还规定了何种行为构成网络侵权，即“未经版权所有人许可，明知或有理由相信侵权复制品将会在联合王国或其他地方通过接收传播而被制作，依然通过电信系统（而不是通过向公众）传播作品，构成对版权之侵犯”。当前，英国在裁定网络侵权行为方面，仍然依据 1988 年《版权、外观设计和专利法》中的这一规定。

此后，英国又对 1988 年《版权、外观设计和专利法》进行了修订，在 2003 年出台了《版权和相关权（表演权）条例》，内容涉及广播节目、受著作权限制的行为、使权利可用、允许的著作权作品相关行为以及表演权利、制作临时复制品、技术手段和权利管理的信息、制裁和救济，以及权利持续期等。除此之外，该条例还规定了相关的救济与过渡条款；并且附有三个目录，分别为“对应修改”“撤销废止”以及新的“1988 年法案附录 5A”。

2.《数字经济法》（2010 年）

为了更好地顺应时代和技术的发展，减少网络盗版行为的发生，保护文化创意产业的健康发展，推动出版业数字化转型的顺利进行，真正实现“数字英国”的目标，英国议会在 2010 年通过了《数字经济法》。事实上，《数字经济法》是在《数字英国》白皮书的基础上出台的。2009 年 1 月和 6 月，英国商业、创新和技能部以及文化、传媒和体育部联合发布了《数字英国白皮书中期报告》及《数字英国白皮书最终报告》。白皮书中指出：非法点对点文件共享使创意产业遭受了重大损失，作为应对，须引入版权许可的标准以阻止在线的盗版侵权，同时还提出了一些具体的应对措施和建议。为了落实白皮书中的建议措施，英国政府于2009年11月18日向上议院提交了《数字经济法草案》，英国议会于2009年11月19日向社会各界公开征求意见，2010年6月8日《数字经济法》正式开始施行。

《数字经济法》包含了11个主题，正文共48条，其主要内容包括：将英国通信管制机构OFCOM（Office of Communication）的管制范围由传统媒体扩大到互联网等新媒体、数字内容的版权保护、与互联网域名注册相关的权利、数字内容管理、数字作品的公共借阅权等。其中，第3～18条是有关在线版权侵权的条款，规定了网络服务提供者的初始义务、技术义务、用户申述制度、罚款及成本分摊制度、阻隔禁令制度等内容。根据该法的规定，对网络数字内容的版权保护程序如表1所示。

表1　《数字经济法》对网络数字内容的版权保护程序

程　序	内　　容
互联网服务提供商的初始通知和报告义务	法律规定互联网服务提供商（ISPs）在著作权保护方面应承担以下初始义务： （1）通知义务：若有著作权人举报，ISP有义务通知涉嫌侵犯著作权的IP地址用户，该IP地址有侵犯他人著作权的行为发生； （2）报告义务：ISP需要持续跟踪被举报的IP地址用户，经著作权所有人请求，应匿名提供涉嫌侵犯著作权的IP地址列表。著作权人获得法院允许得到这些IP地址用户的个人信息的允许令后，可以对列表中人员采取行动。
采取技术手段	如果上述初始手段不足以显著减少著作权侵权的程度，国务大臣可以基于OFCOM的报告，在初始手段实施十二个月后针对初始名单中所列的IP地址用户采用进一步的技术措施，包括：（1）设置带宽上限，使用户不能够继续共享文件；（2）如有必要，可以暂时切断宽带连接。 采取技术手段，需要由国务大臣指示OFCOM评估是否应要求ISP对特定用户采取技术措施，或要求OFCOM准备实施技术措施；OFCOM应对不同技术措施所产生的效果进行咨询或评估，将结果报告国务大臣，并向大众发布。
救济及处罚	为保护用户权益，法律设定了救济程序。如果用户对ISP采取的技术措施不服，可以向独立于OFCOM的一级裁判所提起申诉，申诉期间不可以实施技术措施。该法还规定了实施这套机制的资金来源于利益相关方设立的基金。 如果ISP没有履行初始的通知和报告义务，或者没有施加技术措施，就可能面对最高额达25万英镑的罚款，而且，若国务大臣认为必要，可以发布决议提高罚款数额，此决议需要经过议会上下两院的批准。

资料来源：根据康彦荣《英国〈数字经济法〉引领互联网立法潮流》所制，http：//ipe.catr.cn/zjgd/201105/t20110509_584.html。

值得注意的是，由于《数字经济法》的制定和通过都比较仓促，有些条款也存在较大的争议，所以部分条款在发布后开始实施，部分条款在发布后两个月生效，另外一些条款则需要 OFCOM 等立法中涉及的机构另行制定实施细则后才能实施。2012 年英国法院还做出了《推迟“数字经济法”反盗版措施的裁决》，将其中的反盗版措施最早延迟至 2014 年施行。

3.《数据库版权与权利条例》（1997 年）

该条例于 1998 年 1 月 1 日生效。其内容与欧洲议会和欧盟委员会于 1996 年 3 月 11 日发布的第 96/9/EC 号指令有关，主要涉及数据库的法律保护。除了关于生效期限、过渡内容等常规条款之外，该条例的两个主要部分分别为：对于 1988 年《版权、外观设计和专利法》的修改，主要涉及对于数据库的版权定义和保护；“数据库权利”章节，介绍了数据库作者和第一个拥有者的权利、侵权行为、保护期限、数据库的合法使用等内容。关于不同类型的数据库，该条例规定了两种保护方式，即对独创性数据库采用版权保护，对非独创性数据库则采用特别权利保护。

而自 2010 年卡梅伦政府执政以来，英国还开展了史上最密集、社会关注度与参与度最高的新一轮版权制度改革。其目的正是在于“通过改革现行英国版权制度中阻碍创新的部分，建立与数字时代传播规律相适应的版权制度体系，确保英国的创新优势与经济增长”。[①] 卡梅伦委托数字经济学教授伊恩·哈格里夫斯领衔的课题组对数字时代的英国知识产权制度进行全面审查。2011 年该课题组发布了名为《数字化机遇》的审查报告。在此基础上，2011 ~2012 年英国相继出台了《知识产权立法改革一揽子计划》《版权改革方案征求意见稿》《数字版权交易平台可行性报告》《版权学科改革政策声明》《延伸集体许可制度政策声明书》《推迟“数字经济法”反盗版措施的裁决》等政策法律文件，开始了密集而审慎的版权改革。

① 季芳芳、于文：《英国版权制度改革对我国数字出版的启示》，《编辑学刊》2013 年第 2 期。

二　美国数字出版法律制度

（一）概述

美国是世界上数字出版产业发展最为成熟的国家。作为知识产权大国，美国很早就开始关注与数字版权相关的问题，其数字出版法律制度也经过了长时间的发展演变，从而形成了今天这样比较完善、发达的系统。美国的数字出版法律体系具有一些鲜明的特征，如法案的制定流程缜密慎重，有多个部门协同参与，并经过多方反复辩论验证；由多部法案共同组成完整的数字出版法律体系，法案的规定具体、细致，与判例相配合，具有很强的操作性；紧跟技术的发展与版权环境的变化，及时修订相关法案或出台新的法律法规。较高的修订频率也使得美国数字出版法律具有较强的包容性，真正做到与时俱进。

当前，美国与数字版权相关的法律制度包括《1976年版权法》《知识产权和国家信息基础设施：知识产权工作组的报告》白皮书、《版权期间延长法案》（*Sonny Bono Copyright Term Extension Act*）、《在线版权责任限制法案》《澄清数字化版权与技术教育法案》《数字千年版权法案》《防止数字化侵权和强化版权补偿法案》《规范对等网络法案》《数字媒体消费者权利法案》《家庭娱乐与版权法案》《数字消费者知情法案》等十余部（主要相关规定见表2），其中又以《1976年版权法》《知识产权和国家信息基础设施：知识产权工作组的报告》白皮书、《数字千年版权法案》最为重要。

表2　美国数字出版法律制度一览表

法　案	主要规定
《版权期间延长法案》（1988年）	1998年，美国为了保护迪士尼公司包括米老鼠在内的一系列著名卡通人物形象的版权，颁布了《版权期间延长法案》。根据该法案，美国将对著作权的保护期限延长到作者去世后的70年，这比《伯尔尼公约》规定的国际惯例长了20年
《在线版权责任限制法》（1997年）、《澄清数字化版权与技术教育法》（1997年）	为限制网络服务提供商的责任，保证网络业务的发展，美国国会于1997年出台了两个关于网络责任限制的法案，即《在线版责任限制法》和《澄清数字化版权与技术教育法》，并确立：只有版权人履行了通知的程序，才能认定网络服务提供商知道侵权行为的发生；同时还为网络服务公司设置了“避风港”

续表

法　案	主要规定
《防止数字化侵权和强化版权补偿法案》(2000年)	该法旨在保护包括计算机软件在内的创造性作品的版权,加强了对于侵犯作品版权行为的民事惩罚力度。对于被侵犯版权的每一件作品,该法将最高法定民事赔偿金额由10万美元提高到15万美元
《规范对等网络法案》(2002年)	对等网络即P2P技术。2002年,美国众议院通过《规范对等网络法案》,旨在保护对等传输中享有版权的作品,同时对传输者的责任进行限制。该法案的主要内容包括:(1)赋予对等网络传输的作品权利人采取相应的措施,中止、干扰、改变或者以别的方式规避在某一公众可接触的对等网络上未经授权的发行、展示、表演或者复制其受保护的作品;(2)对于版权人在对等网络上采取规避措施进行限制;(3)版权人在对等网络中采取相应措施的程序性要求;(4)对等网络上的虚拟文件传输者享有的权利,可以通过发表权利声明对抗版权所有人,并有权采取司法措施维护自己的权益
《数字媒体消费者权利法案》(2005年)	2005年出台的《数字媒体消费者权利法案》是对《数字千年版权法案》的修正,该法案扩大了消费者对数字作品的合理使用和个人使用的范围,将合理使用的方式从传统的复制、录制等方式扩大到了包括模拟和数字传输,增加了允许使用数字作品的规定,消费者出于存档或在数字媒体设备上执行或访问均不构成侵权,并允许消费者以传输的方式转让其合法获得的数字作品复制件或唱片,条件是不得保留该复制件,并不得改变复制件的原始形式。另一方面,扩大了禁止规避技术措施的例外的范围,“为促进有关技术措施的科学研究”和“如果对技术措施的规避并未导致侵犯作品的版权”的不构成违法。如果该产品能够适用于对版权保护的作品进行显然不侵权的利用,制造、散发或生产并非用于侵权的硬件或软件产品也不构成违法
《家庭娱乐与版权法案》(2005年)	2005年的《家庭娱乐与版权法案》,其主要内容就是以刑事制裁手段保护版权。该法案由《艺术家与防盗版法案》《家庭电影法案》《国家电影保存法案》《孤本作品保存法案》等四编组成。明确规定以刑事处罚应对擅自在网络上传播预览影片,同时还规定了在私人场合采取措施规避某些网络传播作品的合法性
《数字消费者知情法案》(2009年)	《数字消费者知情法案》从保护消费者知情权角度,要求对数字内容设置了技术措施的生产者或发行者,在销售之前须向购买者披露技术措施的性质及有关情况

资料来源：梅术文，《信息网络传播权的法律规制与制度完善》，《时代法学》2007年4月；王辉，《数字时代版权法利益平衡机制的重构》，http：//old. chinacourt. org/html/article/200512/09/188563. shtml；张今，《数字环境下恢复著作权利益平衡的基本思路》，http：//www. cupl. edu. cn/sites/msjjfxy_ xsw/info_ content. jsp？ColumnID = 583&TID = 20120107155733827820148。

（二）主要法律制度

在美国有关数字出版的法律体系中，《版权法》《知识产权和国家信息基础设施：知识产权工作组的报告》白皮书、《数字千年版权法案》是最为重要的三部法律文件。

1.《版权法》

美国的第一部《版权法》于1790年制定。其后的1976年《版权法》为美国现行的《版权法》提供了基本的框架，自颁布后又陆续通过了60多个法案对其进行修订。现行《版权法》由美国版权局于2011年12月公布在其网站上。[①] 内容包括前言、正文13章和14个附录。前言部分详细介绍了自1976年以来美国《版权法》的修订过程和修订内容，正文13章主要是版权标的和范围、版权期限、侵权和补救、版权标记和登记、版权保护和管理体系等方面的内容，附录主要是1976年《版权法》、1998年《数字千年版权法》和版权诉讼等内容。事实上，在1976年《版权法》中就规定：表演和展览的设备或程序包含了电子传送系统及尚未使用或尚未发明的系统，这一具有开放性和预见性的规定为数字版权的适用提供了法律依据。总体而言，美国《版权法》在世界各国版权法中属于立法技术较高、规定最为详尽、保护也颇为完善的法律制度。

2.《知识产权和国家信息基础设施：知识产权工作组的报告》白皮书（1995年）

1993年，为贯彻实施“国家信息基础设施”（NII）计划，美国总统克林顿成立了“信息基础设施特别小组”（IITF），负责研究NII对知识产权的影响，并对美国知识产权法律、政策进行适当的修改提供建议。1994年工作小组提交了初步草案（通称“绿皮书”）。在广泛征询各方意见后，于次年9月公布了《知识产权和国家信息基础设施：知识产权工作组的报告》（通称“白皮书”）（见表3）。白皮书对知识产权法的各个主要领域都进行了讨论与分析，但又侧重于版权法在NII环境下的应用及有效性分析，实际上成为了修改美国1976年《版权法》的立法提案，也是美国数字版权法律问题的理论基

① U. S. Copyright Office，http：//www. copyright. gov/title17/.

础，此后的讨论和司法建议都是在其基础上进行的。白皮书正文包括法律、技术、教育和建议；附录包括立法建议、法律修订稿和参加机构。其中正文的第四部分“建议”是白皮书中的关键部分，体现了美国政府对于 NII 环境下版权法修订的最具权威性和代表性的意见。

表 3 《知识产权和国家信息基础设施：知识产权工作组的报告》白皮书的主要内容

要　点	主要内容
扩大发行权的范围	数字环境下的信息传输，即将作品从某一终端通过网络以数字信息形式发往另一终端，构成发行，是版权人的专有权
厘清复制权和发行权的关系	网络空间可能同时出现传播和复制问题，获得复制权的人并不表示他就获得了在网络上对该作品的传播权
扩张“传播”的含义	建议对现行法律下的“传播”定义进行修订，使其既包括复制物（copies）的传播，也包括作品复制（reproduction）的传播，该范围由当事人合同约定
规定使用作品的豁免	包括非营利性组织提供盲文版、大字版、声音版或其他版本的豁免，以及图书馆 3 份以内备份数字信号的复制豁免
建议增设专门规定	详细论述保护技术措施和版权管理信息与版权保护的关系，建议增设专门的规定

资料来源：梅术文，《信息网络传播权的法律规制与制度完善》，《时代法学》2007 年第 2 期。

3. 《数字千年版权法》（1998 年）

为解决因国际互联网迅猛发展而产生的版权问题，1996 年世界知识产权组织通过了《世界知识产权组织版权条约》（WCT）和《世界知识产权组织表演和录音制品条约》（WPPT）等两项条约。作为这两项国际公约的签字国，美国于 1998 年出台了《数字千年版权法》（DMCA），该法案将传统的印刷出版权扩大至数字领域，以应对数字时代对版权和邻接权的挑战，是美国版权法历史上的一次重大修改。DMCA 全文包括五个部分：第一章为“1998 年世界知识产权组织版权与表演、录音制品条约实施法”；第二章为“在线版权侵权责任法”；第三章为“计算机维修竞争保险法”；第四章为“六项其他规定”①；第五章为“船体设计保护法”。DMCA 对网上作品的临时复制、上传、下载、链接、平台提供、数字出版发行、避风港规则、通知—删除程序、合理

① 六项其他规定包括：版权局的职能、远程教育、版权法中关于图书馆和临时录制的例外、录音制品在因特网上的“网络广播”和电影版权转让时对集体交易协议义务的应用。

使用等问题作了概念界定和行为规范。在其核心章节“在线版权侵权责任法”（第二章）中，增加了第512条，规定了四种新的对于网络服务提供商的免责条款，包括：短暂通信免责、系统缓存免责、基于用户的要求在系统或网络中存储信息免责、信息位置工具免责。另外，第512条还做出了针对非盈利教育机构责任的特别规定。值得注意的是，自DMCA出台以来，美国国家图书馆每三年就要对其进行一次审查和集中修正，并颁发免责令，以减少其在数字版权管理和其他技术层面保护上的“失灵”。2010年的修正主要包括三个免责措施：重新恢复关于手机解锁的免责条款，新增关于智能手机越狱的免责规定，以及新增关于在转换型、非商业作品中使用视频片段的免责条款。2012年，又对DMCA中禁止通过规避技术措施获取受版权保护数字作品的条款制定了新的例外规定。

就其发展而言，美国版权法律体系历经了多次修改，上一次重大修改为1998年通过的DMCA。2013年，美国国会又开始着手启动新一轮的重大的版权改革。①

三　德国数字出版法律制度

（一）概述

作为印刷术的诞生地，德国人对图书有一种天然的情感，走在德国的大街小巷，随处可见大大小小的书店；作为世界排名前三的图书市场，德国出版业的一举一动，都对全球出版市场有着举足轻重的影响，每年10月举办的法兰克福书展，更是世界上最大的国际图书博览会；而德国与中国同属大陆法系国家，法律制度的建设上更是有很多相似之处。因此，通过对德国数字出版发展情况的解读，一方面可以帮助我们深入了解德国数字出版法律制度的特点以及发展趋势，另一方面也可以对我国的数字出版法律制度建设起到一定的参考

① 美国国会开启版权改革，http://www.sipo.gov.cn/wqyz/gwdt/201305/t20130530_801052.html。

作用。

根据德国书业协会（DBDB）① 的统计，2011 年德国图书市场零售总额为 96 亿欧元，比 2010 年下降了 1.4%。进入 2012 年后，下降趋势继续加剧。德国书业杂志《图书报告》（*Buchreport*）发布的统计数据显示，2012 年上半年，德国的图书销售额下降了 2.8%。除 6 月的统计数据比去年同期增长了 3.2% 外，德国在今年前 5 个月的图书销售额总体下降了 3.9%。电子书的销售额并没有被计算在内，因为它在图书销售总额中的比例还非常低。② 而根据德国市场调研公司捷孚凯（GFK）集团公布的统计数据，2011 年上半年，德国电子书销售总额约为 1300 万欧元，虽较前一年有所增长，但仅占德国图书销售总额的 0.7%。③ 作为传统的出版强国，德国近年来在数字出版领域的发展却一直难言乐观。在德国，人们接受电子书的速度比美国等国要慢得多，虽然计算机、数字读物等电子产品已推出多年，但短时间还无法撼动纸质书的主导地位。这种情况既与德国老龄化的人口结构有关，也与德国保守和严谨的民族特性不无关系。

从图书市场来看，美国的书价是由书商决定的，但德国的书价是由出版商决定的。德国实行“书价联盟”政策，所有上架新书由出版商统一标价，无论在大型书店、小型书店，还是网上购书，新书发行的前 18 个月，价格统一。这样不但可有效避免小书店受到大书店恶性竞争的挤压，图书价格保持基本稳定，文学作品的多样性也得到了保障。目前这一规定已经延伸到电子图书领域，即德国出版商也拥有电子书的定价权，但他们不能给电子书设置太大的折扣，以免削弱纸质图书的销售。另外一个重要的经济因素是印刷图书在德国可以只征收 7% 的增值税，而电子书等其他产品的增值税税率高达 19%。

从法律制度来看，作为大陆法系的典型代表，德国知识产权立法以制定法、成文法的形式出现，主要分为工业产权法和著作权法等几部分。尽管部分

---

① 德国书业协会（Der Börsenverein des Deutschen Buchhandels）官网：http：//www.boersenverein.de/de/portal/index.html。

② 孟丹：《德国图书销量下降　市场前景堪忧》，《中国新闻出版网/报》（2012-08-06）[2013-07-18]，http：//www.chinaxwcb.com/2012-08/06/content_249858.htm。

③ 《欧洲出版业数字化浪潮袭来》，《经济参考报》（2012-05-15）[2013-07-18]，http：//book.sina.com.cn/2012-09-26/1432339255.shtml。

法律的制定晚于英美等国，但德国始终重视对知识产权领域的保护。德国著作权保护期为作者有生之年加死后 70 年。在著作权的作品利用方面，德国不仅参考著作权法，而且还参考出版合同法等。国内法律主要包括《著作权法》《反不正当竞争法》《商标法》《外观设计法》《专利法》《实用新型法》《反盗版法》以及《雇员发明法》等。作为欧盟成员国和世界贸易组织成员国，欧盟有关知识产权的规定、世界知识产权组织和世界贸易组织的有关知识产权的主要条约和协议也适用于德国，特别是《与贸易有关的知识产权协议》（*Agreement on Trade-Related Aspects of Intellectual Property Rights*，TRIPs，简称《知识产权协定》）《世界著作权公约》以及《伯尔尼文学和艺术保护公约》等几个在国际上影响力非常大的公约在德国版权法律体系中均占有重要位置。

总体来看，德国版权法律制度体现了典型的大陆法系的特点，如只承认作者本人的原始版权，保护但不允许转让精神权利，只允许部分转让经济权利等。随着数字时代的到来，德国也在不断对原有版权保护法律制度进行修订，如颁布《规范信息社会著作权法》《附属版权法案》等一些专门针对数字版权保护的法律。

（二）主要法律制度

1.《著作权法与邻接权法》（1965 年）

德国第一部著作权法是 1837 年的《普鲁士版权法》，1871 年著作权法开始正式纳入德意志帝国法律体系中。现行德国《著作权法与邻接权法》（以下简称《著作权法》）于 1965 年颁布，1985 年首次修订。

20 世纪 60 年代初，技术的发展使私人复制成为可能，这种新技术包括磁带录音机、微型胶片复印和随后改进的更先进的复印设备等。因此 1965 年的德国著作权法明确允许私人复制，但考虑由此可能会给著作权人带来的经济损失，德国立法机构在世界上第一次建立了私人复制著作权补偿费制度。例如用来录音的录音机器每件 1.28 欧元，录音载体（如空白磁带）则每小时 0.0870 欧元。进入数字时代后，关于私人复制著作权补偿费制度的争论再次在德国兴起，并由此引发了 1985 年该法案的第一次修订。

1985 年，针对当时发展得如火如荼的复印技术，德国著作权法进行了第一次修订。德国立法部门吸取了之前录音录像设备版权保护的经验，同时也借鉴了其他国家对学校等影印设备使用单位收取版权报酬的做法，在第 54 条第 2 款（现第 54a 条）规定了影印设备的制造商（进口商以及经销商）和使用影印设备的机构都有“为通过影印方式的复制支付报酬的义务”。其中第 54a 条第 1 款规定：“一个作品如果可以通过影印或其他类似方式，为私人和其他个人使用需要进行复制的话，该作品的作者应有权利要求用于这种复制的设备制造商支付合理的报酬，如果该设备具有销售或其他投放市场的可能。除制造商外，任何从事商业进口或再进口或经销这种设备的人承担共同责任（半年经销少于 20 台的免责）。”第 54a 条第 2 款规定：“学校、高等院校、职业教育机构或其他教育和培训机构（各种教育机构）、科学研究机构、公共图书馆或其他应用该设备进行复印并收取费用的机构，作者享有向设备经营者请求支付适当报酬的权利。”①

2.《规范信息社会著作权法》(2003 年)

进入 2000 年后，为了适应信息社会技术发展带来的数字化浪潮，各国都开始对其著作权法进行修改，德国自然也不例外。在《欧盟信息社会版权指令》的基础上，2003 年 9 月 10 日通过的《规范信息社会著作权法》对数字时代的复制、网络传播权、技术保护措施、网络服务商的责任等问题进行了规定。但这仅仅是其著作权法数字化改革的第一步。随后，德国即紧锣密鼓地开始了著作权法数字化的第二步改革。2007 年 9 月 21 日，德国参议院通过了《规范信息社会著作权的第二部法律》，其中最重要的规定就是明确了家庭录制补偿金制度，规定范围涉及数字权利管理与补偿金的关系等问题。该法案于 2008 年 1 月 1 日生效。这次法律改革的主要内容包括：数字形式包括网络环境的私人复制原则上为法律所许可；对私人复制给著作权人带来的损害仍然实行一揽子补偿。根据新的法律，负有缴费义务的是所有通常被用来制作合法复制件的机器和储存介质。那些从理论上来说可以被用来复制的储存芯片都有缴费义务，但实际上被用于完全不同的其他功能的数字设备例如手机则没有补偿

① 冯晓青、李薇：《德国〈著作权法〉中报酬请求权制度及其启示》，《河北法学》2010 年第 12 期。

义务。有关补偿费的确定方法，之前补偿费的征收比例被规定在德国著作权法的一个附件中。根据新法，补偿费率不再由法律来确定，而是由著作权集体管理组织、机器和储存介质的生产商协会等进行协商。如果无法取得一致，则由调解和司法机制介入。[①] 通过这个市场经济模式，补偿机制可以对于新技术发展作出更灵活的反应，补偿的支付也可以更顺利地达成一致。

3.《附属版权法案》（2013 年）

据国外媒体报道，德国公布了早前较严格的《附属版权法案》（Ancillary Copyright Law）的“缓和”版本，该版本将于 2013 年 8 月生效。[②]

《附属版权法案》于 2012 年 8 月被提出。草案明确要求引用或整合新闻的谷歌公司（Google）和其他公司为上述新闻的链接或摘录应支付费用，这种费用可以被称作“链接税”。该草案得到德国杂志和报纸出版商的推动，他们认为互联网，特别是谷歌公司，是使他们的图书预订量、读者数和收入受到挑战的原因。与出版领域的热情拥护相比，互联网界对该草案提出了强烈抗议。因此后来各方又商讨了一个“缓和”版本以使搜索引擎和新闻整合业者能够不必支付任何费用便可展示“几个词或者非常简短的文本摘要”（single words and short snippets）。任何超出这个范围的引用和整合都将受到出版商使其内容商业化的专有权的限制。

根据这部新法，德国出版商希望为其内容建立一个许可市场。当该法首次通过欧洲出版商理事会时，该组织发表了以下声明：“欧洲出版商理事会欢迎德国联邦议院为保护新闻出版商而通过一部《附属版权法案》的决定，这意味着将出版商内容进行商业化的搜索引擎和其他内容整合者将必须得到许可才能进行商业化内容的行为。这部《附属版权法案》将为有关各方就出版商内容用于商业用途的价格的商务谈判铺平道路。”[③]

---

① 张今：《数字环境下的版权补偿金制度》，《政法论坛》2010 年第 1 期。

② Federico Einhorn，“ ‘Ancillary Copyright’ Law Set to Take Effect in Germany”，（2013 - 05 - 24）[2013 - 07 21]. http://everything-pr. com/ancillary-copyright-law-set-to-take-effect-in-germany/242742/.

③ Federico Einhorn，“ ‘Ancillary Copyright’ Law Set to Take Effect in Germany”，（2013 - 05 - 24）[2013 - 07 - 21]. http://everything-pr. com/ancillary-copyright-law-set-to-take-effect-in-germany/242742/.

这部新法仅适用于如内容整合者和搜索引擎等对第三方内容进行商业性开发的公司。新闻出版商现在可以要求搜索引擎和提供类似服务的内容整合者避免未经授权对其内容的任何使用形式。从今以后，上述公司想要使用内容，就必须先取得许可。法案的规定对于其他用户，如可能使用发布内容的链接或引用已发布内容片段的消费者、撰写博客的人、企业以及协会等的使用而言没有任何改变。

四　日本数字出版法律制度

（一）概述

作为与我国同属大陆法系的重要邻国，日本的数字出版起步颇早且成绩斐然，统计数据显示，日本的内容产业仅次于美国，居世界第二位。日本《电子图书事业调查报告书2012》的数据表明，日本数字出版产业规模日益扩大，总产值由2002年的10亿日元迅猛增长到2011年的629亿日元，10年间增长了60余倍，预计2016年将达到2000亿日元，总体发展势头异常强劲。①

近几十年来，日本一致致力于推动其内容产业的发展。日本于1995年确立了文化立国方略。2001年全力打造知识产权立国战略，明确提出要在十年内把日本建成世界第一知识产权国。2003年日本政府组建了由总理大臣领衔的“知识财产战略本部”，下设“内容产业专业调查会”。2004年该调查会发布了有关内容产业的重要报告：《内容产业振兴政策——软实力时代的国家战略》，将振兴内容产业作为国家战略的重要支柱。2009年，日本内阁官方知识产权战略推进事务局宣布了《知识产权战略方案2009》，该方案提出了5项优先政策，即加大战略实施力度，提高创新能力；强化全球化知识产权战略；促进软实力产业增长；确保知识产权的稳定性，并保持对知识产权的预见能力；

---

① 宫丽颖：《日本政府振兴数字出版产业发展的举措分析》，《出版发行研究》2013年第4期。

建立针对用户需求的知识产权系统等。日本对于内容产业的管理采用了一种协调管理的模式，由通产省负责综合管理和跨部门协调，相关部门按照各自的职责协助其开展工作。日本还成立了行业自治组织——数字内容产业协会，主要负责进行技术、产业和市场趋势的研究，该协会从2000年开始每年都发布《数字内容产业白皮书》，同时还组织人才培训，推动国际交流。除了产业政策的引导、扶持、管理外，日本还通过不断完善相关法律法规为内容产业的健康有序发展提供有力的法律保障。如在20世纪90年代初，日本就提出了数字环境下的著作权制度问题。1992年初，日本文化厅（ACA）著作权委员会正式启动数字网络问题的讨论，并成立了多媒体分会。1997年，著作权局专门成立了负责数字化问题的多媒体著作权部门，并于此后进行了一系列研讨，提出了诸多报告与建议。[①] 当前，日本在数字出版方面已经形成了一套较为完整且行之有效的法律体系。其中较为重要的法律法规包括《著作权法》《著作权与邻接权管理事务法》《提供商责任限制法》《内容促进法》和《防止盗录电影法》等。

（二）主要法律制度

1.《著作权法》（1899年）

1899年，日本政府签署《伯尔尼公约》，同年3月日本政府首次颁布《著作权法》。日本现行的《著作权法》是在1970年全面修改旧法的基础上而形成的。自1970年以来，日本政府频繁修改该法，并于2001年将其更名为《著作权管理法》，且还设置配套的法规如《著作权管理法实施令》和《著作权管理法实施细则》。纵观日本《著作权法》的历次修正，应对数字化（数字技术作品的使用）与网络化（凭借互联网的网络使用）的发展是其重要目的之一。日本在修法过程中注意扩大权利人的权利和保护公益，致力于在二者之间实现合理平衡。同时，更注重加强对著作财产权的保护，而较少涉及著作人身权。

2009年，日本修订《著作权法》的主要目的就在于：为进一步应对信息通

---

① 宋慧献、周艳敏：《因应时代的著作权管理制度的革新》，《知识产权》2002年第5期。

讯技术发展所致的时代变化，应对日本进入“一亿用户，一亿创作者”时代，谋求有效运用国际互联网促进作品流通，确保残障人士使用信息的机会。[①] 2012年，日本参议院表决通过了新《著作权法》，并将从10月1日起实施。新法规定，对明知违法却下载音乐或视频的行为处以2年以下有期徒刑或200万日元（约合人民币16万元）以下的罚金。[②] 此外，为减少数字出版产品在流通过程中的障碍，有效保护数字出版产品的版权，进一步推动电子书籍在全社会范围内的普及，日本国会于2012年3月9日提出了《著作权法修正案（草案）》，旨在通过立法赋予出版社“著作邻接权”，使出版社不需与作家签订合同，就可以快速实现书籍的电子化；在起诉盗版商时，也不需由作者确认，出版社直接判断即可。[③]

2. 《著作权与邻接权管理事务法》（2000年）

2000年11月，日本颁布了《著作权与邻接权管理事务法》，并于2001年10月1日正式实施。该法包括总则、登记、业务、监督、使用费规则的协商与裁定、杂项、罚则、附则等内容。该法的实施使得已经施行了60余年的《著作权中介事务法》被废止，这一著作权法领域的重要变革也标志着日本著作权的管理随着数字技术的发展而迈出了重要的一步。和《著作权中介事务法》相比，《著作权与邻接权管理事务法》将所涉及的作品门类扩展到所有著作权客体，其立法目的在于确保管理事务的公平运转，保障有关著作权人的权益，适应日益广泛且复杂的著作权保护作品的开发利用，从而推动文化产业的发展。该法对著作权管理事务的从业者采取了登记制，对管理委托契约和使用费采取了报告和公示制度。

3. 《提供商责任限制法》（2001年）

日本于2001年通过，2002年正式实施《提供商责任限制法》。虽然日本没有实行网络实名制，但是根据该法，如果网页或BBS上传播的信息对他人

---

① 杨和义：《日本著作权法律的新变化及其特征》，《海峡法学》2010年3月。

② 日本通过新《著作权法》下载盗版音乐将被判刑，http：//www.ipr.gov.cn/guojiiprarticle/guojiipr/guobiehj/gbhjnews/201206/1666477_1.html。

③ 宫丽颖：《日本政府振兴数字出版产业发展的举措分析》，《出版发行研究》2013年第4期。

名誉等造成了侵害，受害者有权要求网络服务提供商公开信息发布者的名称、住址、电子邮件地址及相关 IP 地址，网络服务提供商有义务删除侵害权益的信息。

4.《内容促进法》（2004 年）

2004 年 6 月，日本国会通过了《内容促进法》（全称为《促进文化产品创造、保护和有效利用法》）。该法中所指称的“文化产品”包括：“电影、音乐、戏剧、文艺、照片、漫画、动画片、游戏软件及其他的文字、图形、色彩、声音、动作、影像或它们的组合物，或通过计算机提供它们的程序，由人的创造性活动产生的有关教养或娱乐范围内者。”该法在基本理念方面，规定关于促进创造、保护及有效运用文化产品对策，必须以贡献于提高国民生活，有利于创造多样性文化作为核心而开展。在国家、地方公共团体及从事文化产品制作人的责任义务方面，规定加强联合及法制上的措施；在基本对策方面，规定推进关于领先技术研究开发；在振兴文化产品经营的必要对策方面，规定构建为谋求通过多样方法筹措资金制度、侵害权利救济措施。①

《内容促进法》中与数字出版密切相关的部分包括：鉴于创意作品的知识产权保护的重要性和互联网等传播媒体的多样性对知识产权保护带来的冲击，提出了“必须谋求有效保护内容作品相关的知识产权，采取对内容作品的适当使用和调整权利内容等措施”。同时，考虑到内容作品的流通越来越多地依赖于互联网等信息网络，其技术和法律等社会条件完全不同于其他的流通方式，因此该法规定政府有义务在相关方面完善内容产品的流通基础，如促进互联网认证技术、保护性技术手段等的开发和使用等，建立数据库保护知识产权所有者的权利。②

5.《防止盗录电影法》（2007 年）

日本于 2007 年制定了《防止盗录电影法》。该法规定：盗录电影是指在电影院等场所向观众收取费用上映电影（包括免费试映）的影像录像或声音

① 杨和义：《日本著作权法律的新变化及其特征》，《海峡法学》2010 年第 1 期。

② 唐为权等：《日本推动内容产业发展的成功经验对中国的启示》，《中国经贸》2010 年第 8 期。

录音。对盗录电影，不适用日本《著作权法》第30条为私人使用的复制的规定；盗录不适用首次在日本国内收费上映已超过8个月的电影。

五 中国数字出版法律制度

（一）概述

数字出版在我国起步较晚，但发展势头强劲，其产业链也已经初步形成。《2012～2013中国数字出版产业年度报告》显示：2012年我国数字出版产业总产值达到1935.49亿元，较2011年的1377.88亿元同比增长达到40.47%，而这一数字在2010年仅为1051亿元，在短短两年时间内实现了倍增。报告还显示：2012年互联网广告、手机出版和网络游戏占据了数字出版产业收入的前三位，分别达到753.1亿元、486.5亿元和569.6亿元。其中，数字报纸、电子图书均保持了高速的增长势头，增长幅度均超过30%以上。[①] 当前，我国的数字出版产业可谓是进入了一个全新的发展阶段。中国新闻出版研究院院长郝振省也指出，未来的数字出版产业，科技与新闻出版融合的趋势将进一步加强。社交化传播、大数据分析和微传播将在未来扮演着越来越重要的角色，是产业发展的重点突破方向。[②] 在高速发展并取得显著成绩的同时，作为新的出版方式与新兴产业，我国的数字出版也面临着一系列的压力与挑战。首先，《新闻出版业"十二五"时期发展规划》中提出：到"十二五"期末，我国数字出版总产出力争达到新闻出版产业总产出的25%，而目前距离这一目标尚有较大的差距，因此数字出版还存在进一步上升的空间。[③] 其次，有学者指出了制约我国数字出版产业发展的三个主要问题，具体包括：行业缺乏龙头企业，品牌建设落后，国外大型数字企业涌入中国，竞争压力大；集中度较低，优质内容较少，

---

① 《中国新闻出版研究院院长郝振省发布〈2011～2012中国数字出版产业年度报告〉》，http://www.chuban.cc/rdjj/2012szcbnh/zlt19x/201207/t20120719_125647.html。

② 《国家新闻出版广电总局：去年数字出版产值逼近2000亿》，http://www.chinastock.com.cn/yhwz_about.do?methodCall=getDetailInfo&docId=3553281。

③ 《数字出版：营收增长迅猛成长空间巨大》，http://big5.xinhuanet.com/gate/big5/news.xinhuanet.com/newmedia/2013-07/31/c_125095457.htm。

吸引力不够；法律法规尚不健全，版权保护不力，缺乏统一的行业标准。①

我国作为《世界知识产权组织版权条约》（WCT）和《世界知识产权组织表演和录音制品条约》（WPPT）的成员国，在数字版权保护方面已经和国际接轨。但我国目前并没有针对数字版权保护的专门立法，主要还是依据《著作权法》《著作权法实施条例》《网络信息传播权保护条例》《计算机软件保护条例》《出版管理条例》以及《最高人民法院关于审理计算机网络著作权纠纷案件适用法律若干问题的解释》等法律法规来进行数字版权保护。另一方面，我国政府部门对数字出版产业高度关注、大力扶持，在已有的出版政策的基础之上，近年来又相继出台、修订了一系列指导数字环境下出版产业发展的新纲要、规划和意见，如《国家知识产权战略纲要》《新闻出版业“十二五”时期发展规划》《关于进一步推动新闻出版产业发展的指导意见》《关于加快我国数字出版产业发展的若干意见》和《关于发展电子书产业的意见》等，皆从政策层面为数字出版的良性有序发展提供了强有力的支持和保障。

（二）主要法律制度

1.《著作权法》（1990 年）和《著作权法实施条例》（2001 年）

我国的《著作权法》最初于 1990 年通过，其后又经过了 2001 年的第一次修正和 2010 年的第二次修正。在 2001 年第一次修正时，就增设了网络信息传播权，即以有线或者无线方式向公众提供作品，使公众可以在其个人选定的时间和地点获得作品的权利。2011 年，国家版权局又正式启动了《著作权法》的第三次修订，主要目的也是为了应对新技术所带来的新变化与新挑战。而与《著作权法》配套的《著作权法实施条例》也分别在 2002 年和 2013 年进行了两次修订。2013 年新修订的《著作权法实施条例》对于《著作权法》第 48 条规定的侵权行为提高了罚款力度和上限（第 36 条：有著作权法第四十八条所列侵权行为，同时损害社会公共利益，非法经营额 5 万元以上的，著作权行政管理部门可处非法经营额 1 倍以上 5 倍以下的罚款；没有非法经营额或者非法经营额 5 万元以下的，著作权行政管理部门根据情节轻重，可处 25 万元以

① 张红星：《浅论我国数字出版的发展》，《电子制作》2013 年第 9 期。

下的罚款）。

2.《计算机软件保护条例》（2001 年颁布，2011 年第一次修订，2013 年第二次修订）

该条例制定的目的即是“为了保护计算机软件著作权人的权益，调整计算机软件在开发、传播和使用中发生的利益关系，鼓励计算机软件的开发与应用，促进软件产业和国民经济信息化的发展”。同时，规定了软件著作权、软件著作权的许可使用和转让以及法律责任等内容。在 2013 年第二次修订时，调整了处罚力度：将原来第二十四条第二款“有所列侵权行为的可以并处每件 100 元或者货值金额 5 倍以下的罚款”，修改为“可以并处每件 10 元或者货值金额 1 倍以上 5 倍以下的罚款”；将原来的“有前款第三项、第四项或者第五项行为的，可以并处 5 万元以下的罚款”，修改为“可以并处 20 万元以下的罚款”。

3.《网络信息传播权保护条例》（2006 年颁布，2013 年第一次修订）

该条例规定：“权利人享有的信息网络传播权受著作权法和本条例保护。除法律、行政法规另有规定的外，任何组织或者个人将他人的作品、表演、录音录像制品通过信息网络向公众提供，应当取得权利人许可，并支付报酬。”“为了保护信息网络传播权，权利人可以采取技术措施。”此外该条例还规定了合理使用的情形以及对侵权行为的处罚措施。在 2013 年的修订中，将第十八条、第十九条中的“并可处以 10 万元以下的罚款”，修改为“非法经营额 5 万元以上的，可处非法经营额 1 倍以上 5 倍以下的罚款；没有非法经营额或者非法经营额 5 万元以下的，根据情节轻重，可处 25 万元以下的罚款”，加重了对侵权行为的处罚力度。

4.《出版管理条例》（2001 年颁布，2011 年修订）

该条例所称的出版物包括报纸、期刊、图书、音像制品、电子出版物。2011 年修订时，增加了第 36 条：“通过互联网等信息网络从事出版物发行业务的单位或者个体工商户，应当依照本条例规定取得《出版物经营许可证》。提供网络交易平台服务的经营者应当对申请通过网络交易平台从事出版物发行业务的单位或者个体工商户的经营主体身份进行审查，验证其《出版物经营许可证》。”

5.《最高人民法院关于审理计算机网络著作权纠纷案件适用法律若干问题的解释》（2000 年颁布，2003 年第一次修订，2006 年第二次修订）

该解释第二条规定："受著作权法保护的作品，包括著作权法第三条规定的各类作品的数字化形式。在网络环境下无法归于著作权法第三条列举的作品范围，但在文学、艺术和科学领域内具有独创性并能以某种有形形式复制的其他智力创作成果，人民法院应当予以保护。"

6.《关于办理侵犯知识产权刑事案件适用法律若干问题的意见》（2011 年）

2011 年由最高人民法院、最高人民检察院、公安部印发，明确规定了侵犯著作权犯罪案件"以营利为目的"的认定问题和通过信息网络传播侵权作品行为的定罪处罚标准问题，公布了通过信息网络传播侵权作品行为的定罪量刑标准。其中第十三条为"关于通过信息网络传播侵权作品行为的定罪处罚标准问题"，规定了属于"其他严重情节"的六种情节。

总体而言，和英美以及日本等发达国家相比，我国有关数字版权保护的法律法规还是存在一些明显的问题。首先，更新速度较慢，不管是法律还是条例，从颁布至今，基本上只经过一次到两次的修订。《著作权法》自 1990 年出台以来，仅进行过两次修订，最近的第三次修订还尚在讨论阶段。《网络信息传播权保护条例》也只经过了一次修订。修法的速度未能及时跟上技术和实践的发展，难以切实有效地解决不断涌现的新现象、新问题。其次，位阶不高。我国目前与数字版权密切相关的法律法规中，仅《著作权法》一部属于国家级的法律，其他皆是由国务院出台的行政法规或是由最高人民法院颁布的司法解释或意见等，并没有专门针对数字版权的法律。此外，我国现有的法律法规还多为原则性的宏观规定，具体可操作性有待加强。

（三）主要相关政策

出版政策是国家对出版业进行宏观指导与调控的重要手段，为应对数字出版的新发展、新情况，国务院、新闻出版总署出台了一系列指导性的政策。

1. 纲要、规划类

我国有关数字出版的纲要、规划类文件如表 4 所示。

表 4　我国有关数字出版的纲要、规划

政策名称	颁布部门	颁布年份	相关规定
《国家知识产权战略纲要》	国务院	2008	25. 扶持新闻出版、广播影视、文学艺术、文化娱乐、广告设计、工艺美术、计算机软件、信息网络等版权相关产业发展 27. 依法处置盗版行为，加大盗版行为处罚力度。重点打击大规模制售、传播盗版产品的行为，遏制盗版现象 28. 有效应对互联网等新技术发展对版权保护的挑战。妥善处理保护版权与保障信息传播的关系，既要依法保护版权，又要促进信息传播
《文化产业振兴规划》	国务院	2009	"以文化创意、影视制作、出版发行、印刷复制、广告、演艺娱乐、文化会展、数字内容和动漫等产业为重点，加大扶持力度，完善产业政策体系，实现跨越式发展。" "采用数字、网络等高新技术，大力推动文化产业升级。" "加强立法工作。进一步完善法律体系，依法加强对文化产业发展的规范管理。完善国家知识产权保护体系，严厉打击各类盗版侵权行为，促进国家文化创新能力建设。"
《新闻出版业"十二五"时期发展规划》	新闻出版总署	2011	将"顺应数字化、信息化、网络化趋势，推进新闻出版业转型和升级"作为"十二五"时期新闻出版业发展的重点任务之一 提出"到'十二五'期末，力争实现数字出版总产值到达新闻出版产业总产值的25%，整体规模居于世界领先水平"的目标 提出了重大工程 31 项，其中直接相关数字出版的 17 项、科技创新工程 6 项
《国家"十二五"时期文化改革发展规划纲要》		2012	将实施以"公共文化服务建设工程""文化数字化建设工程"和"文化市场建设工程"为代表的公共文化数字化服务工程 在"十一、政策措施"中专门设有"（四）版权保护政策"

2. 意见、规定类

我国有关数字出版的意见、规定类文件如表 5 所示。

除这些政策之外，为了加强对产业的管理、明确产业发展方向，新闻出版总署还于 2011 年分别对数字出版产业基地、数字出版平台建设和网络出版服务等三方面进行了调研，并进一步起草了《国家新闻出版产业基地（园区）管理办法》《网络出版服务管理规定》和《数字出版内容平台建设指导意见》等。①

① 《中国新闻出版研究院院长郝振省发布〈2011～2012 中国数字出版产业年度报告〉》，http：//www. chuban. cc/rdjj/2012szcbnh/zlt19x/201207/t20120719_ 125647. html。

表 5　我国有关数字出版的意见、规定

政策名称	颁布部门	颁布年份	相关规定
《关于进一步推动新闻出版产业发展的指导意见》	新闻出版总署	2010	将“发展数字出版等非纸介质战略性新兴出版产业”“发展动漫、游戏出版产业”等作为“推动新闻出版产业发展的重点任务”之一 提出“运用高新技术,促进新闻出版产业发展方式转变和结构调整”“完善保障新闻出版产业发展的法规体系和法律制度”
《关于加快我国数字出版产业发展的若干意见》	新闻出版总署	2010	提出了加快数字出版产业发展的总体目标、主要任务以及具体的保障措施等内容
《关于发展电子书产业的意见》		2010	提出了电子书产业发展的重要意义、指导思想和基本原则、重点任务以及保障措施等内容 2011 年,新闻出版总署又下发了《关于推动我国电子书产业发展的意见》
《互联网出版管理暂行规定》	新闻出版总署、信息产业部	2002	包括总则、行政审批与监督管理、互联网出版机构的权利和义务、罚则、附则等五章内容
《电子出版物管理规定》	新闻出版总署	2007 年公布,2008 年施行	包括总则、出版单位设立、出版管理、进口管理、非卖品管理、委托复制管理、年度核验、法律责任、附则等九章内容

国　别　篇

中国新媒体发展概况

张蕊　范洁*

互联网的迅速普及使得用户对网络的依赖日渐增强，特别是在近几年带宽建设的不断推进、移动网络建设加速、国家政策支持等外部环境影响下，越来越多主体进入新媒体行业，行业发展迅速，表现为市场规模持续扩大，产业整合加快，业务形态向多元化、移动化、社交化方向发展（见表1）。

表1　2012年中国新媒体发展的重点数据

项　目	数　值	项　目	数　值
宽带用户	1.78亿户	手机在线收看或下载视频用户	1.3亿户
互联网用户	5.64亿户	有线数字电视用户	超过1.4亿户
手机互联网用户	4.20亿户	IPTV用户	2000多万户
3G用户	超过2.34亿户	信息网络传播视听节目许可证持证机构	608家
网络视频用户	3.72亿户		
互联网广告规模	8.1万亿元	智能手机销量	2.13亿部
3D电视机零售销量	1875万台	移动互联网市场规模	549.7亿元
智能电视机零售销量	1610万台		

资料来源：国家广电总局发展研究中心、工信部科技委、艾瑞咨询、DCCI、易观国际、CNNIC。

一　互联网发展概况

（一）2012年互联网用户达5.64亿户，新增用户5090万人，互联网普及率达42.1%

市场规模激增是新媒体行业迅速扩张最直观的体现。2012年全球互联网

* 张蕊，中国传媒大学传播研究院硕士研究生；范洁，国家广电总局发展研究中心副研究员。

用户数达到24亿户，中国拥有5.64亿互联网用户，全年共计新增网民5090万人，居世界首位。互联网普及率为42.1%，较上一年底提升3.8%。

在网络应用方面，据中国互联网信息中心（CNNIC）数据报告，即时通信和搜索引擎作为网络基础应用仍是用户最多的两大应用（见表2）。2012年网络音乐应用用户数量排名上升至第三位，在线音乐用户达到4.36亿，市场规模为18.2亿元，比上年增长379%。博客或个人空间的用户为3.73亿，居第四位，其中使用博客网民为1.4亿人。紧随其后的网络视频行业总体向好，据艾瑞咨询数据分析，2012年中国视听新媒体产业规模可达300亿元，较上年增加一倍，视频网站的市场规模将达到百亿元。位居第六的是网络游戏，其用户一直保持在低位发展，渗透率从2011年的63.2%降至59.5%。微博用户在2012年达到3.09亿，急速扩张阶段虽已结束，但仍保持较快增幅。传统的社交网站或将进入用户增长的衰退期，但“社交化”作为一种趋势，正在与各类互联网应用融合。网络购物应用增长势头依然迅猛，用户规模达到2.42亿人，网民使用率提升至42.9%。

表2　2011～2012年中国互联网应用排行（按用户数量）

单位：亿户，%

排名	应　用	2012年用户规模	2012年使用率	2011年用户规模	年增长率
1	即时通信	4.68	82.90	4.15	12.70
2	搜索引擎	4.51	80.00	4.07	10.70
3	网络音乐	4.36	77.30	3.86	13.00
4	博客/个人空间	3.73	66.10	3.19	17.10
5	网络视频	3.72	65.90	3.25	14.30
6	网络游戏	3.36	59.50	3.24	3.50
7	微博	3.09	54.70	2.50	23.50
8	社交网站	2.75	48.80	2.44	12.60
9	电子邮件	2.51	44.50	2.46	2.00
10	网络购物	2.42	42.90	1.94	24.80

资料来源：中国互联网信息中心（CNNIC）。

（二）2012 年手机互联网用户达 4.20 亿，其中手机视频用户数 1.3 亿，手机音乐用户 2.1 亿

截至 2012 年 12 月底，我国手机网民规模为 4.20 亿，较上年底增加约 6440 万人，已超越使用台式电脑接入互联网的网民数量，网民中使用手机上网的用户占比由 2011 年底的 69.3% 提升至 74.5%。据互联网数据中心（IDC）统计报告称，2012 年中国手机市场总出货量达 3.62 亿部，其中智能手机为 2.13 亿部，比 2011 年提升了 135%。

终端市场需求的增加以及无线网络的发展使得移动手持视听设备开始流行。随着技术不断精进，智能手机生产门槛逐渐降低，成本支出也在减少，智能手机已在用户中普及。市场研究公司 Canalys 发布报告称，中国的智能手机市场将在 2013 年继续保持增长，其规模几乎是美国智能手机市场的两倍。小米、中兴、华为、天宇等一系列国内智能手机厂商在生产技术及营销方式方面不断成熟，市场份额不断上升，并同阿里巴巴、奇虎等互联网公司以及广电等内容提供商合作，推出高科技、大屏显、搭载专属内容的差异化产品，同苹果、三星等国际巨头展开竞争。

2012 年，我国移动互联网基础建设成绩显著，3G 网络覆盖进一步扩大，用户数量增长迅速。据工业和信息化部数据显示，到 2013 年 1 月底，我国 3G 用户已达 2.46 亿，3G 手机用户渗透率约为 21.9%。① 根据三家运营商最新统计数据显示，到 2013 年 1 月份，中国移动 3G 用户数达到 9497.9 万户，中国联通 3G 用户数达到 8012.5 万户，中国电信 3G 用户数达到 7206 万户。另一方面，中国移动通信用户已超 11 亿，而 3G 用户在其中占比仅达到 21%，2G 网络接入移动互联网仍是主流。

由于手机本身具备的通讯功能及移动便携等特点，在带宽及传输速率的建设不断加强，智能化应用推陈出新的基础上，手机渐渐成为集通讯、社交、资讯、娱乐、电子商务等为一体的综合平台。手机微博是用户使用率涨

① 工信部：《2013 年 1 月通信业主要指标完成情况》，2013 年 2 月 25 日，http://www.miit.gov.cn/n11293472/n11293832/n11294132/n12858447/15215238.html。

幅最大的手机应用，截至2012年底手机微博用户规模达到2.02亿，在手机网民中的使用率为48.2%，微博用户中的65.6%都在使用手机终端访问微博。微信作为专门针对手机载体的移动聊天工具，推出仅两年时间，用户已突破3亿且仍在迅速普及中，其未来的传播力不容小觑。

手机视频的用户增速仅次于手机微博，截至2012年底，我国手机电视用户较上一年增加5000万，中国网络电视台（CNTV）手机电视用户全年累计约为9000万；在手机上使用在线收看或下载视频的网民数为1.3亿（见图1），在手机网民中的使用率为32.0%，相比2011年增长了9.5个百分点。

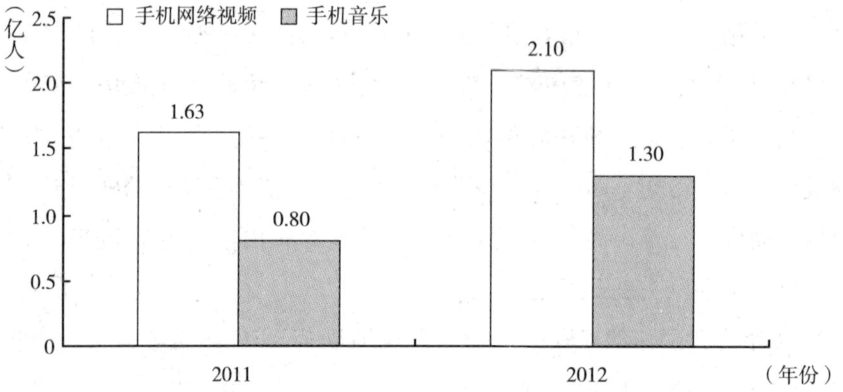

图1　2010～2012年国内手机音乐及手机网络视频用户规模

资料来源：中国互联网信息中心（CNNIC）。

到2012年底，手机音乐用户达到2.1亿，较上一年增加了4700万。三大通信商始终致力于无线音乐业务的发展，中国移动始终处于行业领先地位，它通过建立音乐基地或成立独立子公司等方式发展无线音乐业务，目前已占据国内无线音乐市场份额的83%，引入正版歌曲168万首。

手机网购用户达5549万，用户数量是上一年的2.36倍，手机团购、手机在线支付、手机网上银行等电子商务类应用在手机网民中的使用比例较2011年分别上涨1.7%、4.6%和4.7%，用户规模增速均超过了80%。

（三）2012 年互联网视频用户 3.72 亿，在线视频行业市场规模 92.5 亿元，互联网音频用户 4.36 亿，年增长率为 13%

CNNIC 发布的《第 31 次中国互联网络发展状况统计报告》显示，2012 年通过互联网观看视频用户的数量上升至 3.72 亿，使用率达到 65.9%。互联网音频用户数为 4.36 亿，年增长率为 13%，网络音乐在网民中的使用率由 2011 年底的 75.2% 提升至 2012 年底的 77.3%。艾瑞咨询数据显示，2012 年全年，互联网视频月平均覆盖人数达到 4 亿，在线视频媒体月度有效浏览时间达 35 亿小时，远超以 27.3 亿小时浏览时间居于第二位的社交媒体服务（见图 2）。

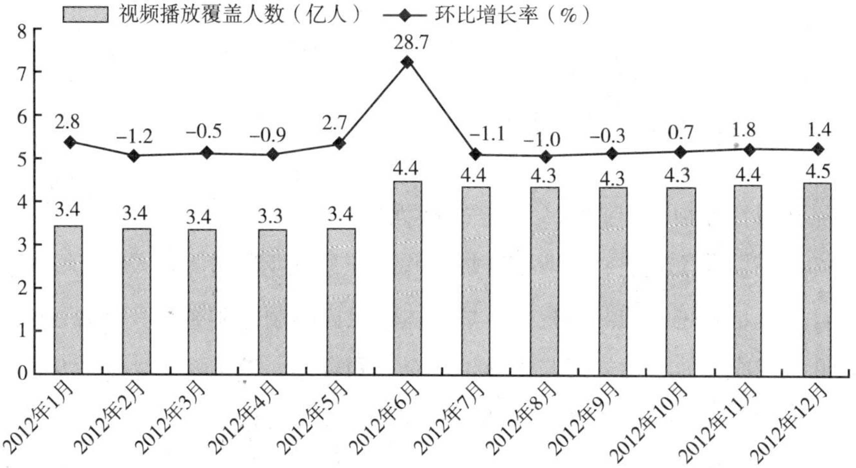

图 2　2012 年互联网视频月覆盖人数情况

资料来源：艾瑞咨询（iResearch）。

艾瑞咨询最新数据资料显示，2012 年互联网视频市场规模达 92.5 亿，较 2011 年增长 47.6%，中国互联网信息中心预计 2013 年中国互联网视频行业市场规模将达到 136.5 亿（见图 3）。广告仍是互联网音视频最主要的收入来源，根据易观国际的统计，2012 年中国在线视频广告收入达 88.3 亿元，较 2011 年增长了 82.7%。版权分销收入在互联网视频市场收入中所占比例逐年增加，至 2012 年已达到 11.8 亿元，占网络视频行业总收入的 15.4%。视频增值业务收入增长趋缓，2012 年收入总量为 3. 69 亿元，占在线视频行业总收入的比例从 2009 年的 5. 7% 下降到 2012 年的 2. 9% 。

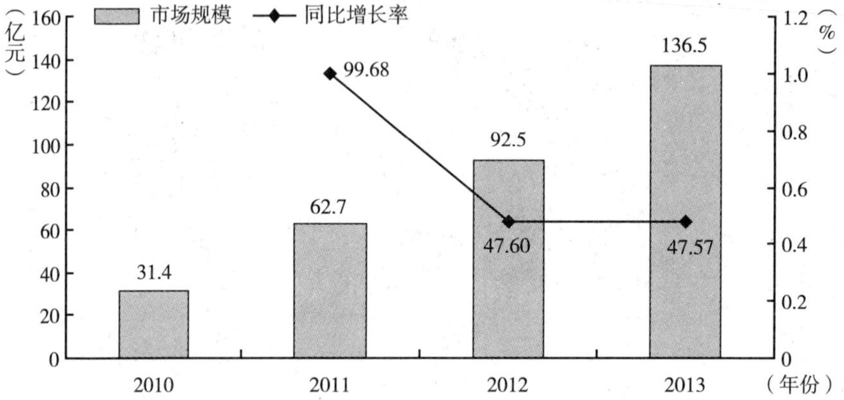

图 3　2010～2013 年我国在线视频行业市场规模及同比增长率

注：2013 年为预测值。
资料来源：CNNIC（中国互联网信息中心）。

互联网音视频在产业发展加速的进程中，体现出内容领域市场主体多元化、终端市场竞争激烈、行业整合加速并向相关行业渗透等特点。

首先，越来越多的网络视听市场主体涉足内容制作领域。一是音视频网站为降低版权成本，开始加强与内容生产企业的合作，以个性化、专业化的音视频内容吸引更多用户。音视频网站自制节目以综艺娱乐节目、网络剧、微电影等为主。二是运营商与内容制作商、提供商合作，参与内容服务。如中国移动通过与人民网、新华社等内容提供单位合作，并将手机电视平台接入中央电视台、央广及国际台等集成播控平台。三是网民及其他非专业制作机构也是网络视听节目生产的重要力量。根据优酷网数据统计，网民及其他非专业机构每天在其网站上传视频超过 15 万条。

其次，终端市场已成为互联网音视频市场主体争夺的重要领域，受众的跨屏使用习惯正在形成。网络音视频快速崛起，其接收终端也开始迅速发展，并且不断智能化、多样化、移动化，接收终端已从个人电脑（PC）、电视机等扩展到智能电视机以及智能手机、平板电脑等手持终端设备，未来终端设备将向人性化、智能化、多屏互动化方向发展。受众可以利用语音控制、动作控制、体感技术等享受更佳的收视体验。各类智能终端之间还可以实现以电视为中心的互联互通，各种终端之间可以实现互相遥控、资源共享等，不同终端将会渐渐形成一个智能整体。

再次，视听新媒体市场产业整合加剧，产业集中度和集约化水平不断提高。巨大的广告市场、版权及付费收入引来广电机构、视频网站等播放平台以及移动运营商对内容领域的涉足，它们纷纷通过同内容制作商的合作以及自制视听节目的方式，拓展自身影响力及竞争力。盛大、百度、优朋普乐等互联网企业也开始进军智能电视、智能手机等终端市场，并期望通过终端的生产进入内容环节。另一方面，随着智能终端的进入门槛不断降低，内容环节在产业链中地位的不断上升，内容提供商也开始整合下游终端资源，纷纷推出针对自身应用的智能终端模式，以占领渠道和用户资源，把控移动互联网接口。市场主体之间的横向整合也在加快，2012 年优酷以 100% 换购股票的方式兼并土豆网，结束了两者之间竞争的内部消耗，实现不同产品在影视版权、后台数据库、广告投放等方面的资源协同运营，形成传播合力，应对同行竞争。

此外，互联网音视频还在逐步向相关行业渗透。为丰富盈利模式，网络音视频行业开始尝试多元化的发展渠道，与社交网络、电子商务、网络娱乐等各类应用广泛融合，搭建新的音视频传播平台。如 2012 年乐视网与京东商城合作推出提供大量热播影视剧的“视频购”专区，用户在该专区观看影视剧时，如果对剧中出现的商品感兴趣，可点击查看、购买商品，此举创新并提升了用户体验，也拓展了影视传播渠道。

（四）2012 年移动互联网市场规模为 549.7 亿元，比 2011 年增长 96.4%

根据艾瑞咨询统计数据，截至 2012 年底，中国移动互联网用户接近 5.7 亿，市场规模达 549.7 亿，较 2011 年增长率达 96.4%。[①] 到 2013 年 1 月份，

① 王影：《艾瑞咨询：2012 年中国移动互联网市场规模为 549.7 亿元　市场高速增长》，http://wireless.iresearch.cn/app/20130125/192017.shtml。

移动互联网用户净增2301.6万户，达到7.88亿户。[①] 2012年，移动增值业务为移动互联网第一大细分行业，份额占比为53.0%。移动电子商务发展迅速，已形成较为成熟的商业模式。其中移动购物市场规模增速最快，占比由上年的10.9%上升至23.7%，预计到2013年，所占比例将达到37.6%，移动营销市场规模也在扩大，2012年达到63.77亿元，所占比例达到11.6%（见图4）。

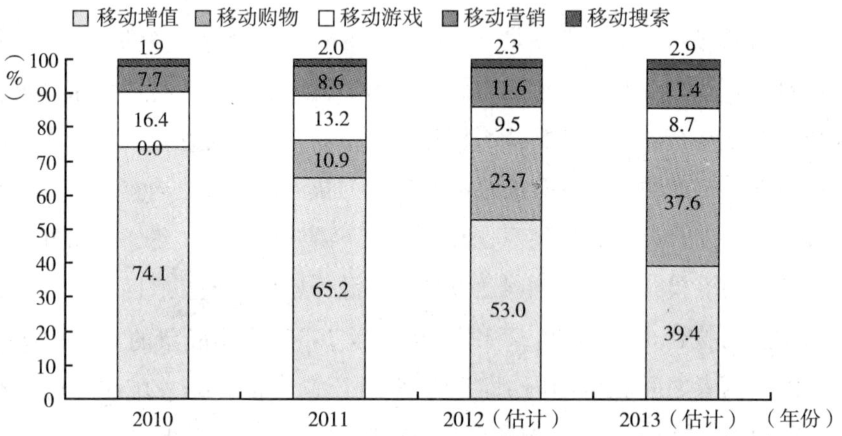

图4　2010~2013年移动互联网行业细分占比

资料来源：艾瑞咨询（iResearch）。

2012年，三大电信运营商加强3G网络建设，4G移动通信网也进入商业化试用阶段。截至2012年底，中国移动在全国建设超过2万个TD-LTE基站，覆盖1亿用户。中国移动4G TD-LTE网络将在2013年覆盖到全国100多个城市，惠及5亿人口。[②] 无线局域网（WLAN）发展迅速，Wi-Fi热点覆盖规模进一步扩大。2012年，中国移动铺设了378万个Wi-Fi热点，中国电信新增Wi-Fi热点90万个，中国联通完成30万个Wi-Fi热点数的建设。[③]

---

① 工信部：《2013年1月通信业主要指标完成情况》，http：//www.miit.gov.cn/n11293472/n11293832/n11294132/n12858447/15215238.html。

② 中国通信网：《中国移动启动200亿TD-LTE设备招标　F频段成部署主力》，http：//www.c114.net/news/118/a760659.html。

③ 新华新闻：《三大运营商Wi-Fi不及格，中移动Wi-Fi热点378万个》，2013年1月23日，http：//news.xinhuanet.com/mobile/2013-01/23/c_132121407.htm。

3G、4G等高速网络接入的普及和无线网络覆盖的扩大及各类移动应用商店的不断推出，也促进了用户对智能手机、平板电脑等移动设备的使用，特别是使用户养成在移动空间及闲暇等碎片化时间使用智能终端观看视频的习惯。2012年，中国智能手机保有量达到3.6亿，增速为80.0%，平板电脑销量持续增长，达到879.5万台。研究机构Flurry发布的数据显示，到2013年1月，中国Android和iOS智能设备（包括智能手机和平板电脑）使用数量为2.21亿部，同期美国为2.22亿部，[①] 截至2012年12月，中国移动传媒覆盖用户5480万人。在移动网络应用方面，即时通讯、手机搜索仍居前两位，无线音乐表现抢眼，2012年我国无线音乐用户数接近7.5亿，在移动用户中渗透率为66.9%，市场规模达到27.2亿元，比2011年上涨13.3%，居第三位。

随着移动互联网的不断发展，各市场主体都在不断调整自身商业模式，多元化产业格局正在形成。移动通信商利用其用户基础及网络资源，一方面向内容领域拓展，另一方面与终端厂商建立合作关系，不断推出运营商定制机，发展新的业务领域；中国网络电视台等内容平台也依靠版权资源向智能终端进军，推出个性定制化的“5+手机”；互联网企业充分利用自身技术优势加入终端设备的生产大军，阿里巴巴、小米、百度均推出了自己的智能手机产品；终端制造商则根据移动互联网的特性，逐渐向内容领域及操作系统环节发展，增强影响力。此外，移动互联网业务还向市政公共服务领域渗透，推动了社会信息化和智慧城市建设。

二　数字电视

2012年，随着三网融合的不断推进，有线电视网络抓紧数字化、双向化改造，截至2012年底，全国有线数字电视用户数已超过1.3亿户，双向网络覆盖用户超过7000万户，开通双向业务用户超过1900万户。天津、内蒙古、

---

① 中国电子网：《Ooyala全球视频指数显示，2012年观众通过平板电脑和移动设备观看视频的时长增加了一倍》，http：//www.55188.com/news/gongsi/2013/2/13227192736886847KHDI2ECE2IG17.htm。

浙江、湖南、贵州、宁夏、西藏等省份数字化率达到90%左右，基本完成了数字化，北京、天津、浙江、广西等省份双向网络覆盖率接近或超过了80%。高清电视、3D电视、互动电视等多种有线电视新业务、新服务不断出现，数字电视服务质量进一步提高，城市信息化进程加快。据统计，仅2012年10月，广电总局就向上海台、浙江台和杭州台新发放1176.5万个互联网电视一体机客户端编号以及299万个互联网电视机顶盒客户端编号；2012年全年国内智能电视机销量达到了1413.3万台，比去年增长319.8%，销售额达到827.2亿元；北京歌华的双向高清用户已达300万户。

2012年，我国开播的高清频道增加到28个，中央电视台新增开4个频道、北京增加了2个、上海增加3个、天津新开播2个，四川、济南、湖北、山东、广西、武汉均开播了高标清同播频道，常州、无锡、青岛、厦门等地市级电视台也已做好开办高标清同播频道的技术准备。继2012年1月1日，我国首个3D电视试验频道正式开播后，中央电视台、北京电视台、上海电视台、天津电视台、江苏电视台和深圳电视台等6家电视台，扎实推进3D节目制作研究、用户推广等工作，进一步完善3D电视试验频道的联合制播技术工作机制，试验频道播出内容和技术质量的大大丰富和提升，使3D立体视觉产业也得到带动发展。

国家广电总局在2012年相继出台《下一代广播电视网下载条件接收系统技术规范》（广发〔2012〕19号）、《下一代广播电视网（NGB）视频点播系统技术规范》（广发〔2012〕59号）、《下一代广播电视网（NGB）视频点播系统元数据规范》（广发〔2012〕59号）、《下一代广播电视网（NGB）终端中间件技术规范》（广发〔2012〕90号）等行业标准，大力推进下一代广播电视网研究建设。NGB示范网络覆盖用户超过5000万，双向业务用户超过1000万。上海、北京、江苏、浙江、重庆、安徽、湖北、海南、深圳、大连等省市开展了NGB示范网络建设，在示范区全网内基本实现点播、宽带和IP电话等三种交互业务的互联互通。上海NGB示范网覆盖用户达349.6万户。

三网融合第二批试点建设工作稳步推进，IPTV集成播控总平台和第一批试点地区的分平台已经全部建设完成，IPTV用户数量从2010年底的300万户增长至2012年底的2000多万户，上海、江苏等地区IPTV用户数均突破百万大关，《IPTV 集成播控平台用户管理系统接口技术要求（试行）》《IPTV 集成播控平台电子节目指南（EPG）管理系统接口技术要求（试行）》相继出台，为全国 IPTV 播控平台统一规划、统一标准、统一建设，总分平台统一运营奠定了基础。2012 年，由于 IP 电视体制架构调整，加快了总分平台的对接能力，地方广播电视台借此机遇成为 IP 电视重要的发展力量，内容建设加快。

三　2012 年中国新媒体发展的政策热点

为进一步规范新媒体市场主体行为，适应迅速变化的外部媒介信息环境，创造良好的行业内部发展氛围，2012 年，国家广电总局等管理机构针对我国宽带普及、物联网和云计算等新型服务业态出台了一系列政策措施，制定了未来发展目标和规划。这些政策加快了我国新技术的应用步伐，将推动互联网的持续创新。

（一）“宽带中国”战略工程

2012 年 3 月工信部组织召开宽带普及提速动员会议，提出“宽带中国”战略；5 月，国务院常务会议批准《“十二五”国家战略性新兴产业发展规划》，确定了“宽带中国”工程；7 月，国务院发布《关于大力推进信息化发展和切实保障信息安全的若干意见》，提出要以光纤宽带和宽带无线移动通信为重点，加快信息网络宽带化升级，构建下一代信息基础设施。计划到“十二五”末，全国固定宽带接入用户超过 2.5 亿户，互联网国际出口带宽达到每秒 6500 吉比特（Gbit），第三代移动通信技术（3G）网络覆盖城乡，国际互联网协议第 6 版（IPv6）实现规模商用。

2013 年初，工信部部长苗圩提出了本年度“宽带中国”的主要目标：新增 3G 基站 18 万个，新增 3G 用户 1 亿户，新增 WLAN 接入点 130 万个，新增固定宽带接入用户超过 2500 万户，新增 18000 个行政村通宽带，实现 5000 所贫困农村地区中小学宽带接入或改造提速，使用 4M 及以上宽带接入产品的用户占比超过 70% 等，并将于 2013 年具体组织实施“城市宽带提速计划”“农村宽带普及计划”“农村校通宽带计划”“应用创新推广计划”“宽带体验提升计划”和“宽带产品研发计划”等六个行动计划。

（二）框定物联网发展蓝图

2012年2月，工信部发布了《物联网“十二五”发展规划》，明确指出物联网是战略性新兴产业的重要组成部分，对加快转变经济发展方式具有重要推动作用，到2015年，我国物联网将初步完成产业体系构建，形成较为完善的物联网产业链。5月，国家发展和改革委员会发布了《关于组织实施2012年物联网技术研发及产业化专项的通知》（以下简称《通知》），《通知》指出我国将重点依托农业、林业、环保、交通、公共安全、物流等10个领域已启动的国家物联网应用示范工程，统筹推进物联网关键技术研发及产业化、标准体系和公共服务平台建设，着力突破制约我国物联网发展的关键核心技术，为重点领域物联网应用示范及物联网规模化发展提供有效支撑。

2013年2月，《国务院关于推进物联网有序健康发展的指导意见》正式出台，在政策层面上框定了物联网产业的发展蓝图，并提出将建立健全有利于物联网应用推广、有序竞争、创新发展的政策体系，推动信息安全与隐私保护的法律法规制定工作；建立鼓励多元资本公平进入的市场准入机制；加快物联网相关标准、检测、认证等公共服务平台建设，完善支撑服务体系；加强知识产权保护，加快推进物联网相关专利布局。

（三）电子商务“十二五”发展规划

2012年3月工信部发布《电子商务“十二五”发展规划》（以下简称《规划》），《规划》提出在“十二五”期间要实现的具体目标：电子商务交易额翻两番，突破18万亿元，其中，企业间电子商务交易规模超过15万亿元；企业网上采购和网上销售占采购和销售总额的比重分别超过50%和20%；经常性应用电子商务的中小企业达到中小企业总数的60%以上；网络零售交易额突破3万亿元，占社会消费品零售总额的比例超过9%；移动电子商务交易额和用户数达到全球领先水平。

2013年4月，国家发改委公布了《关于进一步促进电子商务健康快速发展有关工作的通知》（以下简称《通知》），《通知》强调要继续加快支持电子商务创新发展的法规政策制定工作，完善电子商务交易、物流配送、网络拍卖等领域电子商务应用的相关政策、管理制度及标准规范；人民银行要负责研究制定金融移动支付发展政策；各地方要重点支持符合本地区发展实际需求的电子商务企业发展，深圳市、北京市等 23 个国家电子商务示范城市要继续深入推进创建工作，为国家制定电子商务相关法规标准提供实践依据等。

（四）建立统一的集成播控平台

为稳步推进三网融合，建设全国统一的 IPTV 集成播控以及监管平台体系，2012 年，广电总局先后出台《广电总局关于 IPTV 集成播控平台建设有关问题的通知》（广发〔2012〕43 号）和《关于三网融合第二阶段 IPTV 监管平台建设要求的通知》（广发〔2012〕44 号）等规范性文件，实行中央与省集成播控平台分级运营模式，建立健全 IPTV 安全播出、安全传输保障和监管体系。

为规范网络播出的原创视听节目建设与发展，2012 年 7 月总局还出台了《关于进一步加强网络剧、微电影等网络视听节目管理的通知》（以下简称《通知》），鼓励各类持证机构生产制作健康向上的网络剧、微电影等网络视听节目，但政府管理部门需依法对业务开办主体进行准入和退出管理，要求从事网络剧、微电影等网络视听节目播出的互联网视听节目服务单位应依法取得广播影视行政部门颁发的《信息网络传播视听节目许可证》，《通知》还明确指出，互联网视听节目服务单位要按照“谁办网谁负责”的原则，对拟播出的网络剧、微电影等网络视听节目进行“先审后播”。

日本手机媒体发展概况

刘斌 郭依蕊*

日本在手机媒体的发展上具备独特的优势，这奠定了日本在世界手机市场的优势地位：在手机的制造上，有着索尼、松下、NEC、夏普等老牌厂商；在应用服务上，日本较早推出手机视频、手机动漫、彩铃等增值业务的国家之一；在网络建设上，日本3G网、4G网的建设也走在世界前列，是世界上手机网络渗透率最高的国家。不过，从近几年的发展来看，日本的手机媒体发展似乎处于一个矛盾的发展点上：国内手机市场发展迅速，但国际市场上的市场份额却不断下滑；国内无线应用发展迅速，但智能手机普及率偏低。不仅如此，一直处于孤岛状态的手机市场，近年却被国外的竞争者强势入侵，市场份额下滑。日本手机将走向何处，又将如何应对全球市场格局的变化，是需要我们关注的重点。

一 日本手机市场概况

1987年4月，NTT推出了NEC研发的便携式电话“TZ－802”，被称为日本的第一款手机，日本的手机业由此滥觞。

1992年，因日本政府的反垄断政策，手机业务从NTT剥离出来。当时，手机在日本市场上的人口普及率仅为1%，NTT的手机业务处于亏损状态。剥离出来的手机业务，最终成立了NTT DOCOMO公司，并于1993年推出了数字通信模式的2G移动业务。而富士通也研发了2G手机Digital Mova。

1996年，NTT DOCOMO公司推出了第一款拥有来电彩铃业务的手机，该

* 刘斌，北京师范大学文学院新闻传播研究所副教授；郭依蕊，北京师范大学2012级新闻学硕士研究生。

项业务引起了手机用户的关注与喜爱。

1999 年，NTT DOCOMO 公司推出手机上网业务“i-mode”使用基于 HTML 的技术创造个人通信新特色，无线电话技术向传统内容提供商靠拢，为手机用户提供各种所需服务。在此基础上，NTT DOCOMO 创新了互联网商业模式。通过 i-mode，用户手机不仅可以永远在线访问数千家网站，还可以通过手机进行各种商务活动，此外，该公司还为用户提供查阅交通地图、与朋友交换照片等服务。截至 2001 年 7 月 15 日，i-mode 的用户人数已达 25531000，在当时全球移动通信发展并不景气的背景下，不能不说是一个奇迹。此后的十年间，其获得了 5000 万用户的青睐，最繁盛时期每年收入高达 1.5 万亿日元。[①] 同时期，DDI 推出了“Ezweb”、J-PHONE 推出了“J-Sky”等类似服务。

2001 年，3G 手机服务“FOMA”（Freedom of Mobile Multimedia Access）推出，3G 正式亮相，世界上首个第三代商用移动网络诞生。NTT DoCoMo 正式揭开了高速移动通信时代的序幕，部署了其基于 W-CDMA 技术的 FOMA 网络。2002 年 4 月 1 日起，该服务范围扩至日本主要城市，覆盖率达 60%。2001 年，日本手机人口普及率超过 50%，超过了固定电话的普及率。在发达的 3G 网络下，日本电信运营商和手机厂商联合开发了大量基于日本本土市场的应用，其中包括了视频电话服务、手机电视、手机图像传输服务、音乐发送服务、手机钱包、条码解读器等。

2002 年，日本推出了彩铃服务。2003 年推出了电话的套餐服务，例如动画片《北斗神拳》中健四郎最经典的台词——“你已经死了”，被改成“你已经拨通电话了”，等等。基于服务的手机业务吸引了大批用户，尤其是年轻用户。

2003 年 2 月，NTT DOCOMO 率先在全球推出可播放 Flash 的 505i 系列手机，软银（SoftBank）和 KDDI 也相继推出了支持 Flash 的手机。Flash 采用矢量动画图形显示技术，可以用最少的资源在手机上显示复杂的图像和动画效果。基于这一技术，手机用户可以享受以 Flash 软件技术为平台的无线业务应用、游戏以及 MV 等娱乐内容、传播 Flash 创意作品等。该产品一经引入日本

① 《日本手机的二十年兴亡史》，中国经济网，http：//tech.163.com/12/0730/08/87L7R2E600094MOK.html。

手机市场，就受到了市场的热烈追捧。两年之后，NTT DOCOMO 就有近 60 款手机内置有 Flash，50% 左右的官方 i-mode 网站都基于 Flash 技术开发。

手机的多媒体终端功能使得手机视频业务日益受到消费者的欢迎。2006 年，日本推动了全新的数字视频手机信号服务“1Seg”，通过专用的手机终端，用户可以接收各电视台的电视节目，而且在驾驶汽车等快速移动过程中也能不受干扰。而且，用户在手机屏幕上欣赏节目时，还可以接收数据播放的文字信息。电视手机自 2006 年开始销售，截至 2007 年 3 月底，累计售出近 700 万部，其市场影响可见一斑。

2008 年，苹果手机、2009 年安卓手机登陆日本，对相对封闭的日本手机市场形成了巨大冲击。虽然刚进入日本时，苹果手机并没有引起多大震荡，但在经过持续改进后逐步受到日本消费者的高度青睐，并改变着日本手机市场的格局。iPhone4 在进入日本后，连续好几个月坐上了日本手机销量冠军的宝座。在 2010 年 8 月手机销售榜中，iPhone4 的 32G 版和 16G 版两型号占据了 71.1% 的份额，远远高于第二名索尼爱立信 Xperia 的 15.8%。[①] 同样，Android 阵营的崛起也使得日本手机缺乏自主的操作系统的弊端显露出来。

2010 年 12 月，日本最大运营商 NTT DOCOMO 正式推出品牌为“Xi”的 4G-LTE 服务，并在一年内就突破了 100 万用户大关。

从日本的手机发展轨迹来看，无论是从手机的硬件制造，还是从手机网络标准、手机的增值服务方面，日本都走在世界的前列，对世界的通信业与娱乐产业都有着重要的影响。

二　日本的手机市场现状

（一）日本的手机普及

2010 年，移动通信契约数达 12329 亿份，手机契约数中 NTT DOCOMO 契

① 《iPhone4 连续两月蝉联日本月度销量冠军》，赛迪网，http://mobile.people.com.cn/GB/183175/183220/12703805.html。

约数5801万份，KDDI（au）契约数3300万份，SoftBank契约数2541万份，日本国内手机的普及率非常高。

日本政府最近公布了截至2011年年底日本全国手机的客户总数，这个客户总数是根据客户和电话公司签约来计算的，签约的总数达到了12820万件，而日本的人口正好是12805万人，也就是说手机签约总数超过了日本总人口数15万人，从而意味着日本的手机普及率超过了100%。[①]

根据Google在2012年1月发布的调查结果，日本智能手机渗透率由2011年2月的6%迅速跃升至2011年10月的17%，而且90%的日本智能手机用户每天使用智能手机访问互联网（见图1）。截至2012年3月末，日本智能电话用户已达2522万，占总用户的22.5%，预计到2015年3月可占到总用户的55.8%。[②] 近日，市场调研机构日经BP Consulting发表了《日本2013年手机使用调查报告》，数据表明当下日本智能手机普及率为28.2%，比2012年6月调查的18%提升了约10个百分点。

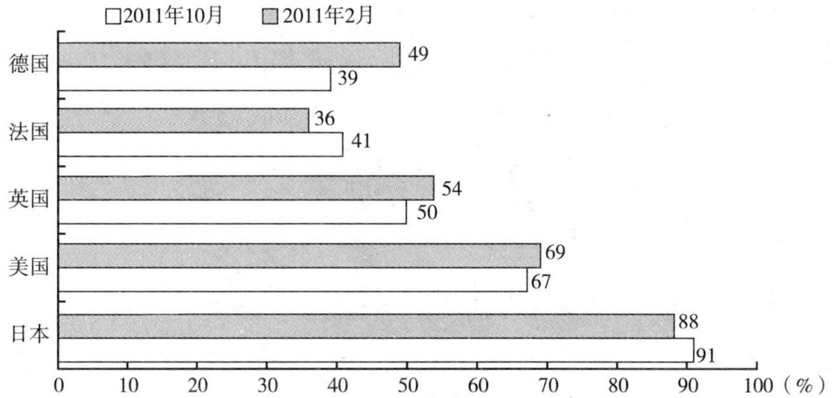

图1　全球智能手机用户手机上网情况

资料来源：谷歌“移动互联网与智能手机使用调查”。

在手机设备的销售上，一直以来日本本土手机机型都占有较大份额。不过2010年以来，国外品牌手机，尤其是智能手机对日本手机市场的影响越来越

---

① 《手机普及引发观点碰撞　中小学生用手机何去何从》，中国广播网，http://news.ifeng.com/gundong/detail_2012_05/22/14721264_0.shtml。

② 何德功：《宽带战略改变日本经济生活》，《经济参考报》2012年7月20日。

大。根据市场研究公司 Counterpoint Research 研究报告的数据，2012 年第四季度苹果手机在日本手机市场上所占份额为16%，全年所占份额为15%，按年度份额计算首次攀升至首位，取代了此前六年时间里一直排名居首的夏普。自2011 年11 月以来，苹果在这个市场上一直占据首位。与此同时，三星和 LG 等其他海外品牌在2012 年第四季度份额也有所提升，所有海外品牌的份额之和在日本历史上首次超过50%。[①] 日本企业智能手机的在全球的市场份额在2010 年为10.2%，而最近两年萎缩至2010 年的1/3 左右，仅为3.7%。[②] 不过，尽管如此，日本的手机产业仍然具备巨大的发展空间。2012年7 月，日本总务省发布的《情报通信白皮书》认为，智能手机/平板的急速普及，每年可为日本带来直接经济效益达3.6567 万亿日元，同时智能手机产业还能为通信产业带来9.9 万个工作岗位。而日本调查公司富士CHIMERA 综研预测，2016 年日本国内智能手机的出货量将达3200 万部，较2011 年增长70%。

尽管面对国际金融危机的冲击和依旧严峻的国内经济形势，日本手机用户新增的人数仍在不断增长。不过，在海外品牌市场占有率越来越高的前提下，市场竞争的加剧似乎进一步加剧了国内竞争者之间的争斗。2013 年，NEC、松下宣布退出智能手机市场，这使日本手机市场出现了不确定的变数。

（二）日本的宽带普及现状

日本宽带网的普及与政府大力推进密切相关。2000 年以来，日本陆续推出了“e-Japan 战略”和“U-Japan 战略”，旨在推动日本的信息化建设。2010年底，总务省发布2011 年度计划，要求推进2.0 版“ICT 维新愿景”，创建新世代通信网，推进研发与标准化活动，促进数字内容的全球推广和网络流通。

2011 年日本大地震后，ICT 战略研究重新启动。总务省在2011 年7 月推出新的综合战略“活力 ICT 日本”，提出“提升日本竞争力，大数据应用不可

---

① 童云：《苹果首次登顶日本手机市场！掀翻六年霸主夏普》，腾讯科技，http：//tech.qq.com/a/20130213/000050.htm。

② 《日本智能手机全球份额仅为3.7%》，日经中文网，http：//www.mofcom.gov.cn/aarticle/i/jyjl/j/201208/20120808281637.html。

或缺”，关注大数据应用、社会化媒体等智能技术开发，强化 ICT 技术与传媒产业的结合。这一切举措大大推动了手机产业的发展。随着网络的普及，宽带深度融入了人们的生活，改变了其生活方式。2010 年通信利用动向调查数据表明，利用网络下载音乐、影像、动漫、游戏的用户大大增加。此外，网络商品购物窄网利用者为 36.8%，宽带利用者为 52.5%。[①]

从网络来说，日本有两种主流的移动通信系统。一种是基于蜂窝网系统，如 2G 或 3G 系统，最新的发展包括 LTE 和 DC-HSDPA。另一种则是宽带无线接入系统，主要以移动 WiMAX 或 XGP 系统为代表。

早在 2001 年 10 月，日本最大的电信运营商 NTT DOCOMO 就开通了全球第一个 WCDMA 商用 3G 网络。2002 年，日本第二大移动通信运营商 KDDI 获得 CDMA2000 的 3G 牌照。2005 年，软银移动获得 3G 牌照，日本 3G 市场“三分天下”的格局由此形成。

2009 年，在日本被称为“手机宽带元年”，当年传输速度最大可达 10Mbps。2009 年 2 月，日本 UQ 正式提供 WiMAX 无线宽带服务，初期免费提供给 5000 名试用用户。UQ 已在日本东京首都圈等地部署了 500 个 WiMAX 基站。而 2011 年，HTC 也与 KDDI 合作，推出了日本首款 WiMAX 手机 HTC EVO WiMAX。

在 3G 网络占据统治地位之后，4G 网络也迎来了迅猛的发展。日本最大运营商 NTT DOCOMO 在 2010 年 12 月正式推出品牌为“Xi”的 4G-LTE 服务，软银则推出了中国的 TD-LTE 标准，于 2012 年 2 月在东京、名古屋、大阪等城市正式推出 TD-LTE 商用业。目前，日本已经是全球 4G 网络渗透率最高的国家之一。NTT DOCOMO 官网上发布的财报显示，其 Xi 4G-LTE 服务的用户量在 2012 年底已达到 1157 万。手机网络的快速发展，使日本国内的手机网络覆盖率在 2011 年已趋近于 100%，为手机的应用推广提供了较好的技术基础。

手机网络的发展，使得数据业务超过了语音业务，在移动数据业务领域寻求新的核心竞争力已成为日本运营商保持和扩大市场份额并提升经济效益的关

① 何德功：《宽带战略改变日本经济生活》，《经济参考报》2012 年 7 月 20 日。

键。据日本总务省《情报通信白皮书2011》相关数据，2010年日本互联网使用人数达到9462万人，普及率达到人口的78.2%；个人使用互联网的终端呈现多样化，其中手机上网人数7878万，电脑上网人数8706万，90%的互联网使用者年龄集中在13~49岁。

三　日本手机的业务发展态势

从新媒体应用的角度来看，日本3G增值业务种类繁多，其中手机漫画、移动定位服务、手机社交游戏发展迅速。如NTT DoCoMo的“d Market”应用市场中包含了d Shopping、d Game、d Video、d Music、d Book、d App、d Anime Store以及d Creators等不同项目，包括了手机购物、游戏、视频、音乐、读书、应用、动漫等多个领域。日本手机增值业务已经脱离了语音通信阶段，向多媒体化、工具化方向发展，手机应用已经与日常生活深度融合，成为人们日常生活中不可缺少的重要工具。手机上网、手机新闻报、手机阅读、手机电视等不断涌现，为人们的生活与娱乐提供了更方便与快捷的支持。

（一）手机动画

日本手机动画从2002年出现，至今已经有十余年的发展历史。其诞生及发展与手机及网络信息技术的发展密不可分。

2002年，日本出现了第一个专门提供包括动画作品在内的视频网站BANDAI CHANNEL。2005年，网络运营商NTT和KDDI，电器制造商索尼、苹果、任天堂，内容产品贩卖商乐天、雅虎、USEN以及视频分享网站Youtube和Niconico动画等四个领域的企业进入网络视频市场。2006年，首个面向手机提供视频的网站Front Media正式成立，并设立了首个专门提供动画作品的频道“Marugoto Anime”。2007年NTT DOCOMO的手机网站i-mode增设了动画专栏。2009年随着智能手机的出现和普及，Au和SoftBank也增设了手机视频网站并提供付费观看动画作品的服务。2011年9月，日本总务省批准了专门面向手机提供多媒体放送业务的计划，即Mmbi计划，向用户提供画质更为清晰、互动功能更强的观看体验。

从动营模式上来看，日本的手机动画运营可分为以下几种模式。

1. 专业的手机频道或视频网站

此类网站以手机为主要服务对象，专门为手机用户提供动画内容。NOTTV 是日本首家面向智能手机播出节目的电视频道，由 NTT DOCOMO 的子公司 Mmbi 经营。NOTTV 于 2012 年 4 月正式开播，到 2012 年 7 月底签约用户超过 10 万人，10 月底突破 20 万人。[①] 该频道以直播和点播节目结合，点播节目采用分辨率 1280×720 的高清画面，直播节目采用分辨率 720×480 的画面，画质清晰度远高于以往。目前，NOTTV 有三个频道，即 NOTTV1、NOTTV2 和 NOTTV news。每周一、周二晚间及周四晨间播出动画节目，NTT DOCOMO 的手机用户可以每月 420 日元的费用收看该频道。

2. 视频共享网站

用户可以在此类网站上传、观看和共享动画影片，包括自制动画作品，如 Dwango 公司运营的视频网站 NICONICO 动画。目前，该网站拥有注册会员 2250 万人，其中付费会员 150 万人，移动会员 623 万人。该频道除了可以点播动画作品，还提供动画节目直播服务。在动画的传播上，网站不允许用户直接上传至本网站，而是通过属同一公司的上传网站 SMILEVIDEO 取得影片片源。NICONICO 动画的功能主要是为片源加上留言，用户可自由指定字幕出现的时间和位置、文字大小和颜色等。目前，用户已经可以通过手机上传动画视频内容。

3. 专业动画网站

如 BANDAI CHANNEL 就是一个大型的动画服务网站，用户可以在该网站上欣赏动画，一般采取分集付费模式。2011 年，《海贼王》在官网上放出第 1~61集，其中第 1 集是免费试看下载，其他各集下载费用为每集 105 日元。2011 年 8 月，该网站又推出了包月服务。用户只要每月支付 1050 日元的费用，就可以任意在智能手机、平板电脑与 PC 机上欣赏动画作品。

4. 网络电视台

乐天旗下的 showtime、雅虎旗下的 yahoo！GyaO 等网络电视台可以提供动

---

① http：//info. nottv. jp/mmbi/2012/11/.

画服务，而移动运营商自主建设的手机视频网站也方兴未艾，与前者的市场竞争与整合将不可避免。

在收费标准上，由于所有手机几乎是运营商的定制机型，手机与运营商的各种套餐、服务也是捆绑销售的，用户往往只需要每月支付数千日元通信及通话费并保证签约两年，就可以极低廉的价格甚至免费得到一部高价的智能手机。因此，日本手机用户上网观看动画的成本相当低廉，这也推动了日本手机动画业的发展。

目前，日本的手机动画的发展正处于快速上升阶段。日本映像软件协会2006~2010年的统计显示，动画市场的营业额从2006年2518亿日元缩减至2010年的2188亿日元，但网络动画的营业额则从46亿日元增长到149亿日元。[①] 手机动画市场在网络动画市场中的规模和地位将越发重要。另据日本media开发综研发布的《日本动漫市场分析报告》，日本2011年动漫行业市场规模高达2197亿日元，比2010年增加了4.1%。不过，从总体上来看，剧场版市场整体颓靡，电视动画市场略有增加，录像软件市场也是，但在动漫配信方面却有较高的增长。随着智能手机客户端服务的开始普及，手机动画市场规模将会有较大的提升。

（二）手机支付

随着无线生活渗透到日本的各个领域，手机不仅具备了单纯的通信功能，更成为影响人们生活的多媒体终端。

日本是移动支付业务发展最为成功的国家之一。三家移动运营商NTT DOCOMO、KDDI和软银（原VodafoneK. K）分别于2004年和2005年推出移动支付业务，采用的都是索尼公司开发的FeliCa技术，分别是NTT DOCOMO的iMode FeliCa、KDDI的EZ FeliCa以及SoftBank的S！FeliCa。日本手机大多是定制手机，手机钱包是其最强大的功能之一，也是竞争优势之一。FeliCa原本是索尼推出的、为非接触式IC卡而开发的通信技术，该名称是由英语中的

---

① 《数字内容产业白皮书2012》及日本映画软件协会《年间营业额统计》。日本网络媒体综合研究所的数据显示，2010年日本电子书市场规模达650亿日元，其中手机电子书市场贡献了572亿日元。

“Felicity”和“Card”组合而成，即能为用户带来幸福的卡。早前这一技术大多应用在Suica这类的公交卡、职员证和学生证中。

2004年，日本推出了手机支付业务。手机内置Felica芯片，通过手机刷卡将支付数据、身份认证信息传送到读卡器，从而进行支付。这种支付方式即使在手机关机状态下也能实现，还可以用来做机场登机验证、交通一卡通、信用卡、支付卡、门禁等。由于使用便利，2005年4月，日本安装读卡器零售店2万多家。当年有约4900万日本手机用户使用具有支付功能的手机。这些用户不仅可以在点唱机上刷卡，下载歌曲列表，还可以在商场餐馆刷卡消费。2007年，日本机场允许手机付款，并可以通过手机记录飞行里程。

在手机支付的生态环境建设上，日本的移动运营商普遍采取注资金融机构的方式主导产业链发展。NTT DOCOMO采用注资的方式拥有了三井住友信用卡公司、瑞穗关联企业UCCard两家信用卡公司的股份。日本第二大移动运营商KDDI也与东京三菱UFJ共同出资筹建首家以移动电话作为主渠道的银行。移动支付业务上，每个运营商都具备了各自的优势，如NTT DOCOMO移动支付业务品牌为“Osaifu-Keitai”，其字面意义为“手机钱包”，支持的业务可分为交通业务、票务业务、先支付的移动支付业务、后支付的移动支付业务、小额零售支付业务和在线购物服务六类。

手机支付的方便性，使得手机支付在日本国民中成为一种潮流。市场调研机构日经BP Consulting发表的《日本2013年手机使用调查报告》表明，2013年日本经由各式手机支付的金额比2012年的24698亿日元增加70.9%，共42213亿日元。其中线上购物由2012年的11221亿日元扩大至21285亿日元，约是所有流通金额的一半。①

近年来，NFC② 在全球的普及对FeliCa也造成了冲击。目前，在日本三大运营商推出的手机，要么是NFC，要么是支持FeliCa + NFC，这也对日本的手机支付业务产生了不利影响。

---

① 《2013年日本手机移动支付金额增长71%》，http://www.d1com.com/vas/mvas/81591.html。

② NFC（Near-Field Communication）是由飞利浦公司和索尼公司共同开发的。NFC是一种非接触式识别和互联技术，可以在移动设备、消费类电子产品、PC和智能控件工具间进行近距离无线通信。在1英寸之内的两台设备之间传输数据，如信用卡信息，火车票、优惠券、新闻稿等数据。

（三）手机社交游戏

在日本经济不景气的前提下，手机社交游戏被称为过去几年最大的经济增长点。日本矢野经济研究所于2013年年初发布了日本社交游戏市场统计数据，2012年日本社交游戏市场规模为43.3亿美元。[①]

在日本，电信运营商为社交游戏提供了非常完善的产业环境。在行业标准上，运营商搭建了统一的基于WAP的手机网页社交游戏格式；在运营管理上，80%的社交游戏付费通过运营商完成，然后进行分成，这对于开发商与用户来说都是非常便利的。

2007年，GREE公司推出了一款手机钓鱼社交游戏“Fishing Star”，被认为是世界上第一款手机社交游戏。其闯关方法很简单，就是将鱼钩扔到水里，等鱼咬钩之后就拉起来；如果想钓更大的鱼，就需要邀请朋友们进来一起玩，或者花钱买道具。该游戏改变了社会网络缺乏娱乐性的缺点，并迅速在日本用户群体中流行起来。此后，恋爱游戏、卡牌游戏等新的手机社交游戏不断涌现，吸引了大批用户。在日本的女性群体中，恋爱类游戏如《幕末志士恋爱故事》《恋爱高中学园》《管家恋爱故事》《恋人是同居人》受到热捧。玩家可以将游戏下载到手机上，随时随地与不同的人“谈恋爱”。女性恋爱游戏通常分集展开，每集收费通常为500日元左右，游戏开发商可以不断推出新剧情。东京市场研究咨询机构矢野经济研究所的数据显示，2011年女性恋爱游戏的销售额达到146亿日元，比2010年增长30.4%。[②] 而卡牌游戏则集中了数学家、心理学家、社会学家来设置游戏，包括人物竞争关系、计算如何开展抽奖活动等，以创造较高的ARPU值（Average Revenue Per User，每用户平均收入）。

从市场的角度来看，手机社交游戏是一个巨大的市场。日本用户在社交游戏上的花费远远高于其他任何国家，其ARPU值是美国人的4~5倍，是中国

---

① 西川久和：《2012年日本社交游戏规模43.3亿美元》，PChome，http://article.pchome.net/content-1582383.html。

② 乔颖：《日本女性热爱玩手机恋爱游戏》，新华网，http://news.xinhuanet.com/world/2012-12/18/c_124108941.htm。

的20倍。许多日本人一个月花费3500～7000日元（约合278～556元人民币）在这款游戏上。[①] 从使用习惯上来看，早期的用户已经习惯于用手机玩以简单的Flash为基础的浏览器卡牌游戏，使用智能手机后玩这种游戏的习惯可以较好地移植过来，而智能手机的快速增长也为社交游戏提供了有效的消费群体。从消费者行为来看，日本人平均下班回家路上花费的时间长达70分钟，交通工具空间的有限性与时间的碎片化也为手机社交游戏的流行提供了契机。

未来，将智能手机与社会游戏融合起来，是日本业界公认的发展趋势之一。

四 日本手机的未来发展

（一）与云服务的结合

NTT DOCOMO在2010～2015年中期远景中提出了“个人云、企业云、网络云”概念和以云服务为重点的智慧生活愿景，力图以云技术的推进来弥补其在网上软件商城和智能机方面的不利局面，而4G网络的出现推进了这一趋势的发展。

由于云技术的发展，大量的数据、软件与应用可以置于云服务。与传统的将通讯录、照片、文档等内容存放在手机存储卡中相反，使用手机云服务的用户可将这些内容存放在服务提供商的服务器上，并可根据需要随时通过网络访问并保持资料的更新。因而，通过云技术，手机终端可以进一步小型化，同时可以与更多的技术如体感肌电、眼球控制、柔性屏等技术结合，形成集新技术于一体、以网络或云服务为基础的新型终端与应用。

（二）产业生机的重新焕发

日本手机“加拉帕戈斯式”的发展方式造就了日本辉煌的通信产业，同

① 《探寻日本移动互联网：5年前就已极为成熟》，搜狐网，http：//roll. sohu. com/20120704/n347289873. shtm。

时也阻碍了其世界化的步伐。主要问题在于，由于其过分专注自身的发展，对智能手机出现的重要性估计不足，造成了市场的被动。在移动增值服务上，FeliCa 与 NFC 之间的冲突使得 FeliCa 只能流行于日本市场，而 NFC 手机正在全球范围内推广，同样功能手机时代的游戏难以更好适应智能手机的要求；在产业链环节上，三大运营商对手机制造商的管控非常强，手机的主要功能与运营商的业务配合相当紧密，手机生产商已经退化为代工商的角色；在营销方面，消费者往往是在运营商的营业大厅购买手机，或通过套餐方式免费获得手机，这就造成了日本手机行业研发力量过于注重模块研发，而忽视了操作系统的整体进步的缺陷，使日本手机行业在苹果、安卓系统的冲击下无所适从，错失了发展良机。

从市场情况来看，日本本土手机占优势的局面正在改变，尤其是智能手机的普及已经影响到日本电信业的发展方向。在这种影响下，日本手机一方面要克服目前智能手机发展滞后的不利局面，利用自身具备的优势，进一步巩固市场；另一方面需要在世界市场与本土市场之间的接轨上调整影响日本手机产业发展的因素，更好地适合世界化发展潮流。

（三）与用户生活的进一步融合

在手机的应用与增值业务上，日本一直都走在世界的前面，也是日本手机行业迎接外来竞争者挑战的重要优势之一，配合日本发达的 3G 网络与 4G 网络，能够形成对用户强有力的吸引。

1. 个性化定制

以某种个体形象来对手机进行专门定制，并将之推向市场的特定群体销售，是日本电信运营商常用的竞争手段之一。如日本运营商 NTT DOCOMO 就先后推出《新世纪福音战士》《JoJo 的奇妙冒险》《海贼王》等定制机型，SoftBank 与迪士尼合作推出 DMO14SH、DMO13SH 等。动漫定制机大多是限量版，而且手机中往往有个性化小图标或专属游戏彰显身，很受动漫迷的青睐。从目前的个性化定制来看，与消费者 DIY 的结合会是一个非常好的发展方向。

2. 与商务活动结合

随着移动上网的普及，日本人的生活习惯开始发生改变，手机购物、移动搜索等日益盛行。目前，手机与零售业的结合已经实现了手机网上购物的创新，而未来虚拟购物、购物网站的发展仍将为手机的发展提供巨大的发展空间。同时，个人商务活动与手机的结合也将更为流行，如 NTT DOCOMO 的“d Creators”中，用户可以购买他人手工制作的小商品或是出售自己精心制作的小工艺品。

参考文献

1. 〔日〕総務省：《情報通信白書 2013》，株式会社ぎょうせい，2013。
2. 〔日〕電通総研：《情報メディア白書 2012》，ダイヤモンド社，2012。
3. 〔日〕総務省統計局，総務省統計研修所，毎日新聞社：《日本統計年鑑（第 62 回）》，日本統計協会，2012。
4. 〔日〕総務省，文部科学省，経済産業省：《デジタル□ネットワーク社会における出版物の利活用に関する関連資料》，2010 年 3 月。
5. 〔日〕経済産業省商務情報政策局情報政策課：《平成 25 年度（2013 年）概算要求：情報政策の重点》，2012 年 10 月。
6. 陶旭骏：《日本 4G 启示录：移动互联网产业将受益》，《21 世纪经济报道》2013 年 5 月 20 日。
7. 王梓安：《浅谈日本手机移动互联网管理》，《中国记者》2013 年第 3 期。
8. 李瑞红：《手机银行：国外发展特点、技术历程及风险控制》，《改革与开放》2013 年第 2 期。
9. 一般社団法人日本 ABC 協会，http：//www. jabc. or. jp/。
10. 総務省統計局，http：//www. stat. go. jp/。
11. 経済産業省，http：//www. meti. go. jp/。
12. 内閣官房知的財産戦略本部，http：//www. kantei. go. jp/jp/singi/titeki2/。
13. Datamonitor 信息服务公司，http：//www. datamonitor. com/。
14. 国际电信联盟的《世界电信发展报告》和数据库，http：//data. worldbank. org. cn/indicator/IT. NET. USER。

俄罗斯新媒体发展概况

王雨琼*

一　2012 年俄罗斯新媒体以互联网为龙头，跨网经营与管理

2011 年，俄罗斯 IT 产业总量超过 321 亿美元，其中 39.6% 用于家庭 IT 开支，企业的 IT 开支主要用于电子通信、交通和能源行业。据 IDC（国际数据公司，International Data Corporation）预测，2012 ~ 2016 年俄罗斯 IT 产业将保持 8% 的年增长速度，到 2016 年将达到 473 亿美金。

俄罗斯已将三网的国家管理统一划归到俄联邦通信与大众传播部，对企业实现跨网经营的商业政策。互联网是俄罗斯 IT 产业中发展最好的行业，大部分新媒体都与互联网业务相交。如 Beeline 品牌运营商同时经营着移动通信、有线电视和移动互联网业务，MTS 品牌的运营商经营着移动通信、有线电视和有线互联网业务，而 MegaFon 品牌的运营商则为市场提供移动通信和移动互联网服务。

二　互联网日新月异地高速发展，已成为俄罗斯不可或缺的重要生活成分

2012 年，俄罗斯互联网产业继续保持高速普及率，用户数量占居民总数的 60%，年增长 18%。1980 ~ 1990 年出生的俄罗斯人几乎 100% 使用互联网，市场正积极向 1970 年及更早出生的居民群体开拓。俄罗斯积极采用高科技不断提高和完善 Runet（俄罗斯互联网）的质量，有些技术已位于世界领先位

* 王雨琼，上海大学影视技术与艺术学院讲师。

置，但云技术使用水平不高，只占世界第 34 位。移动互联网使用人数几乎占到居民总数的 44%，年增长 51%，并开始试用第四代 LTE 网络。近 64% 的家庭已普及宽带互联网，全面实现宽带拨号互联网（在欧洲居第 1 位）（见表 1）。三个俄罗斯域区的域名数量持续增长，新的西里尔域区（MOSCOW 和 RUS）申请正在审理过程中，2013 年有望启用新域区 MOSCOW 和 MOCKBA，实现国家和市政网上服务、政府跨部门网络协作。

表 1　2012 年俄罗斯互联网发展状况

互联网用户数据	互联网渗透率(%)	60
	移动互联网用户数量(万人)	4000
	宽带用户数量(万人)	2283
	在家上网人数占互联网用户比例(%)	97
	在工作单位上网人数占互联网用户比例(%)	44
	10 万人口以上城市家庭互联网普及率(%)	92
	10 万人口以上城市家庭宽带普及率(%)	64
域名数量	. SU 域名(个)	117580
	. RU 域名(个)	4355620
	. PФ 域名(个)	775487
	总数(个)	5248687
互联网经济状况（占俄罗斯国民生产总值的 1% ~2%）	电子商务年营业额(亿卢布)	3900
世界排名	宽带使用数量	欧洲第 1 位,世界第 5 位
	社交网月平均访问时间	世界第 1 位(12. 8 小时/人)
	IDN 域区的域名注册数量	世界第 1 位(84. 5 万人)
	互联网广告市场增幅	世界第 1 位
	互联网用户数量	世界第 5 位
	国家网上服务状况	世界第 27 位
	云技术使用水平	世界第 34 位

资料来源：ФOM，comScore，英国 Point Topic 公司，J，son & Partners Consulting。

互联网经济在国民经济中的地位不断提高，2012 年占俄罗斯国民生产总值的 1% ~2%，其中互联网零售业和电子支付业务是主要的发展动力。2012 年，互联网零售业营业额达 3094 亿卢布，占总体互联网收入的 55. 85%；电子支付业务营业额达1667亿卢布，占总体互联网收入的30.10%（见表2）。从区域上看，各地区市场全面增长，莫斯科和圣彼得堡是毋庸置疑的领军市场，秋明、伊尔库斯科和下诺夫格勒地区紧随其后。

表2　2012年俄罗斯互联网市场结构（按业务种类划分）

行业名称	营业额(十亿卢布)	市场份额(%)
零售	309.4	55.85
电子支付业务	166.7	30.10
文字广告	24.24	4.38
图片广告	15.83	2.86
网页制作	9.83	1.78
搜索引擎优先(广告)	8.56	1.55
电子内容产品和游戏	8.24	1.49
域名注册及托管	5.32	0.96
在社交网站中的营销	2.98	0.54
软件	1.89	0.34
视频广告	0.8	0.15

资料来源：РАЭК，ВШЭ。

互联网已成为俄罗斯社会发展不可或缺的重要组成部分，广泛应用于国家和市政管理、商务及私人生活中。俄罗斯互联网发展前景乐观。据《社会观点》基金会预测，到2014年底俄罗斯互联网用户数量将达到8000万或居民总数的81%。

1. Runet重点发展宽带互联网技术

俄罗斯目前使用拨号、宽带、无线、移动等多种互联网接口技术（见表3）。2012年，移动网卡、拨号和无线互联网的用户数量几乎没有变化，而宽带互联网因价格低、速度快的优势，用户数量稳定上升，达到2283万人，居世界第五位，是俄罗斯最为普及的互联网入网技术。

莫斯科市场上，莫斯科城市电话网公司（*mgts.ru*，МГТС）提供ADSL电话线宽带互联网服务，现已经营10年。该公司以GPON光纤电缆取代铜质电缆的大规模网络改造工作还在实施中，为莫斯科每个住户免费提供带GPON入网设备（Wi-Fi模块的光纤解调器），入网用户可以使用速度200M/s的电话和互联网、IP电视以及视频监视器、安防、社区资源等服务。改造工作2015年结束，2016～2017年将拆除铜质电缆。2012年有170万住户开通了GPON光纤互联网。

表3　2012年12月俄罗斯互联网接口类型统计

单位：%

	俄罗斯	莫斯科	圣彼得堡	叶卡捷琳堡	新西伯利亚
家　庭					
拨号上网	5	2	12	2	3
宽带上网	71	69	75	81	79
无线上网	18	22	19	13	14
移动上网	1	1	1	1	1
未　知	5	6	3	3	3
合　计	100	100	100	100	100
工作单位					
拨号上网	2	0	0	2	0
宽带上网	59	64	59	71	68
无线上网	19	15	22	12	11
移动上网	2	1	0	0	0
未　知	18	20	19	15	21
合　计	100	100	100	100	100

资料来源：TNS Web Index。

无线及移动上网技术近年在俄罗斯越来越流行。2012年83%的Runet用户使用过无线互联网，当年年底移动互联网用户数量近4000万，移动上网总量超过1亿GB。无线宽带互联网和手机4D普遍使用LTE Advanced技术，可以传输高清视频、视频会议等。LTE Advanced在俄罗斯的主要运营商是Skartel公司，以Yota品牌进行市场推广，2012年在莫斯科开设了11个基站，移动宽带网速高达300M/s。

2. 互联网广告继续保持高速发展的态势

俄罗斯互联网市场格局已基本定型，大四角、俄罗斯电视公司、MTS、VimpelCom（Beeline品牌）、MegaFon五大互联网供应商的市场份额已趋于稳定（见图1）。2011年五大公司的销售总量为718亿卢布，2012年增长到812亿卢布，年增幅10%。

2012年俄罗斯广告市场总量近3000亿卢布（包括增值税），比2011年增长13%；互联网广告总量占俄罗斯广告市场总量的18.9%，在俄罗斯

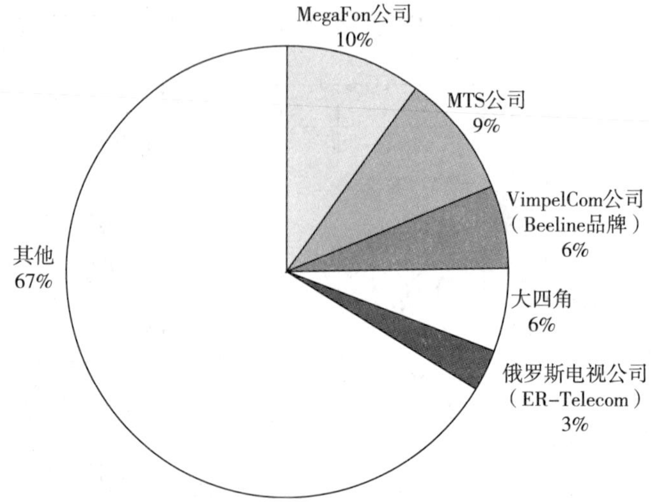

图1　2012年12月俄罗斯互联网市场格局

注：按供应商的用户数量统计。
资料来源：LiveInternet。

广告市场上仅次于电视广告，位居第二，在欧洲广告市场位居第六。互联网广告比2011年增长35%（同期电视增长9%、印刷媒体增长2%），是世界上增速最快的互联网广告市场，但其增长速度有逐年放缓的趋势（见表4）。互联网广告的区域发展不平衡，在互联网不发达的偏远地区，传统媒体广告仍遥遥领先。互联网高速发展导致广告专业从业人员严重不足，在一定程度上限制了互联网广告的发展和质量。国家为加强管控互联网，2012年11月1日起实施互联网站不良信息刊载《互联网黑名单法》，设立黑名单、设限使用个人资料、严格限制网上商店的营业执照等措施，客观上将滞延互联网广告的发展速度。

表4　2010～2013年俄罗斯互联网广告市场总量与增长速度对比情况

年度	市场总量（亿卢布）	较上年市场发展比例（%）	年度	市场总量（亿卢布）	较上年市场发展比例（%）
2010	268	40	2012	563	35
2011	418	56	2013（预测）	762	30

资料来源：AKAP。

俄罗斯互联网广告以网幅广告、与内容相结合的上下文广告为主，但搜索引擎优化（SEO）广告、社交网广告（SMM）及视频广告近年来发展很快。2011 年 SEO 广告总量 85.6 亿卢布，SMM 总量为 29.8 亿卢布，视频广告总量为 8 亿卢布，2012 年分别增长 19%、40% 和 59%，同期互联网网幅广告和上下文广告的增长率分别为 45% 和 17%（见图 2）。2012 年俄罗斯一些主要网站或推出自己的 RTB 服务（Yandex 于 2012 年 3 月）、或通过链接 RTB 门户（Google 于 2012 年年初），开始刊登实时竞价广告。ADFOX 和 Between Didital 公司在 2012 年年底也开始了 RTB 广告。2013 年俄罗斯将全面使用 RTB 技术销售互联网广告。

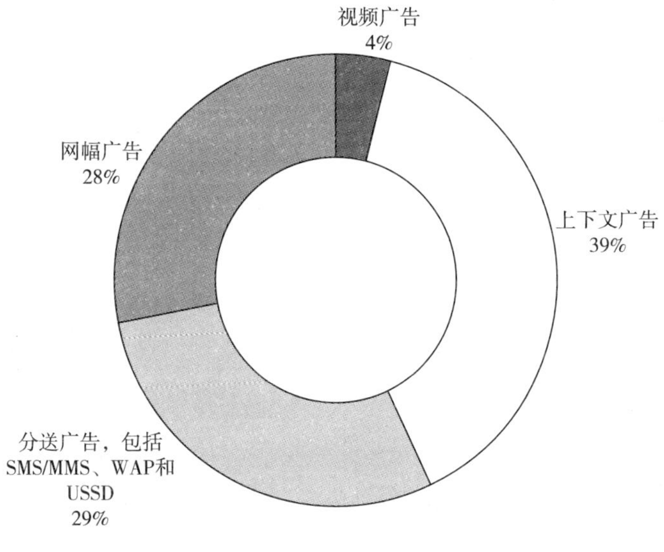

图 2　2012 年俄罗斯移动广告市场结构

注：按广告种类统计；SMS－短信，MMS－彩信，WAP－WAP 网包月服务，USSD－USSD 电信增值业务。

资料来源：J'son & Partners Consulting。

俄罗斯移动通信用户数量的持续高速增长，极大促进了俄罗斯移动广告市场的发展，2012 年该市场总量达 6080 万美元。据 J'son & Partners Consulting 公司预测，在未来三年俄罗斯移动广告将增长 3.5 倍，到 2015 年将达 21580 万美元。

3. 电子商务高速发展，市场处于自由竞争状态

电子商务是俄罗斯互联网经济的重要环节，多年来持续高速发展。互联网用户数量总体增长、大型离线零售商（如 X5、Auchan、Связной）入主在线商务、市场对高质量在线服务需求旺盛是电子商务发展的三大因素。2012 年俄罗斯电子商务总营业额在 104 亿美元（Price Waterhouse Coopers 俄罗斯公司统计）到 120 亿美元（MorganStanly 统计）不等。电子钱包迅猛发展，电子银行 YandexMoney 已收购 75% 的 Sberbank 股份。与欧洲互联网市场不同的是，俄罗斯互联网本土运营商抢在美国互联网巨头市场扩张前，已稳稳占据俄罗斯市场的关键地位，并在将来的几年内不会发生根本性变化。大型电子商务公司有 Yandex、Mail、Utkonos 等（见表 5）。

表 5　2012 年俄罗斯前 10 位互联网商务公司排行榜（按营业额大小排序）

排名	公司名称	2012 年收入（百万美元）	公司成立年份	员工人数（人）
1	Yandex(www. yandex. ru)	925	2000	3500
2	Mail. ru 集团(mail. ru)	745	2005	3061
3	Utkonos(www. utkonos. ru)	300	2000	5000
4	Wildberries(www. wildberries. ru)	290	2004	2200
5	Ozon(www. ozon. ru)	270	1998	2000
6	www. holodinik. ru	262	2003	748
7	www. kupivip. ru	256	2008	1100
8	RBK(www. rbc. ru)	186	1993	2570
9	Biglion(www. biglion. ru)	175	2010	1200
10	Vkontakte(vk. com)	150	2006	200

资料来源：Forbes。

俄罗斯的网购业务在 2011 ~2012 年迅速发展，不仅在线销售商品种类丰富、覆盖各个行业，网购人数也增加了 48%，2012 年已达 1800 万人，占俄罗斯互联网用户的 30%，占俄罗斯成年人口的 15%。而 2.5 万个网上商店（大部分位于莫斯科和圣彼得堡）和 300 个主要的网上商店公司只占据了俄罗斯电子商务市场份额的 1/3，网购市场处于完全自由竞争阶段。60% 的俄罗斯网店由新成立的以电子商务为主营业务的电子商务公司开设，其余 40% 是由传统零售商开设，以零售连锁公司 METRO Cash & Carry（俄罗斯第四大零售商）、ASHAN 和 X5、家具用品及建筑公司 LeroyMerlin、OBI 和 Castorama 为代表。Enter 几乎垄断了日用家电的网购业务，是俄罗斯电子商务自由竞争市场的一个特例。C2C技术的电子公告板和网上拍卖业务在俄罗斯近年来增长30%～50%，以Slando. ru、Molotok. ru、Irr. ru和Avito. ru等几个最大的公司为代表。

2012年俄罗斯电子商务市场结构进一步优化。不久前才从西方引入的网上优惠券服务，因为所提供折扣商品和服务的质量不高，在俄罗斯已不再盛行。商品销售占据俄罗斯电子商务市场的重头，服饰类商品、火车票和飞机票的网购增幅较大，销售排名前十位的商品是服饰、数字和移动设备、日用电器及厨房用品、化妆品、儿童用品、火车票、飞机票、各类演出及电影票、软件（见图3）。

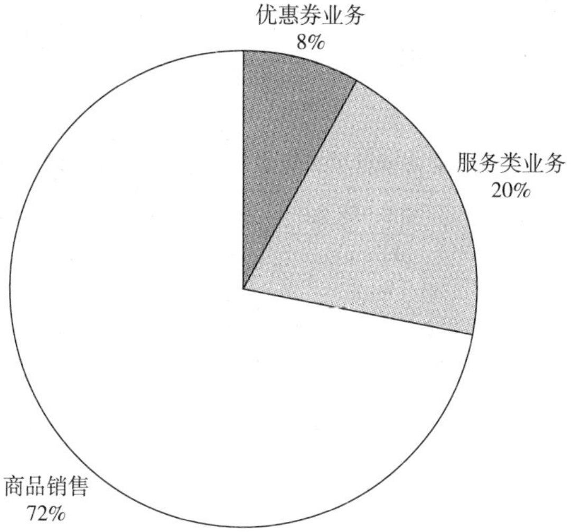

图3　2012年俄罗斯电子商务市场结构

资料来源：РБК. research。

俄罗斯云计算只占到世界总额约2%，但云计算技术是俄罗斯信息通信的战略发展方向之一。2012年4月，俄罗斯成立第一个云计算专家和工作者行业联盟RCCPA（Russian Cloud Computing Professional Association, www. rccpa. ru），成员来自87家俄罗斯、白俄罗斯、乌克兰、哈萨克斯坦的组织机构及EMC、Microsoft、Softline等公司专家，处理云技术在俄罗斯的引进、使用和发展的问题。目前，俄罗斯尚没有能确保隐私和数量安全的供应云计算的法人单位。如果国家杜马通过了 RCCPA 起草的包括“电子俄罗斯”和“电子莫斯科”项目在内的《云计算法》提案，则到 2016 年俄罗斯云计算市场总量预计可达到 50 亿美元。但目前俄罗斯云计算的需求量极低，2012 年市场总量只有 1.2 亿～2.5 亿美元，而同期 IT 的支持费用为 300 亿美元。云技术的世界流行模式是 Saas，而俄罗斯大部分用于 Laas 云计算上，这种局面在未来几年内不会改变。80% 的云计算被运用于大型企业，但中小型企业的接受度也在迅速提高。2012 年中小型企业云技术支出 156 亿卢布（4.66 亿美元），Parallels 预测到 2015 年可达 11 亿美元，年平均增长 34%。

4. 互联网成为主要信息来源

Runet 的三大信息检索系统是 Yandex、Google 和 Mail. ru。当今的互联网已成为俄罗斯大众重要的、有影响力的信息传播媒介（见表 6）。

表 6　2012 年俄罗斯被引用次数最多的前 10 位互联网信息网站

排名	网络媒体名称	被引用次数	排名	网络媒体名称	被引用次数
1	Lenta. ru	16493. 16	6	Newsru. com	3287. 70
2	Gazeta. ru	13282. 76	7	Fontanka. ru	2703. 92
3	Lifenews. ru	9707. 41	8	Mignews. com	1437. 56
4	Vesti. ru	4547. 46	9	Slon. ru	1159. 42
5	Bfm. ru	3550. 59	10	Inopressa. ru	931. 63

资料来源：Медиология。

三　互联网消费是移动通信市场的主要增长点

2012 年第三季度，俄罗斯手机用户数量（按 SIM 卡数量统计）为 22960 万人，其中莫斯科用户 3590 万人，每 100 名居民拥有 197 个 SIM 卡。俄罗斯手机市场的主要运营商是 MTS、VimpelCom、MegaFon、Tele2、Rostelecom 等，他们同时还是前苏联地区的主要移动通信运营商（见表 7，图 4）。MTS 通过竞标获得 LTE 营业执照，首先在俄罗斯开通了 LTE 业务，并在莫斯科设立了自己的 TD-LTD 通信网络。目前，俄罗斯手机市场的主要增长点是互联网和信息传输服务。以 MTS 为例，2012 年互联网手机用户增长了 40%，来自手机用户的互联网消费收入增长了 160%。

表 7　2012 年俄罗斯移动通信市场主要运营商经营情况

单位：百万人

运营商名称	营业地区范围	手机用户总量	俄罗斯市场手机用户数量	莫斯科市场手机用户数量
MTS	俄罗斯、乌克兰、乌兹别克斯坦、亚美尼亚、土库曼斯坦、白俄罗斯	98.9	70.7	13.5
VimpelCom	俄罗斯、哈萨克斯坦、乌克兰、塔吉克斯坦、乌兹别克斯坦、亚美尼亚、格鲁吉亚和塔吉克斯坦	104.4	56.1	13.1
MegaFon	俄罗斯、塔吉克斯坦、阿布哈兹、南奥塞梯	64.7	62.8	9.7
Tele2	俄罗斯	—	22.3	—
Rostelecom	俄罗斯	—	13.5	—
Motiv	俄罗斯	—	2.3	—
Smarts	俄罗斯	—	1.9	—

资料来源：AC & M Consulting。

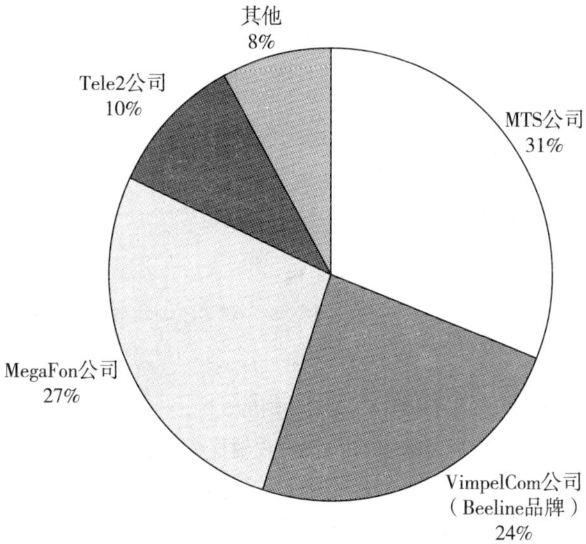

图 4　俄罗斯移动通信市场结构

注：按 2012 年 9 月 30 日各公司手机用户数量统计。
资料来源：AC & M Consulting。

四　俄罗斯电视新媒体——收费电视发展迅速

俄罗斯电视信号主要分为地面传输和非地面传输两种形式。地面传输电视为免费电视，主要是全国各电视频道；非地面传输电视在俄罗斯又被称为“小电视”或“新电视”，为收费电视，主要有有线电视、卫星电视和IPTV（见表8）。俄罗斯电视新媒体与互联网、信息社交网、通讯社、实时报道及点播视频相互作用，共同繁荣，促使俄罗斯电视市场发生了翻天覆地的变化。

表8　2010～2012年俄罗斯收费电视的市场结构比例

单位：%

年份	IPTV	卫星电视	有线电视	合计
2010	2	30	68	100
2011	5	35	60	100
2012	9	35	56	100

资料来源：Telecom Daily。

近几年，俄罗斯非地面电视发展很快，从2007年的180个频道发展到2011年底近300个频道，覆盖了69%的俄罗斯居民，超过英国（55%）、德国（59%）和法国（52%）（见表9～10）。据TelecomDaily数据，2012年底30050万户家庭开通了收费电视，市场总量474亿卢布。2012年俄罗斯非地面传输电视的广告总量为390亿卢布（包括增值税），比2011年增长27%（见表11）。市场的外国投资资本占很高比例，如VimpelCom公司是荷兰VimpelCom Holdings BV公司的全资子公司，美国Chadwick Holding. Inc控制着猎户座快车公司49%的股份。

表9　俄罗斯前10大非地面电视台2011～2012年发展状况（按月收视群数量统计）

单位：千人，%

排位 2012年(2011年)	电视台名称	月收视群数量		
		2011年	2012年	增长率
1(1)	旋转木马	19784	29759	50
2(6)	1000部俄罗斯电影TV	14105	21101	50

续表

排位 2012年(2011年)	电视台名称	月收视群数量		
		2011年	2012年	增长率
3(2)	RBKTV	17059	20473	20
4(3)	RU. TV	14914	20413	37
5(5)	1000TV	14860	20233	36
6(4)	DiscoveryChannel	14882	18837	27
7(7)	AnimalPlanet	13404	17439	30
8(10)	我的世界	9434	16965	80
9(8)	世界	12724	16475	29
10(9)	Eurosport	10569	14011	33

资料来源：TNS。

表10　2006～2012年俄罗斯非地面传输电视的广告市场发展状况

单位：亿卢布，%

年份	广告销售额 （包括增值税）	较上一年的变化	年份	广告销售额 （包括增值税）	较上一年的变化
2006	1.3	—	2010	18.7	26.35
2007	6.5	400	2011	25.4	36
2008	13	100	2012	32.3	27
2009	14.8	13.85			

资料来源：Аналитический центр《Видео Интернешнл》。

表11　2006～2012年俄罗斯有线－卫星电视广告分别在电视广告市场和广告市场上的比例

单位：%

年份	在电视广告市场中的份额	在广告市场中的份额	年份	在电视广告市场中的份额	在广告市场中的份额
2006	0.21	0.11	2010	1.43	0.75
2007	0.60	0.31	2011	1.65	0.83
2008	0.94	0.40	2012	1.93	—
2009	1.30	0.69			

资料来源：АЦВИ。

俄罗斯收费电视市场的运营商大多是跨网联营，如Vimpelcom公司和移动电视公司，在其营业收入中没有显示电视业务和主营手机业务的比例；卫星电视老大全国卫星电视公司（三色电视台）对外封闭公司财务状况，其财务报表不再出现在官方的信息公开渠道上。这些客观因素导致无法正确评估俄罗斯收费电视市场的经营状况和发展趋势（见图5）。

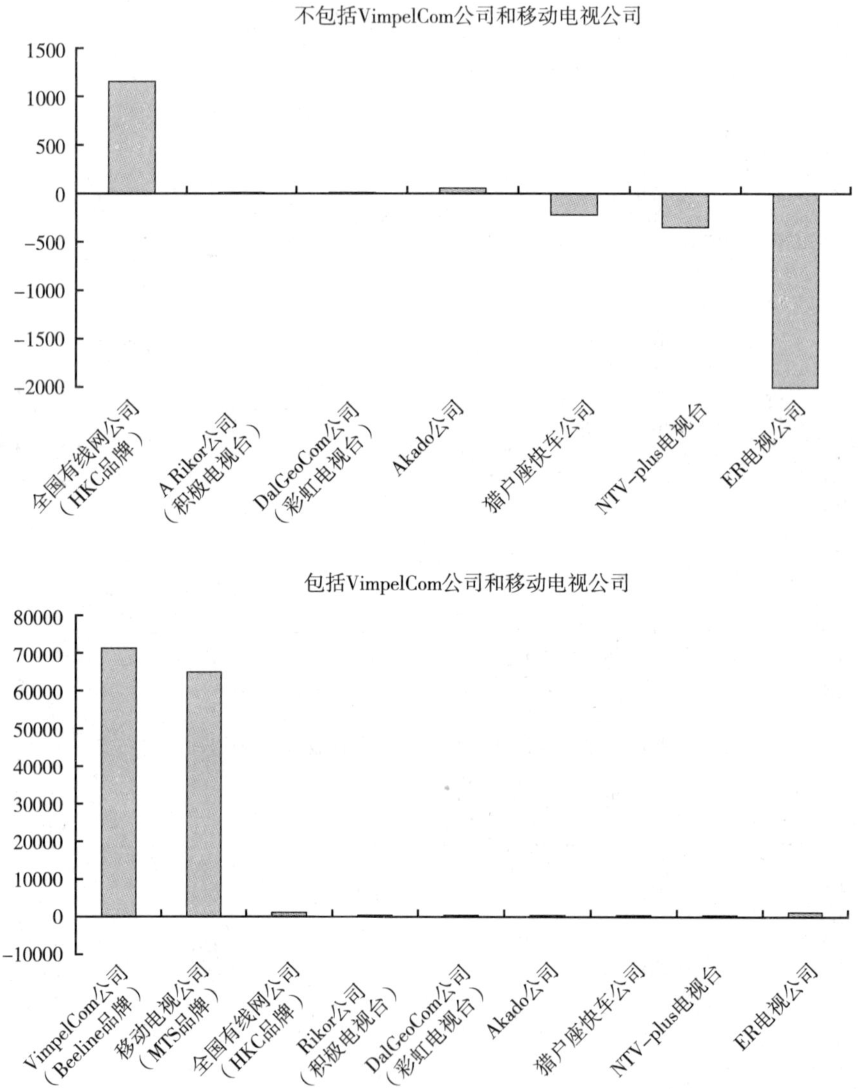

图5　2012年1月俄罗斯前10大收费电视运营商营业状况对比

注：根据俄罗斯标准会计报表中的利润与亏损统计。

资料来源：ИА Интегрум. Компании，各公司财务年报表。

1. 有线－卫视电视是电视新媒体的主角

在俄罗斯电视新媒体中，有线电视的市场份额最大。俄罗斯前五大有线电视运营商分别是全国有线网公司（HKC 品牌）、移动电视公司（MTS 品牌）、ER 电视公司控股公司（ER 电视公司）、Akado－首都公司（Akodo）和 VimpelCom 公司（Beeline 品牌）。前五大卫星电视运营商分别是全国卫星电视公司（三色电视台）、NTV-plus 公司（NTV-plus 电视台）、猎户座快车公司（电视地图台）、DalGeoCom 公司（彩虹电视台）和 Rikor 公司（积极电视台）。它们的广告主要销售给世界级的广告客户，如 Procter&Gamble、Volkswagen、Renault-Nissan、Unilever、Nestle 等；主要有三种商业模式，即有线电视运营商出售电视转播权、出售广告、出售广告和内容产品。但广告收入的比例非常小，只占到整个广告市场的1%，占整个电视广告市场的2%（见表12）。

表12　2012年1月俄罗斯前10大收费电视运营商营业状况

运营商(电视品牌)名称	电视经营种类	收费标准（卢布/月）	用户数量（百万户）	营业额（百万卢布）	年增长率（%）	利润（百万卢布）	年增长率（%）
全国有线网公司（HKC 品牌）	Docsis，IPTV	280～300	6.6	5853.37	36	1128.72	－21
移动电视公司（MTS 品牌）	IPTV，Docsis	250～330	2.99	246965.17	14	65316.46	－1
ER 电视公司控股公司（ER 电视公司）	有线电视	180～220	2.34	8685.91	319	－1975.97	－344
Akado－首都公司（Akodo）	Docsis	450	1.1	4822.65	－10	－40.92	42
VimpelCom 公司（Beeline 品牌）	IPTV	300	0.86	261098.26	24	71292.34	－4
全国卫星电视公司（三色电视台）	卫星电视	50	8.79	—	—	—	—
NTV-plus 公司（NTV-plus 电视台）	卫星电视	600	0.66	8867.99	7	－338.95	24
猎户座快车公司（电视地图台）	卫星电视	100～150	1.05	750.91	49	－214.65	14
DalGeoCom 公司（彩虹电视台）	卫星电视	—	—	541.65	—	－12.70	—
Rikor 公司（积极电视台）	卫星电视	—	—	233.34	6	3.82	－18

注：根据俄罗斯标准会计报表统计。

资料来源：ИА Интегрум. Компании，各公司财务年报表。

2. IPTV 是发展最快的电视新媒体

2012 年俄罗斯 IPTV 实现飞跃，市场总量为 20 亿卢布，较 2011 年增长 7%，用户数量 270 万，同期的有线电视年增长 5%，卫星电视年下降 19%。IPTV 份额的逐年增长，在一定程度上促进了宽带互联网的发展，市场竞争也逐年加剧。俄罗斯 IPTV 运营商的 ARPU（由每个用户获得的平均收入）2012 年下降 26%，但还是比其他收费电视高。

目前，在俄罗斯只有 IPTV 可以实现数字电视的全部优势用途，但市场上只有三个大型收费电视运营商可以提供 IPTV，即 Rostelecom 公司的“互动 TV”，VimpelCom 公司的“Beeline TV”和移动电信系统公司的“私人 TV”。VimpelCom 和 Rostelecom 公司大力发展 IPTV，在各城市积极推广各种优惠的节目包，用户数量也相应快速增长；而 MTS 只在莫斯科发展 IPTV。一些新的 IPTV 运营商也正在运筹帷幄，比如 ER-telecom 公司已向 TB-DVB-C/IPTV 混合收费电视转型，HTV-Plus 也已实现“卫视 + IPTV”电视转播，开始向区域 IPTV 运营商提供合作机会，2012 年斯摩棱斯克的互联网提供商 SitiCom 成为其第一个合作伙伴（见图 6）。

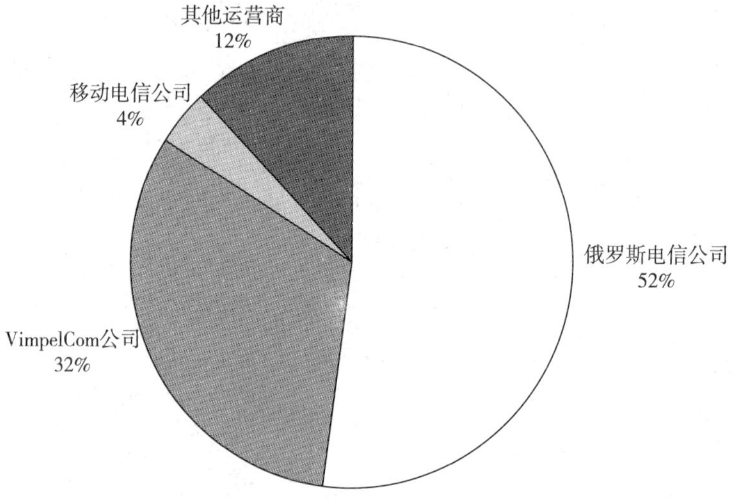

图 6　2012 年俄罗斯 IPTV 市场结构

资料来源：Источни，iKS Consalting。

俄罗斯 IPTV 市场已完成了设备铺设和节目组织的市场初级阶段，开始了市场的发展阶段，需要几年的时间才可能达到市场成熟阶段。由于宽带互联网在俄罗斯的地区市场上尚未普及，尚有很广的免费电视的选择可能，加上媒介经营政策严格界限电视内容的生产和转播、IPTV 的接收设备成本高等因素，IPTV 的高速发展目前还只限于大城市。

3. HD TV 和 3D TV 还未形成规模市场

2012 年俄罗斯的高清电视用户数量增长了 3.5 倍，主要是因为三色旗电视公司推出了“最高清”电视节目包，年缴费 900 卢布，可收看 100 个标清台和 24 个高清台。俄罗斯 3D 电视已存在有三年，转播电影、体育和音乐及其他娱乐节目，但目前总共只有 2 个 3D 电视台，即欧洲最大视频销售商 Sapphire Media International 公司的 HustlerHD/3D 频道和 Panasonic 制作的 HTB Plus3D 频道。

五 俄罗斯印刷媒体业采用跨媒体经营模式

跨媒体公司内部资本重组，关闭亏损企业，集中资金投放到大报刊品牌中，开发新的广告市场、销售渠道和传媒产品，是当下俄罗斯报刊业在数字环境下探索的一种重要商业运作模式。如杂志市场大鳄 Sanoma Indepedent Media 公司、美国 Conde Nast Publications 公司在俄罗斯的子公司 Condé Nast Россия，将自己的印刷杂志与数字在线销售系统融合为一体，为其媒体内容销售打开了另一条销售渠道。俄罗斯最大和最具影响力的跨媒体联合公司 Hearst Shkulev Media，则采取为旗下每个印刷刊物建立独立网络版和在不同城市建立城市互联网杂志门户网站的形式进行跨媒体营销，并将所有数字产品统一到 Regional Network Hearts Shkulev Digital 网站中。《共青团真理报》集团是俄罗斯跨媒体融合经营最深度的媒体公司，集印刷刊物、互联网、电台电视为一体，2012 年被安永公司列为俄罗斯发展最快的企业。Sanoma Indepedent Media 公司拥有 50 多个出版社和报刊出版物（其中包括著名的《消息报》），在俄罗斯有近 1200 万的读者，占据 25% 的时尚杂志广告市场份额，积极开发供平板电脑使用的阅读产品、会议、研讨会等媒体延伸产品。2012 年美国 Conde Nast

Publications 公司在俄罗斯的子公司 Condé Nast Россия 也采用类似的运营模式，将自己的印刷杂志与数字机构融合为一体。

六　电子书是传统图书最有力的竞争对手

随着互联网和互联网手机用户的增长、入网费用的降低、可下载内容产品的丰富，电子阅读器和平板电脑成为俄罗斯最流行的电子书阅读工具。在受调查人群中，超过 20% 的人只读电子书，只有 25% 的人从未使用过电子书。目前，纸质书籍的读者数量仍占上风，但随着电子书的日益流行，电子书成为传统图书最有力的竞争对手。莫斯科和圣彼得堡是俄罗斯电子书市场的主要增长点，2012 年两地电子书市场份额已占出版市场的 20%；其他地区市场增长缓慢，只占到 5%。

七　网络音频和视频

俄罗斯是世界上第 24 位最活跃下载音乐的国家。YouTube. com、RuTube. ru、Vimeo. com、Googlevideo、Яндекс. Видео 是 2012 年 Runet 最流行的五个视频网站。2012 年上半年俄罗斯人用 Bit. Torrent 下载了 2270 万首歌曲，但非正规下载现象较普遍。

参考文献

1. Н. М. Гущина，Е. А. Ватолина. 《Интернет в России. Состояние，тенденции и перспективы развития. Отраслевой доклад》. Москва：Федеральное агентство по печати и массовым коммуникациям. 2013. Ст. 71 – 78.
2. В. В. Григорьева. 《Российская периодическая печать. Состояние，тенденции и перспективы развития. Отраслевой доклад》. Москва：Федеральное агентство по печати и массовым коммуникациям. 2013. Ст. 11 – 20，32 – 33，49.
3. Е. Л. Вартанова. 《Телевидение в России. Состояние，тенденции и перспективы

развития. Отраслевой доклад》. Москва: Федеральное агентство по печати и массовым коммуникациям. 2013. Ст. 28－31, 35－38, 44－47, 60, 77.

4. О. Я. Ермолаева. 《Радио в России в 2012 году. Состояние, тенденции и перспективы развития. Отраслевой доклад》. Москва: Федеральное агентство по печати и массовым коммуникациям. 2013. Ст. 8, 14, 35－38.

5. Павел Белавин, Анна Балашова. "Эфир кабелю не спутник". Газета «Коммерсантъ». №232/П (4773), 2011－12－12.

6. Сергей Мальцев. "Итоги Развития Рынка Сотовой Связи России в 2012 году". HTTP: //ICT-ONLINE. RU/NEWS/N91612/, 2013－5－20.

法国新媒体产业研究报告

甘 露　刘 昶　杨冰清*

在《数字法国2012》规划顺利完成之后，法国又设定了一个《数字法国2020》的八年计划，目前已进入实施阶段。为完成既定目标，法国出台多项政策，鼓励以文化为主的相关经济部门加快数字化进程。这不仅创造经济价值，更要让法国民众享受到数字化的成果。

2012年10月10日，法国工业部部长会议上，负责中小企业、创新和数字经济工作的副部长芙乐·佩瑞琳（Fleur Pellerin）介绍了法国政府的数字化战略方针，阐明了政府确定数字化路线图的主要原则。①

1. 人人享有数字化，处处信息高速化

政府除了要引导建立覆盖全国的高速信息化体系外，还要使所有公民——不分年龄、职业和居住地——都能享受数字科技带来的便捷。

2. 尊重私人生活，保护数据信息

政府与国家信息化和自由委员会（CNIL）联手监管，以确保数字化发展引起的变化与国家的原则相协调，尊重私人生活和表达自由，保护人们的信息安全。

3. 带动经济增长和现代化的引擎

数字信息化不仅涉及网络、系统和数据安全，科技自主或相关司法和行政机关的能力，同样也可能威胁主权安全。所以，应当考虑让税收制度适应网络经济活动的本质。

---

* 甘露，中国传媒大学传播研究院助理研究员；刘昶，中国传媒大学新闻学院教授；杨冰清，中国青年出版总社编辑。

① 杨欣编译，《法国数字化战略方针》，http：//www. chinadaily. com. cn/micro-reading/fortune/2012 - 10 - 24/content_ 7323923. html。

4. 巴黎大型数字社区

在巴黎或其近郊建立一个大型数字化社区，将巴黎变成一个数字化首都，并辐射其他地区，以提升法国在数字信息化方面的国际吸引力。

2012 年，法国数字经济已渗透到国民经济的大部分领域，与其相关的生产值约占国民生产总值（GDP）的 78%。其中，纯数字经济产业领域生产值占 GDP 的 5.2%，该领域为 3.7% 的法国民众提供了就业机会；数字转型的传统领域生产值占 GDP 的 12%，在生产过程中使用 ICT 技术的非数字领域生产值占 GDP 的 60%（见图 1）。

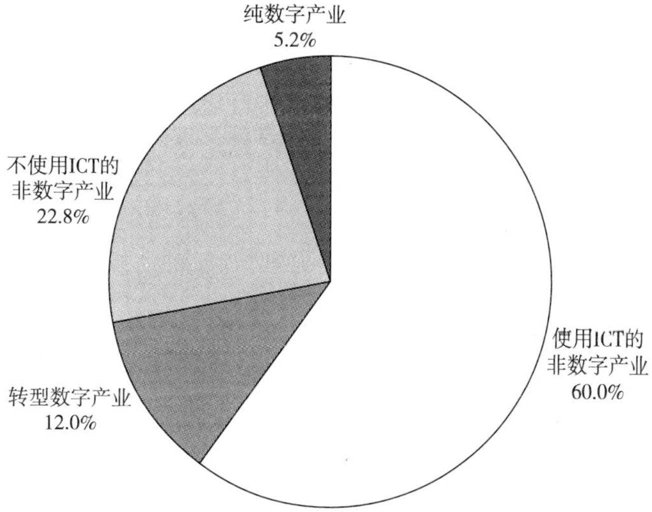

图 1　法国数字经济渗透情况（2012）

资料来源：*Le Soutien a L'economie Numerique et a L'innovation*，法国工业、能源和数字经济部，www. economie. gouv. fr。

一　手机和互联网

（一）用户基础：市场逐渐成熟，增长速度放缓，网络速度进一步提升

2012 年法国手机用户达到 7310 万，互联网用户 5220 万，固定宽带用户 2420 万（见表 1）。

表1　2007～2012年法国手机和互联网用户情况

单位：百万人，%

年　份	2007	2008	2009	2010	2011	2012
手机用户数	55.4	58.0	59.5	64.4	68.6	73.1
手机用户渗透率	87	90	92	92	94	—
互联网用户数	40.8	48.8	44.6	45.3	50.3	52.2
互联网用户渗透率	66	71	72	80	80	80
固定宽带互联网用户数	15.6	17.7	19.4	21.3	23.1	24.2
固定宽带互联网用户渗透	24	28	31	34	36	—

资料来源：2011年及以前数据来源于世界银行网站（www.worldbank.org），2012年数据来自法国电信管理局（www.arcep.fr）2012年年报。

以光纤技术为基础的超高速网络的订户数增长至160.6万，占总订户数的6.6%。而2M以下低速网络的订户数则降至22.5万人，仅占总订户数的0.9%（见表2）。

表2　2007～2012年法国不同速率网络订户情况

单位：万人

年　份	2007	2008	2009	2010	2011	2012
低速网络订户	150.8	98.3	65.2	48.3	31.2	22.5
高速网络订户*						
xDSL(高速网络)订户	1575.3	1715.1	1888.8	2019.2	2139.1	2235.3
光纤(超高速网络)订户	—	66.0	95.1	112.8	134.8	160.6
总计	1575.3	1781.1	1983.9	2132.0	2273.9	2395.9
网络订户总数	1726.1	1879.4	2049.1	2180.3	2305.1	2418.4

注：*法国电信管理局在新发布的报告中对之前使用的网络速度划分标准进行了重新定义，因而此部分数据与前两年报告数据有较明显变化。

资料来源：综合法国电信管理局（ARCEP）2006～2010年年报和2011年第四季度报告，www.arcep.fr。

2012年，拥有智能手机的法国人达到1600万，占总人口数的29%，渗透率较2011年增加了12个百分点。2010年来，用智能手机浏览网页、查收邮件、下载程序的法国人几乎以年均1倍的速度增加，至2012年，其占总人口数的比例分别已达到29%、23%和21%（见图2）。

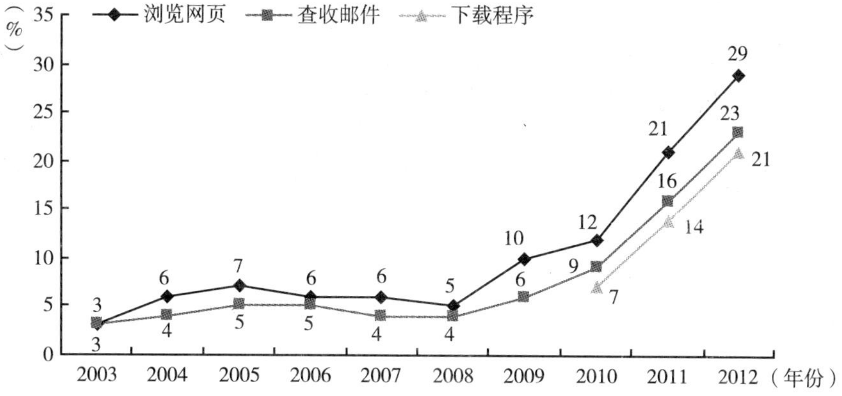

图 2　2003～2012 年法国手机上网使用情况

资料来源：媒体计量学院（Médiamétrie），www. mediametrie. fr。

2012 年，81% 的法国家庭拥有至少一台电脑，比欧洲平均普及率高出 17 个百分点，位列欧洲第七。其中，35% 的家庭拥有多台电脑，14% 的家庭拥有平板电脑（见图 3）。①

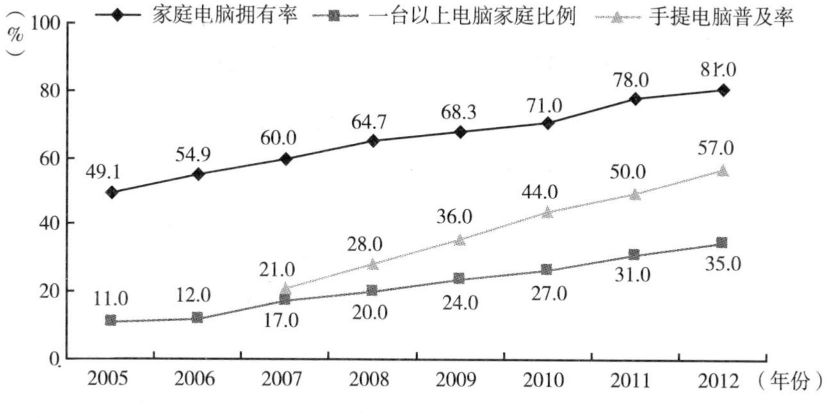

图 3　2005～2012 年法国电脑和互联网的家庭渗透情况

资料来源：法国电信管理局（ARCEP）2006～2011 年年报和 2012 年第四季度报告，www. arcep. fr。

① 市场研究公司媒体计量学院（Médiamétrie），www. mediametrie. fr。

据法国居民生活调研中心（CREDOC）的一项调查，2012 年，45% 的法国人会在家里以外的地方上网，20% 的人会用手提电脑或平板电脑使用公共场所的 Wi-Fi 或 3G 网，较 2011 年增长 7%（见图 4）。

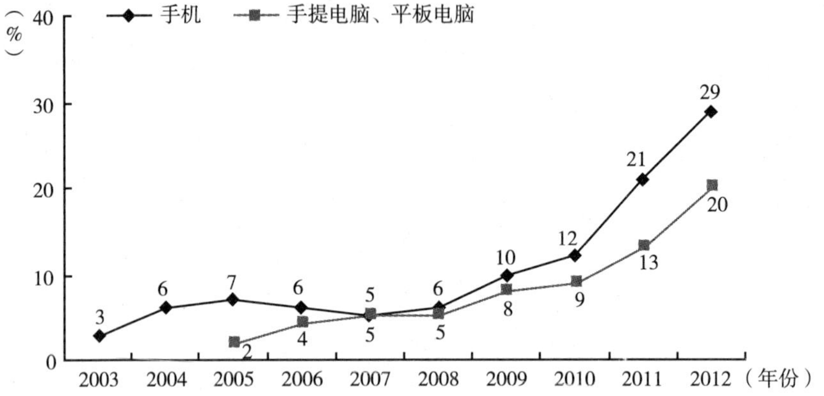

图 4　2003～2012 年法国人手持设备互联网接入情况

资料来源：法国居民生活调研中心，www. credoc. fr。

2012 年，法国人平均每天接触媒体 42.5 次，较 2010 年增长 4%，较 2008 年增长 10%。75% 的法国人每天会使用 3～4 种不同的媒体。得益于数字技术和网络技术的发展，新媒体优势逐渐体现，已有 75% 的法国人每天都会接触数字媒体，67% 的法国人每天都会上网，接触新媒体的时段遍布全天。

从新媒体接触率来看，每一项均有较大幅度的增长，特别是平板电脑和互联网电视，体现出强劲的发展势头和未来发展潜力（见表 3）。

表 3　2007 年、2010～2011 年法国家庭新媒体接触情况

单位：%

年　份	2007	2010	2011	2012
地面数字电视	19.5	80.5	88.8	100
电脑	57.2	70.5	72.7	81
互联网	46.6	65.6	70.6	78
ADSL 交换盒	30.1	55.4	60.5	—
ADSL 电视	7.5	21.4	27.0	—
智能手机	—	19.7	31.4	50
平板电脑	—	—	2.4	11
互联网电视	—	—	4.6	12.6

资料来源：媒体计量学院（Médiamétrie），www. mediametrie. fr。

（二）市场收益：超高速网初现强劲增长势头

互联网的收入由订用收入和广告收入两部分组成。由于宽带和高速宽带订用收入的飞跃式发展，2012 年法国互联网总收入增至 115.07 亿欧元，较 2011 年增加 7.41 亿欧元，增幅 6.9%。其中订用收入 97.2 亿欧元，增幅 6.9%（见图 5）。

法国第一条互联网广告出现于 1996 年，当时，美国的互联网广告投放额已高达 2.67 亿美元。随着互联网的普及，特别是 2000 年之后高速宽带的出现和发展，法国互联网广告进入飞速发展阶段。

2010 年开始，法国互联网广告收入增加了对搜索广告的统计，因而在数据上较 2009 年有明显变化。搜索广告收入在互联网广告收入中约占 2/3。2010 年搜索广告收入 9.43 亿欧元，2011 年收入 10.60 亿欧元，增幅 12.4%，2012 年收入 11.41 亿欧元，增幅 7.6%。而传统广告收入 2012 年仅增加 3000 万欧元，增幅 4.8%，小于 2011 年 14.1% 的增幅。经过前两年跨越式的发展后，2013 年法国互联网收入的增速开始变缓。

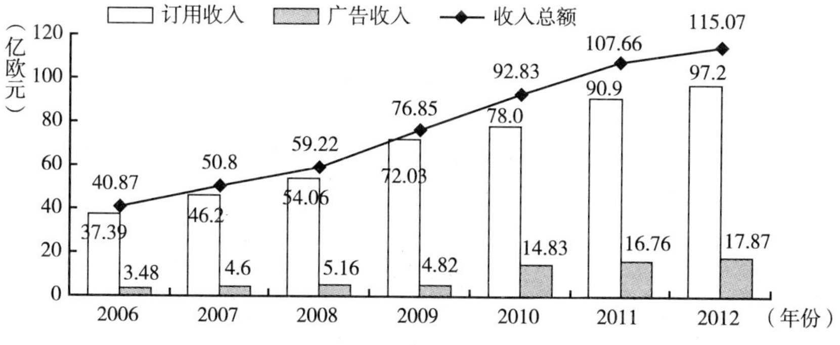

图 5　2006～2012 年法国互联网收入情况

资料来源：订用收入情况来源于法国文化部（Ministère de la Culture et de la Communication）发布的 2007～2013 年年报（www.culture.gouv.fr），广告收入情况来源于法国广告研究院（Institut de Recherches et d'Etudes Publicitaires，IREP），www.irep.asso.fr。

从各类速度网络的订用收入来看，2012 年高速和超高速网络收入 84.54 亿欧元，较 2011 年增加 4.49 亿欧元，增幅 5.6%；低速网络收入 0.2 亿欧元，较2011年减少0.1亿欧元，降幅33.3%；其他服务收入12.5亿欧元，较2011年增加近2亿欧元，增幅18.5%，增幅均较2011年下降（见图6）。

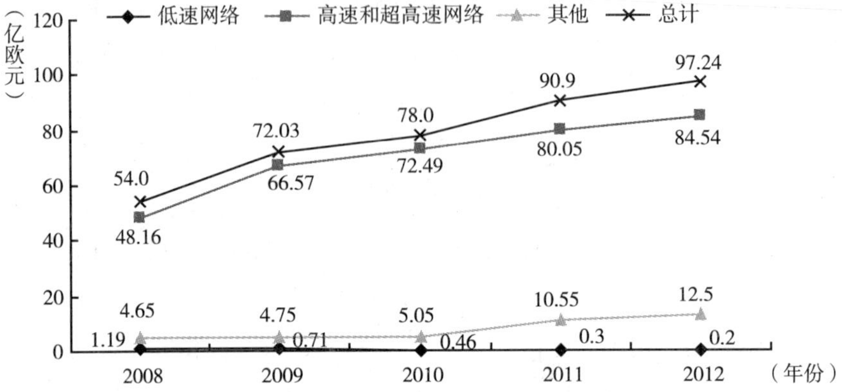

图6　2008～2012年法国各类速度网络订用收入情况

资料来源：综合法国电信管理局（ARCEP）2008～2011年年报和2012年第四季度报告，www.arcep.fr。

高速网自2003年订用收入首次超过低速网后，表现出强劲的增长势头，这是影响法国互联网订用收入变化的主要因素。超高速网在2009年前订用收

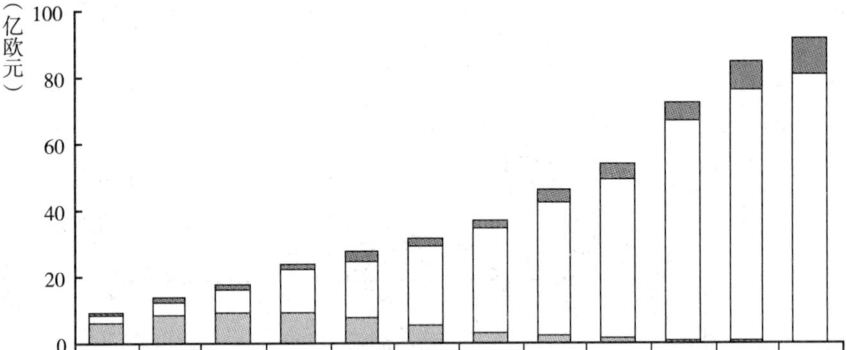

	2000年	2001年	2002年	2003年	2004年	2005年	2006年	2007年	2008年	2009年	2010年	2011年
超高速网	0.90	1.54	1.46	1.49	2.66	2.35	2.46	4.11	4.74	4.75	8.71	10.55
高速网	1.94	4.48	6.53	13.14	17.32	24.04	31.29	40.12	48.15	66.57	75.83	80.46
低速网	6.38	8.11	9.55	9.55	7.68	5.07	3.33	1.97	1.17	0.71	0.46	0.31

图7　2000～2011年法国各种速度网络订用收入情况

资料来源：法国文化部（Ministère de la Culture et de la Communication）发布的2007～2013年年报，www.culture.gouv.fr，部分数据与法国电信管理局（ARCEP）存在一定差距。

入增长缓慢且平稳，2009 年开始突然发力，频创佳绩，是各速网络中增长最大的一类。低速网订用收入则自 2002 年达到峰值后持续、迅速衰减至 0.31 亿欧元，仅占法国互联网订用收入的 0.3%（见图 7）。

（三）电子商务：向移动化、国际化方向发展

根据法国远程销售商联合会（FEVAD）统计，2012 年法国电子商务收入 450 亿欧元，较 2011 年增加 73 亿欧元，增幅 19%。电子商务网站 117500 家，较 2011 年增长 16%（见图 8）。仅 2012 年第四季度，法国网民的网购消费就达到 131 亿欧元，其中圣诞节购物金额占全年的 20%，比 2011 年同期增加了 19%。

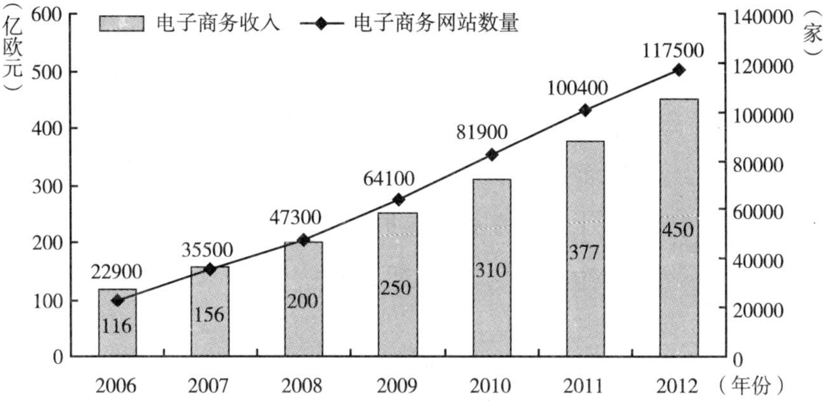

图 8　2006～2012 年法国电子商务收入与网站数量情况

资料来源：综合法国远程销售商联合会（FEVAD）2006～2012 年年报，www.fevad.com。

目前，法国有 3170 万网购者，较 2011 年增长 5%。新的使用者主要从 65 岁以上人群中产生，这一年龄段的网购者数量较 2011 年增长 32%。女性网购者数量近一年来增长 9%，已与男性网购者数量相当。

从消费类型来看，56% 的网民会购买旅游相关产品服务，53% 的网民会选择服务类消费（见图 9）。这与法国的度假文化有很大关联。

虽然受到经济危机的影响，法国民众对电子商务仍充满信心。调查显示，

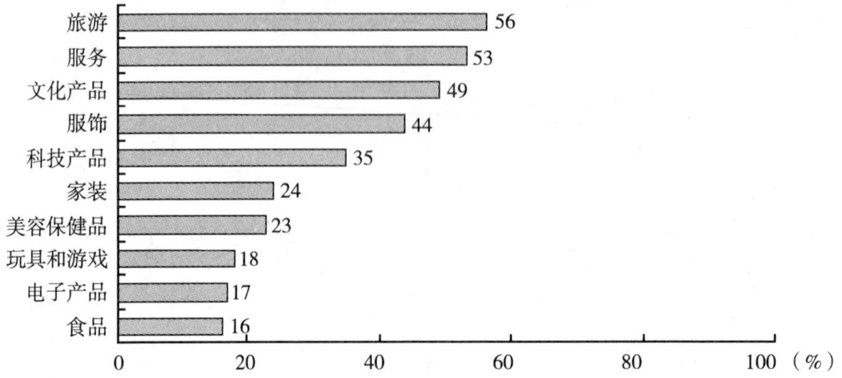

图 9　2012 年法国网民网络购买行为

资料来源：法国远程销售商联合会（FEVAD）2012 年年报，www. fevad. com。

2013 年，78% 的法国网民将选择网络消费，85% 的商家认为电子商务会有更大收益。另外，法国电子商务的国际化趋势也更加明显，50% 以上的法国电子商务网站都已向海外市场开放，迎接越来越多来自海外的消费者，80% 的法国购物网站都表示愿意向面向国外市场推广更多产品。①

2012 年，使用智能手机和平板电脑购物的网民数量大增，这成为了电子商务产业的新亮点。据统计，每五个智能手机用户中就有一个用户使用手机进行网购，平板电脑用户中更是有 28% 的人经常网购。电子商务 E-commerce 衍生出一个新词 M-commerce，专指利用手机、平板电脑等移动媒介进行移动电子商务的消费模式。2012 年，20% 的消费者使用智能手机购物，该项收入达到 10 亿欧元，占电子商务总收入的 2%，预计 2015 年，这一数值将会升至 50 亿欧元。②

（四）网络使用目的：在线娱乐活动总体呈下降趋势

受到法国大选和伦敦奥运会两件大事的影响，2012 年成了法国史无前例的互联网活跃年，时事新闻网站点击人数超过 1020 万。仅 2012 年 5 月 7 日法国大选当天，微博网站 Twitter 的访问人数就超过 140 万。整个 5 月，法国 2/3

①② 综合法国远程销售商联合会（FEVAD），www. fevad. com。

的电脑网民、超过1/3的手机网络用户以及82%的iPad平板电脑用户都跟踪了大选新闻的进程。8月，运动相关网站的点击量激增，仅手机网活跃用户就达到600万人。①

2012年，12岁以上人群网络使用目的的排序情况与2011年相比，前8项比较稳定，后6项的顺序有所变化。在线音乐、在线电影、在线游戏、下载电影和求职均出现不同程度的缩减（见图10）。其变化具有以下特点：

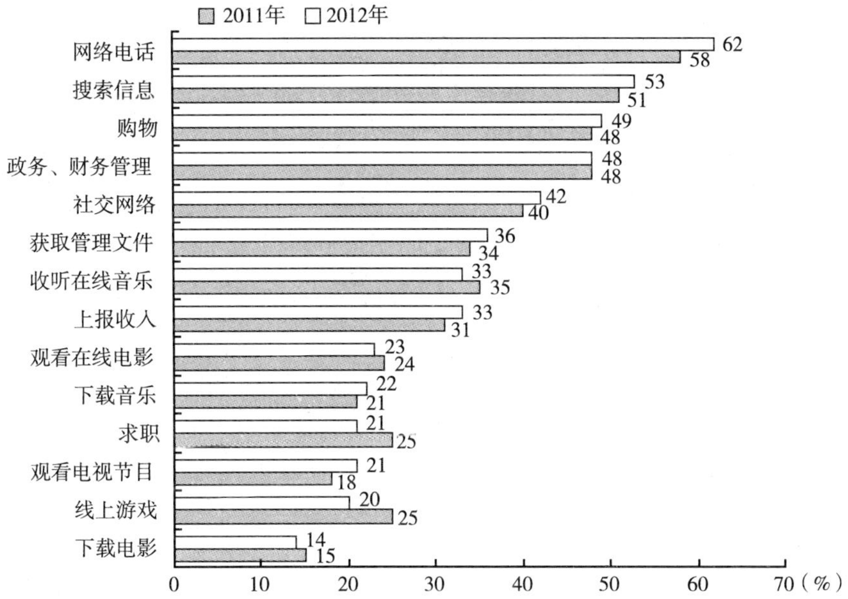

图10　2011～2012年法国12岁以上居民网络使用目的

资料来源：法国文化部（Ministère de la Culture et de la Communication）发布的2013年年报，www.culture.gouv.fr。

第一，使用网络电话的比例稳定增长，三网融合已经越来越成为法国人通信的重要渠道。

第二，网络支付（购物）、财务管理和网络上报收入，无论在排序上还是在比例上均比较稳定，在经济不景气的大环境下，网络未能吸引更多法国人参

① 市场研究公司媒体计量学院（Médiamétrie），www.mediametrie.fr。

与网上经济活动。

第三，与网络的实用性功能相比，娱乐性功能不但排序靠后、顺序不稳定，且比例在总体上呈现下降趋势，2011 年增长比较明显的在线活动除电视节目外，其余在 2012 年均有缩减。

（五）网站流量排行：搜索网站表现突出

从 ALEXA 的流量统计来看，2012 年法国网站排行和 2011 年有较大变化。一些网站，如搜索网站 Delta-search 和 Ask、技术服务网站 Donduit、广告网站 Adcash@ Advertising Network、翻译网站 Babylon 及电信公司网站 SFR 近三年来首次上榜，且排名靠前。6 家新进网站中，3 家来自美国，2 家来自法国，1 家来自加拿大。

搜索网站 2012 年在法国的表现十分突出，前 20 名中，有 5 家搜索网站，大部分来自美国（见表 4）。

表 4　2012 年法国网站流量前 20 名排行榜

网站名称	性　质	国　别
Google France	搜索网站	法　国
Facebook	社交网站	美　国
YouTube	社交网站	美　国
Google	搜索网站	美　国
Orange	电信公司网站	法　国
Amazon. fr	电子商务网站	法　国
Leboncoin. fr	分类网站	法　国
Windows Live	聊天网站	美　国
Delta-search	搜索网站	美　国
Yahoo!	门户网站	美　国
Wikipedia	知识网站	美　国
Free	电信公司网站	法　国
Conduit	技术服务网站	加拿大
SFR	电信公司网站	法　国
MSN	门户网站	法　国
Adcash@ Advertising Network	广告网站	法　国
Bing	搜索网站	美　国
Ask	搜索网站	美　国
Babylon	翻译网站	美　国
eBay	电子商务网站	法　国

资料来源：ALEXA 网站排行榜，http：//www. alexa. com/topsites/countries/FR，截至 2012 年 2 月 11 日。

二　广播电视

（一）数字化：网络广播或成为阻碍广播系统数字化的阻力

2004年，法国政府推出旨在提高广播频率利用率的“FM+计划”。2011年，该计划取得了令人瞩目的成绩，在原有基础上增加了1300个频率，增长率达22.3%，远高于最初预期的10%。广播频率使用率的提升被认为可以惠及包括传统广播、数字广播在内的各类广播，也给在数字广播推广过程中饱受阻力的法国高等视听委员会以信心。

2005年，法国高等视听委员会开始筹划广播系统数字化。2008年3月，广播数字计划正式启动，面向包括巴黎在内的19个大型城市征招参与者。该计划如能顺利开展，2009年将有30%的法国人有望接入数字广播系统。可是由于各种原因，应征的广播电台寥寥无几，计划饱受争议和诟病，不得不暂时搁置。

在“FM+计划”的鼓舞下，法国高等视听委员会加大广播系统数字化的推进力度。2011年，该委员会力促政府在T-DMB之外，采用DAB+作为数字广播标准。这样的“双重标准”增添了法国广播数字化计划的灵活性，不仅有助于降低运营成本，还使得更多的广播电台有机会参与这一计划。2012年4月，法国经济、财政和工业部联手文化部成立公共咨询委员会，专门负责监测“双重标准”的实施情况，并重启了先前被搁置的旧项目。2012年5月，该委员会推出新项目，在19个大城市外另选20个城市，征招参与者。法国可能接入地面数字广播系统的城市居民增至68%。

与广播系统数字技术改造的沉闷进程相反，法国网络广播市场则显得生机勃勃。根据法国市场研究公司媒体计量学院的监测数据，2012年，已有41.7%的13岁以上法国人（约2200万人）通过网络听广播，这一数值是五年前的2倍。虽然网络广播大部分为直播节目，但追回广播（Catch-up Radio）仍在持续增长，特别是播客（Podcasts），已拥有固定听众，且每月下载量为1600万~1700万，收听率为78%。在播客中，娱乐、文化及新闻类节目最受欢迎，分别占到下载节目的38%、30%和24%（见图11）。

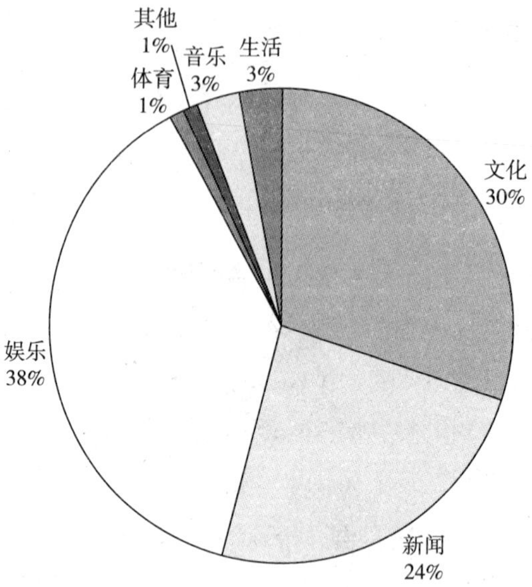

图11　2012年法国下载播客内容类型分布情况

资料来源：法国高等视听委员会（Conseil Supérieur de L'audiovisuel，CSA），www.csa.fr。

网络技术的改进、普及与提速，收听设备的更新与便携化，网络广播节目的可下载、点播和优越的互动性，为传统广播提供了新的发展机遇。2012年，法国平均每天仍有4300万人收听广播，较2011年的4230万人略有增加。但同时，它也正在成为广播系统数字化的阻碍力量。①

（二）数字电视：电信信号接收装置和渠道多样化

2011年年底，随着地面数字电视网覆盖海外省，法国正式宣告DTT计划如期完成。1630万法国家庭至少拥有一台可以接收DTT信号的电视机，占拥有电视的法国家庭总数的61%（见图12）。14%的法国家庭已经安装了智能电视，其中1/4的人知道使用电视联网，57%的人经常使用追赶功能。②

法国电视信号的接收方式更加多样化。2660万法国家庭通过DTT、有线、

①② 市场研究公司媒体计量学院（Médiamétrie），www.mediametrie.fr。

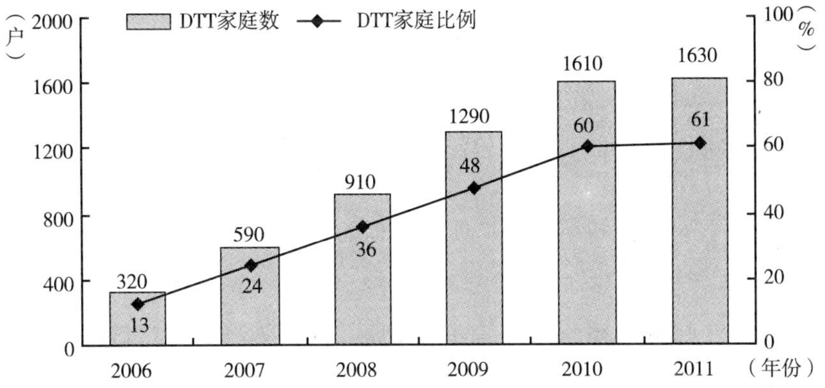

图 12　2006～2011 年法国拥有 DTT 设备家庭数及比例情况

资料来源：法国高等视听委员会（Conseil Supérieur de L'audiovisuel，CSA），www.csa.fr。

卫星、ADSL 等方式接收数字电视信号，占拥有电视的法国家庭总数的 99%。其中，通过 DTT 接收数字电视信号的家庭占半数，39% 的观众通过 ADSL，23% 的观众使用卫星、12% 的观众使用电缆等方式接受数字信号。值得注意的是，利用光纤接受电视信号的观众也达到了 2%（见图 13）。

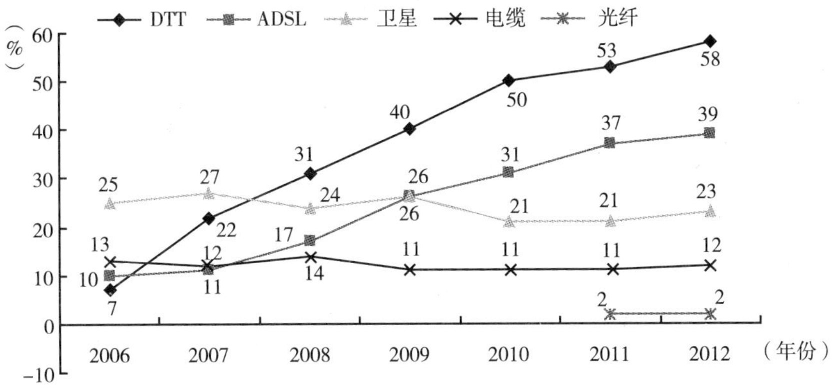

图 13　2006～2012 年法国电视家庭接入数字电视信号的渠道分布情况

资料来源：法国高等视听委员会（Conseil Supérieur de L'audiovisuel，CSA），www.csa.fr。

此外，智能手机、平板电脑等新兴媒体的普及让电视的收看方式更加多样化。坐在沙发上对着电视荧屏看电视的人正在慢慢减少。2012 年，更多的法国人选择用电脑、手机，平板电脑等移动终端观看电视，平均观看时间也达到了每人每天 3 小时 50 分钟，电视与法国民众的联系达到前所未有的紧密程度。

不过，传统电视的市场地位仍然非常牢固。根据法国居民生活调研中心数据显示，2012 年在 15 岁以上的法国人中，使用传统电视看直播节目的占 97.1%，通过电脑看直播节目的只有 15.7%，而用 3G 手机看直播电视节目的仅有 5.7%。①

（三）数字频道：总体收视份额接近私营电视频道，有望步入盈利阶段

1. 收视份额

2012 年，法国传统电视频道的收视份额均有不同程度下滑，而数字频道的收视份额却稳步增长，超过公营电视频道，并接近私营电视频道份额。不过，由于数字频道数量多，虽在总体上收视份额明显增加，但份额分散，单个频道的份额仍然很小，无法与 TF1、Canal +、法国电视台这些频道相比（见表 5）。

表 5　2007～2011 年电视频道收视份额分配情况

单位：%

年　份	2007	2008	2009	2010	2011
公营电视频道					
France 2	18.1	17.5	16.7	16.1	14.9
France 3	14.1	13.3	11.8	10.7	9.7
France 5	3.3	3.0	3.1	3.2	3.3
Arte	1.8	1.7	1.7	1.6	1.5
小计	37.3	35.5	33.3	31.6	29.4

① 市场研究公司媒体计量学院（Médiamétrie），www.mediametrie.fr。

续表

年　份	2007	2008	2009	2010	2011
私营电视频道					
TF1	30.7	27.2	26.1	24.5	23.7
M6	11.5	11.0	10.8	10.4	10.8
Canal +	3.4	3.3	3.1	3.1	3.1
小计	45.6	41.5	40.0	38.0	37.6
其他电视频道	17.5	23.7	27.9	31.9	34.8
总　计*	100	100	100	100	100

注："其他电视频道"包括：TNT频道、专业频道、地方频道、区域频道、互动频道、外国频道等；*此部分数据完全引自CNC提供的数据，实质上以上所有项目相加后的总数超过100%，分别达到100.4%、100.7%、101.2%、101.5%和101.8%。

资料来源：*AUDIENCE DE LA TELEVISION*，法国国家电影中心（Centre National du Cinéma et de l'image animée，CNC），www.cnc.fr。

2. 收入与赤字

2011年，法国免费数字频道收入5.35亿欧元，比2011年增加8400万欧元，增幅18.6%（见图14）。营业收入持续增加，使得法国免费数字频道的营业利润首次摆脱了赤字困扰，取得460万欧元的小额利润。虽然其净利仍为-930万欧元，但从其发展趋势来看，法国免费数字频道有望很快步入盈利阶段（见图15）。

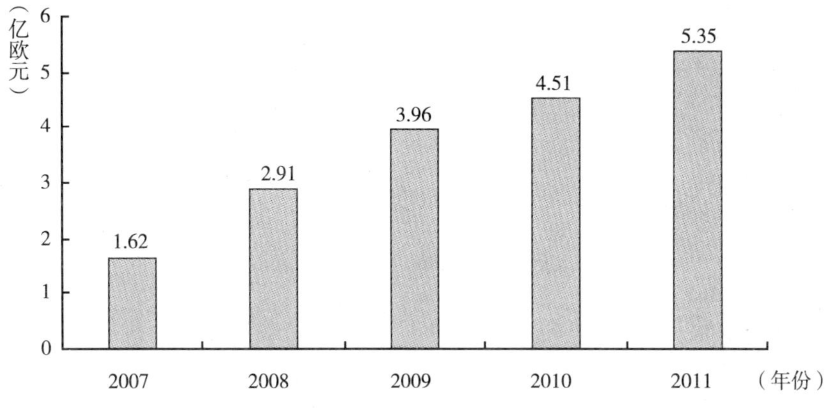

图14　2007～2011年法国电视业收入情况

资料来源：综合 *Données 2009 de la Television*、*L'économie des Chaînes en 2010*、*Bilan Financier de L'annee 2011 des Chaines Nationales Gratuites*，法国高等视听委员会CSA，www.csa.fr。

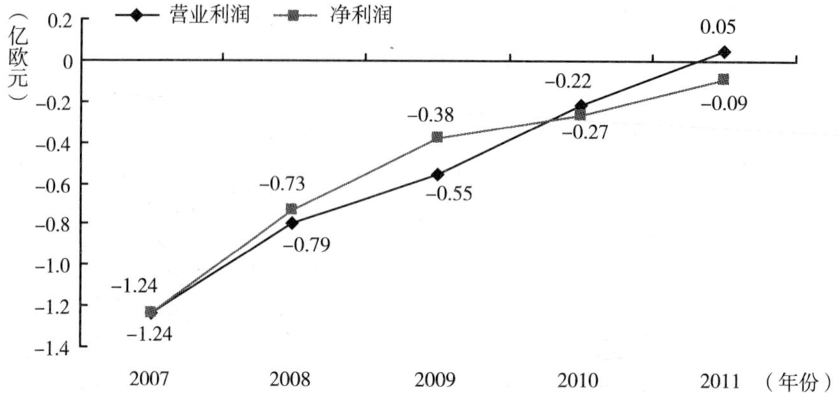

图 15　2007～2011 年法国电视业利润情况

资料来源：综合 *Données 2009 de la television*、*L'économie des chaines en 2010*、*Bilan Financier de L'annee 2011 des Chaines Nationales Gratuites* 法国高等视听委员会 CSA，www. csa. fr。

（四）网络电视：网络视频用户激增

1. ADSL 用户量

2012 年，通过 ADSL 观看电视的法国用户有 1370 万人，较 2011 年增加 151 万人，增幅 12. 4%；在 ADSL 网络用户中的份额较 2011 年增加 4 个百分点，至 62. 4%（见图 16）。

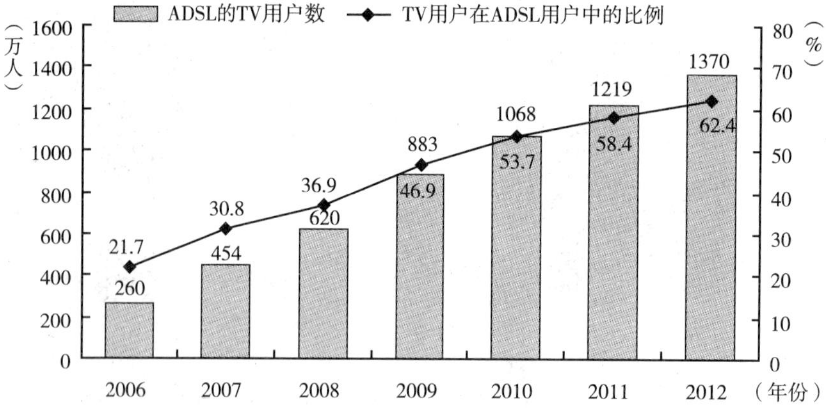

图 16　2006～2012 年法国通过 ADSL 观看电视的人数及比例情况

资料来源：综合法国电信管理局（ARCEP）2006～2011 年年报和 2012 年第四季度报告，www. arcep. fr。

2. 网络视频观看情况

2012 年，法国 3210 万网络用户至少上网观看了一个视频，半年增长 8%。从访问情况来看，排名前三的网站分别为 Youtube、Facebook 和 Daily Motion（见表 6）。①

表 6　2012 年法国视频网站独立访问量排行情况（前 14 位）

排名	网站名称	独立访问量	排名	网站名称	独立访问量
1	Youtube	24329000	8	Orange	3178000
2	Facebook	10413000	9	Aufeminin-com	3168000
3	Daily Motion	9708000	10	Msn, WindowsLive	2798000
4	TF1, Wat	8215000	11	M6	2250000
5	France Televisions	4429000	12	Yahoo!	1887000
6	Google	4361000	13	Tele Loisirs	1818000
7	Canal +	3290000	14	L'é quipe	1311000

资料来源：*Les Chiffres Clés de L'audiovisuelfrançais*，法国高等视听委员会 CSA，www. csa. fr。

3. 社交电视（Social TV）：新兴电视媒体，展现强大发展潜力

所谓"社交电视"，即将社交媒体同电视进行无缝结合，让电视成为社交媒体的重要终端。作为新兴的电视媒体，社交电视的发展离不开社交网络的功劳，庞大的社交网络用户是社交电视发展的必备条件。目前，3000 万法国人至少是一家社交网络的会员（见图 17）。据媒体计量学院最新数据，2012 年 12 月，80% 的电脑用户、75% 的手机网络用户和 90% 的平板电脑用户访问过社交网站。

社交网络的兴起和流行、媒体互动性的增强迫使电视这一本来单向传播的媒体不得不改变，以适应新的时代环境。社交电视的出现给传统电视带来了新的机遇，它让身处不同地点的观众得以共享、讨论电视节目，很好地迎合了年轻群体的胃口，有着较为坚实的群众基础。随着三网融合的深入，社交电视也将越来越普及。74% 的法国网民表示，他们在看电视时会同时打开"第二屏

① *Les chiffres clés de l'audiovisuelfrançais*，法国高等视听委员会 CSA，www. csa. fr。

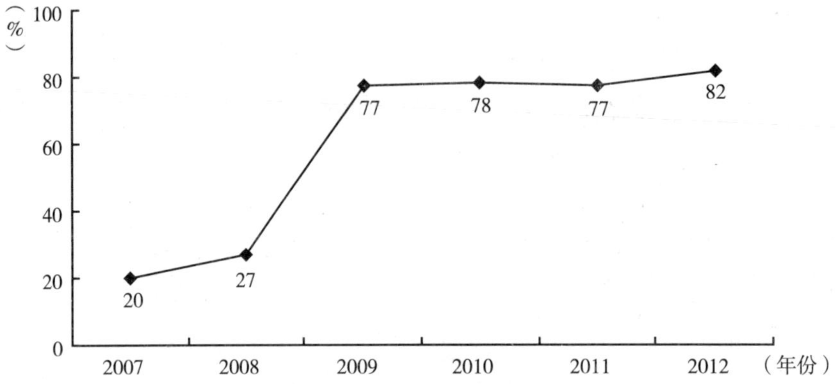

图17　2007～2012年法国至少注册一家社交网站的网民比例情况

资料来源：市场研究公司媒体计量学院（Médiamétrie），www. mediametrie. fr。

幕”，参与网络互动；60%的法国网民看电视时会同时使用智能手机，46%的使用平板电脑，41%的使用电脑等。[①]

2012年，法国社交电视的发展经历了三件大事。2月25日，法国最大付费频道Canal+直播第37届恺撒奖颁奖晚会，全程8万条推特（Twitter）参与；3月12日，TF1电视台《法国好声音》（The Voice）直播决赛，14.6万条推特参与；5月2日，TF1和France2台直播第二轮总统竞选辩论，推特参与量达到50万条。这三项数据标志着法国社交电视开始真正兴起。

在法国，与社交电视相结合的社交网络除了脸谱网（Facebook）、推特、My Space、Google+等美国网站，还有法国本土电视台推出的社交网页、博客、论坛、追赶电视网站（如TF1电台的My TF1）等。目前，法国最流行的社交电视节目是每周六晚BBC World Wide针对法国的节目《与明星共舞》（Danse avec les stars），节目主持人和观众通过脸谱网、推特、My TF1等社交网络进行对话，观众也可以通过上述网站观看电视节目。

4. 追赶电视：移动终端的追赶电视消费量及份额增长明显

2012年，观看网络视频的法国人达到3370万人，人均每月观看91个视频，花费时间约5小时。其中15～24岁年轻人观看最多，人均每月观看视频

① 法国高等视听委员会，www. csa. fr。

191 个，观看时间是平均时间的两倍。[1]

根据法国高等视听委员会的报告显示，2012 年，法国利用追赶电视回看电视节目的观众人数继续增加，达到 1600 万人，较 2011 年增加 150 万人，增幅 10.3%（见图 18）。

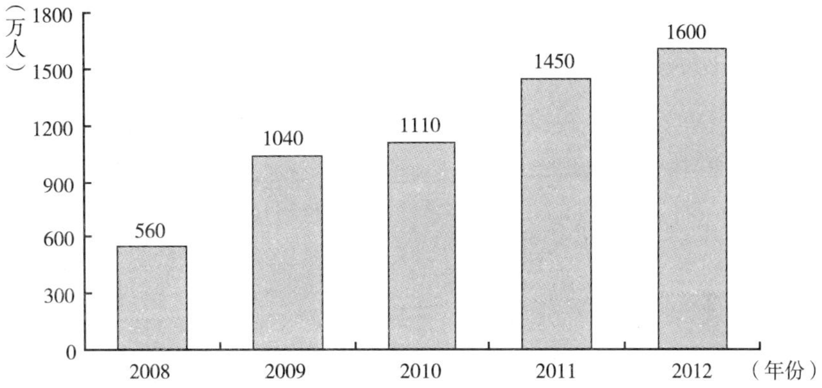

图 18　2008～2012 年法国至少观看追赶电视一次的人数

资料来源：市场研究公司媒体计量学院（Médiamétrie），www. mediametrie. fr。

2012 年，法国免费频道平均每月提供 13200 小时的节目用于追赶，其中 31.9% 的节目是 7 天内的（约 4200 小时），1.7% 的节目是两周内的，2.6% 的节目是当月的，63.8% 的节目是一月以上的（约 8400 小时）。时效结构与 2011 年基本持平（见图 19）。

2012 年，法国网络视频消费量达 25 亿个，即 690 万个/天。这些视频的消费渠道包括电脑（58.3%）、电视（28.5%）和包括手机及平板电脑等在内的移动终端（13.2%）。

从消费的节目类型来看[2]，娱乐节目的消费量最大，占 31% 的份额，其次为电视剧，占 29.5%，再次为新闻，占 9%（见图 20）。

2012 年，67.2% 的法国 15 岁以上网络用户观看追赶电视，较 2011 年增长 6.7 个百分点。41.9% 的网络用户至少每周看一次。日观追赶电视的网络用

① 法国居民生活调研中心，www. credoc. fr。

② 此处统计将直播节目的数据也包含其中，是对所有网络视频消费情况的分析。

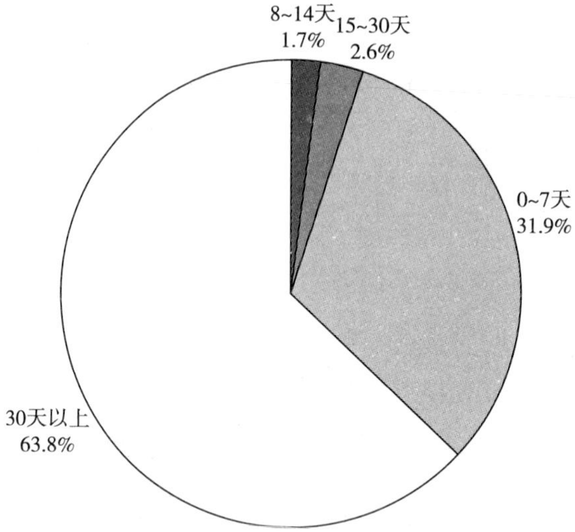

图 19　2012 年法国追赶电视节目时效结构

资料来源：法国国家电影中心（CNC）2012 年年度报道，www. cnc. fr。

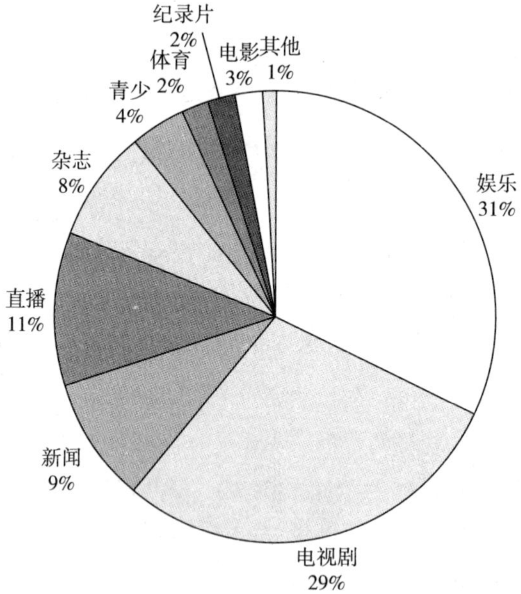

图 20　2012 年法国追赶电视节目类型的市场份额

资料来源：法国国家电影中心（CNC）2012 年年度报道，www. cnc. fr。

户份额仍然较小，但已较2011年增加1.9个百分点，至7.9%。免费追赶电视的收入主要包括两个部分，广告收入和运营商的投入。2012年，法国免费追赶电视广告收入4500万欧元，较2011年增加1500万欧元，增幅33.3%。

5. 视频点播：电脑视频点播的数量和收入迅速增长

2007年，法国视频点播服务（Video On Demand，VOD）开始发展。截至2012年2月，已有68个服务提供商。

2011年，41680种视频可供法国人点播，较2010年增加3127种，增幅8.1%。其中，电视节目占可点播视频的50.4%，较2010年下降4.3个百分点；成人节目占25.9%，较2010年增加3.6个百分点；电影占67.5%（见图21）。

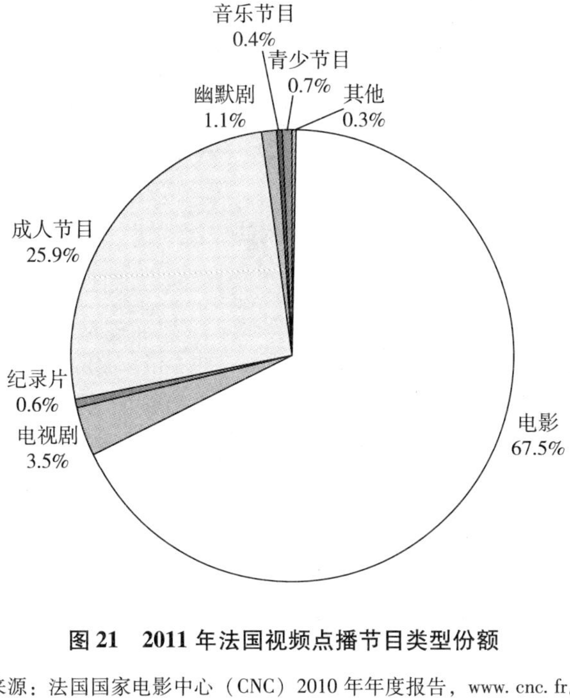

图21　2011年法国视频点播节目类型份额

资料来源：法国国家电影中心（CNC）2010年年度报告，www.cnc.fr。

根据NPA委员会统计，2011年，法国视频点播市场收益2.20亿欧元，较2010年增长61.8%。其中，通过IP电视点播的数量较2010年增长12.3%，收入增长22.0%。而通过电脑点播的数量较2010年增长74.2%，收入增长20%（见图22）。

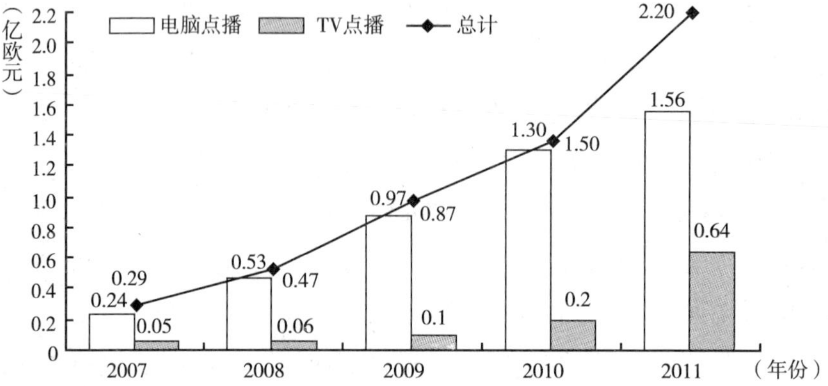

图 22　2007～2011 年法国视频点播服务收入情况

资料来源：法国国家电影中心（CNC）2010 年年度报告。

三　新媒体产业政策

（一）数字化路线图：为年轻人提供更多机会

2013 年 2 月 28 日，法国让·马克·艾罗总理在“2012 年欧洲数字化战略”所定目标的框架内，提出了法国政府数字化路线图。① 这份路线图旨在实现以下三个目标：（1）通过推进数字化建设，为年轻人提供更多的就业机会；（2）利用数字化提高企业的竞争力；（3）在社会建设和数字经济领域推动法国价值的实现。主要措施包括：（1）2013 年新学期伊始，政府将为教师、学生及学生家长提供一系列新的数字化工具、教材以及教学服务；（2）两年内，政府将为 15 万名教师提供有关新媒体教学技术的职业培训；（3）“法国数字化大学计划”将于 2013 年夏季前启动，该计划旨在向公众提供职业培训的网络课程，利用数字化手段发展教育；（4）法国政府将在 15 所城市划定或者创建“地方性数字化城区”，以此提高法国在数字化领域的创造性和多样性；

① 原文来自于法国经济振兴部（www. redressement-productif. gouv. fr），译文参见柳一辰编译的文章《法国政府推出数字化路线图》，http://intl. ce. cn/specials/zxgjzh/201303/08/t20130308_24180690. shtml。

(5) 法国数字经济部将建立一个“数字化计划实验室”，拟通过与地方政府紧密合作，推动数字化工具的研发；(6) 法国政府将为中小型企业(PME) 及中等规模企业(ETI) 提供3亿欧元的贴息贷款，以提升其竞争力；(7) 利用十年时间，建成覆盖法国全部家庭的超高速宽带网络；(8) 向法国民众提供“数字化公共场所”(Espaces Publics Numériques)；(9) 法国司法部和内政部将成立一个专门的工作小组，与数字经济部合作，共同研究制定出更加有效的法律法规，并努力提高公民在互联网问题上的安全意识。

(二) 数字出版：新税收，新技术标准

法国一般出版物及物理终端上的数字出版物享受5.5%的增值税优惠，而在线出版和发售的数字图书则需交付19.6%的增值税，其成本较享受优惠政策的出版物高出14个百分点，大大阻碍了数字出版物的发展。这与法国近年来的文化产业发展目标相违背。因而，2011年5月26日通过的有关数字图书价格的法案对包括物理终端和在线出版在内的数字出版物的定价方案和税收减免措施进行了新的规定，该法案已于2012年1月开始实施。2012年，法国文化和艺术资产最高委员会(CSPLA) 对电子阅读器的系统进行了规范，将EPUB定为阅读器的技术标准。

(三) 网络提速：光纤网络计划

截至2012年底，法国光纤到户的用户人数为31.5万人，比2011年增加了11.8万人，增长率为60%。尽管如此，法国FTTH的渗透率仍只占互联网市场的1%，在欧洲排名较为落后，为第18位。①

为扭转这一落后局面，法国政府宣布实行“光纤网络计划”，计划在未来十年内投资200亿欧元(每年20亿欧元) 用以发展光纤网络，到2017年底保证法国50%的家庭装上超高速网络从而刺激经济增长。法国总统奥朗德认为，高速和超高速网络的发展能提供更多工作岗位，刺激经济的发展和提升法国的商业竞争力。与前任总统萨科齐的计划不同的是，奥朗德政府计划中的资金将

---

① 综合法国电信管理局(ARCEP) 2012年第四季度报告，www.arcep.fr。

由政府和电信运营商共同出资。其中，用于人口稀少地区的超高速网络投资为60亿欧元，这部分资金由中央和当地政府出资；用于人口密度适中的地区投资为70亿欧元，由政府和私营电信运营商共同出资；在巴黎等人口密度较大的市区也将投资70亿欧元，不过由于该投资回报率高，资金将全部由电信运营商出资。

（四）互联网数据：探讨征税的可能性和必要性

2013年1月，法国财政部与经济振兴部联合发布了《数字经济税收制度专题报告》（以下简称为《报告》）。[①]《报告》提出建立适应数字经济发展的税收制度，对跟踪搜集用户数据的互联网公司征收数据税。其目的在于通过对数字经济征税，促进本土数字经济有效发展，组织数字经济红利分配，通过数字经济发展拉动其他经济发展，加强个人数据保护。

《报告》指出，数字经济发展所创造的附加值并没有转化为国家财政收入。当前的税收制度并不适应数字经济的发展，因而数字经济附加值中相当部分得以由大国领土转向避税港公司设立的账户，而不受到任何惩罚。

《报告》同时指出，个人数据是数字经济中的关键资源，然而数据的收集利用靠的是“免费劳动”。用户由于享受服务，变成了企业的准合作者及志愿者，为企业收集数据作出贡献，在不同的商业模式下创造了价值，却没有得到报酬，但相关企业并不通过税收回报在该国领土上用户的免费劳动。

因此《报告》认为，“谁使用谁付费”。长期来看，应确立向数字经济企业在领土内实现利润征税的权利；短期来看，建立与利用常规系统跟踪用户活动数据相联系的税收制度，其核心在于加强个人数据保护，对不合规的个人数据收集使用行为征税，而对于合规个人数据收集使用行为减税或免税。

---

① 蔡雄山：《法国探讨征收互联网数据税》，http：//news. xinhuanet. com/info/2013 －04/10/c_132297429. htm。

美国新媒体发展概况

李 冰*

一 美国信息产业总体发展概况

（一）产业现状

根据美国普查局（UCB，US. Census Bureau）未调整①的统计数据来看，2012 年，美国信息产业（Information Industry）② 的总收入为 12048.24 亿美元，比 2011 年增长了 439.75 亿美元，涨幅达到 3.8%（见表 1）。

表 1 2004～2012 年美国信息产业季度收入一览

单位：百万美元，%

年份	第一季度	第二季度	第三季度	第四季度	年收入	年增长率
2004	223675	233241	232983	246201	936100	—
2005	236033	244136	244711	255856	980736	4.8
2006	245182	254735	255745	271401	1027063	4.7
2007	257973	265739	267325	281304	1072341	4.4
2008	270217	277643	277604	282885	1108349	3.4
2009	261948	266881	265508	280622	1074959	-3.0

* 李冰，北京交通大学语言与传播学院，讲师。

① 美国普查局数据分为未调整数据（Not Seasonally Adjusted）和调整后数据（Seasonally Adjusted）两种，调整手段主要是根据季节性波动（非价格因素）进行调整，本文中所涉及的数据均为未调整数据。

② 美国信息产业（Information Industry）的 NAICS 代码为 51。NAICS 为北美地区统一使用的北美产业分类体系（The North American Industry Classification System）的简称。根据 NAICS 分类，美国新媒体产业（New Media Industry）基本属于信息产业。关于更多 NAICS 指标的介绍见 www. census. gov/eos/www/naics。

续表

年份	第一季度	第二季度	第三季度	第四季度	年收入	年增长率
2010	267483	274697	276055	291990	1110225	3.3
2011	277885	289552	288862	304550	1160849	4.6
2012	290131	297462	296119	321112 *	1204824	3.8

注：＊表示该数据为初步估计。

资料来源：美国普查局（UCB，US. Census Bureau），http：//www.census.gov/services/qss/historic_data.html。

从2004～2012年的整体发展走势来看，美国信息产业收入基本呈现上涨态势。除2009年受到全球金融危机的影响全美信息产业呈现负增长（－3.0%）外，其余各年份增长均超过3%。与2011年相比，2012年美国信息产业增长趋势有所放缓，鉴于2012年第四季度的数值仅是初步估计数值，还要等待确切的数据披露后才能得到最终的结论。

从各季度收入情况来看，2012年第四季度最高，达到3211.12亿美元，占美国信息产业全年收入的26.7%，但各季度差别不是很大。具体到各产业来看（见表2、表3），主要呈现以下几大趋势。

1. 传统出版业（非互联网）收入继续下滑，图书出版下滑居首位

除软件出版外，2012年美国传统出版业（NAICS 511）呈现明显下滑态势，数字技术带来的挑战显露无遗。具体来看，2012年传统出版业总收入2695.66亿美元，比2011年下滑1.6%。其中，图书出版（NAICS 5111pt）下滑幅度最大，将近10%；报纸产业（NAICS 51111）紧随其后，下滑达到3.4%；杂志产业（NAICS 51112）的下滑幅度则位居第三，达到1.6%。与报业、书籍等传统出版业近些年的颓势相比，软件出版业（NAICS 5112）2012年收入达到了1569.74亿美元，尽管上涨幅度没有2011年明显，但年增长率仍然达到了1.2%。

2. 电影和音像制品收入有所增加

2012年，全美电影和音像制品产业（NAICS 512）共收入973.12亿美元，比2011年增加了1.6%。从数据来看，2012年电影和音像制品产业的表现比2011年略微好转，这说明尽管网络电视、视频点播等新技术的发展对传统电影行业带来了巨大的冲击，但随着IMAX、3D等追求更高视觉享受的技术在

表 2　2010～2011 年美国信息产业总收入估算一览表

单位：百万美元，%

2007 NAICS 编码①	产业类型	2012 年						2011 年					
		收入					增长率	收入					增长率
		第四季度	第三季度	第二季度	第一季度	年收入	2012～2011	第四季度	第三季度	第二季度	第一季度	年收入	2011～2010
51	信息产业	321112	296119	297462	290131	1204824	3.8	304550	288862	289552	277885	1160849	4.6
511	出版产业(非互联网)	73788	64759	66632	64387	269566	-1.6	73287	68199	68051	64365	273902	3.1
51111	报业出版	8548	7762	8056	7675	32041	-3.4	8618	8092	8453	8001	33164	-4.4
51112	期刊杂志出版	10288	9380	9684	9535	38887	-1.6	10349	9967	9739	9448	39503	2.9
5111pt	书籍、目录、邮寄清单、其他印刷品②	10650	11122	10012	9880	41664	-9.7	10925	13145	11352	10724	46146	-2.2
5112	软件出版	44302	36495	38880	37297	156974	1.2	43395	36995	38507	36192	155089	6.6
512	电影和音像制品	27458	23071	23620	23163	97312	1.6	26763	23862	23694	21443	95762	0.7
515	广播电视产业(非互联网)	32466	30055	30243	29021	121785	8.0	29809	27158	28640	27178	112785	4.9
5151	无线传输广电	15761	14465	13853	13635	57714	10.0	14361	12220	12965	12921	52467	0.2
5152	有线电视和其他	16705	15590	16390	15386	64071	6.2	15448	14938	15675	14257	60318	9.3
517	电信产业③	144138	139266	X	X	X	X	X	X	X	X	X	X
5171	有线电信运营商	77772	75923	X	X	X	X	X	X	X	X	X	X
5172	无线电信运营商(卫星除外)④	58178	55442	54527	53938	222085	6.3	53842	52443	51754	50893	208932	6.9
517pt	其他电信产业	8188	7901	X	X	X	X	X	X	X	X	X	X
518	数据处理、托管及相关服务	22806	21610	21536	20544	86496	6.7	20546	20397	20459	19689	81091	6.5
519	其他信息服务⑤	20456	17358	X	X	X	X	X	X	X	X	X	X

注：（1）P 代表数据为初步估计（Preliminary estimate）；（2）①NAICS 为北美地区统一使用的北美产业分类体系（The North American Industry Classification System，NAICS），从 2012 年开始使用 NAICS（2007），更多 NAICS 指标介绍见 http：//www. census. gov/eos/www/naics/；②这部分数据包括 NAICS 51113（图书出版），51114（目录和邮寄清单）以及 51119（其他印刷品）；③这部分数据指标与 2002 年相比变动较大，涵盖了原本属于 518111 的“互联网服务提供”等内容；④这部分数据指标涵盖了移动互联网络；⑤519 其他信息服务数据主要来自互联网相关产业，如数字出版、网络电视等。

资料来源：美国普查局（UCB，US. Census Bureau），http：//www. census. gov/services/index. html。

表 3　NAICS 指标体系 2007 版部分更改内容一览（信息产业领域）

2007 NAICS 编码	2007 版 NAICS 内容	2002 NAICS 编码	2002 版 NAICS 内容
517110	有线电信运营商	517110	有线电信运营商
		517510	有线及其他程序分配
		518111	互联网服务提供商（宽带服务提供商，如 DSL）
517210	无线电信运营商（卫星除外）	517211	传呼服务
		517212	手机及其他无线通信
517919	所有其他电信产业	517910	其他电信产业
		518111	互联网服务提供商（因特网服务提供商）通过客户提供的通信连接提供相应服务
519130	数字出版、网络广播电视和网络搜索门户	518112	网络搜索门户

资料来源：美国普查局（UCB，US. Census Bureau），http：//www. census. gov/cgi-bin/sssd/naics/naicsrch？chart＝2007。

电影行业逐渐得到普及和应用，不少观众正在重新回归院线，大银幕带来的独一无二的视觉体验仍然拥有不可小觑的市场。

3. 传统广电产业收入增幅扩大，开路电视表现亮眼

2012 年，美国传统广电产业（NAICS 515）① 年增长率达到 8%，年收入达到 1217.85 亿美元，占到信息产业总收入的 10.1%，总体表现优于 2011 年。从数据来看，借助无线传输技术的开路电视产业（NAICS 5151）一改近年来持续下滑的颓势，上涨率达到 8%，年收入达到 577.14 亿美元。与开路电视的亮眼表现相比，有线电视和其他相关产业（NAICS 5152）的表现则稍显逊色，没有能够延续 2011 年将近 10% 的上涨势头，2012 年年增长率仅为 6.2%，产业总收入为 640.71 亿美元。

美国媒体与通信行业著名顾问企业 SNL Kagan 公司的调查数据显示，全美

① 2009 年 6 月 12 日，美国完成了地面电视信号从模拟向数字的全面转换。因此，这里所说的传统广电，并非模拟电视时代的概念，而是与互联网电视等新型产业模式相区分的说法。根据美国普查局的区分标准，美国广电分为 Broadcasting（except Internet）和 Internet Broadcasting 两种，而归属于电信产业（Telecommunications）的相关内容产业，也有单独的界定。具体 NAICS 指标介绍见 http：//www. census. gov/eos/www/naics/。

多频道订户数2012年第四季度及2012年全年均有小幅上涨，扭转了2012年第二、第三季度的下滑趋势。2012年，美国多频道电视订户总数没有太大的波动，基本保持在1亿。[①] 对美国多频道电视订户2011年的表现进行分析可以发现，传统广电产业在数字媒体技术的冲击下，前景不容乐观。具体表现为有线电视订阅持续下滑，IPTV、卫星用户上涨势头不变。

如表4所示，全美数字有线电视订户持续下滑，2012年第四季度环比减少41.8万户，同比减少166万户。与2010年第四季度相比，则减少了347.2万户。与有线电视订户数不断下滑的颓势相比，直播卫星电视（Direct Broadcast Satellite，DBS）用户数则不断增多。2012年环比增加11.7万户，同比增加28.8万户，与2010年同时段相比，则增加了78.4万户，呈现出全面上涨态势；Telco[②] 用户数也同样呈现明显的上涨趋势，表现明显优于有线基础订户。

表4　2010～2012年美国电视订户情况一览

单位：千户

	2012年第四季度环比增加量	2012年第四季度同比增加量	2012年第四季度比2010年第四季度增加量
有线基础订户	-418	-1660	-3472
直播卫星(DBS)订户	117	288	784
Telco订户	352	1418	3016
合　计	51	46	328

资料来源：SNL Kagan，*US multichannel video subscriber universe eked out a gain in 2012*，[2013-05-12]. http://www.snl.com/InTheMedia.aspx，本文作者略有修改。

4. 电信产业稳中有升，整体表现可圈可点

2012年，美国普查局开始使用NAICS 2007指标作为最新的产业分类依据，更多相关产业被划入了电信产业旗下。与使用了多年的NAICS 2002相比，NAICS 2007对诸多新兴产业进行了更为合理的划分。由于最新的统计数据还

① SNL Kagan，"US multichannel video subscriber universe eked out a gain in 2012"，http://www.snl.com/InTheMedia.aspx.

② Telco即为美国IPTV的代表。

有部分缺失，因此在这里主要通过2012年第三季度和第四季度的相关数据来对美国电信业2012年的情况进行分析。

2012年，全美电信业（NAICS 517）第四季度收入为1441.38亿美元，占到信息产业2012年第四季度总收入的45%，与2011年相差不大。从增长速度来看，2012年全美电信业环比增加3.5%，表现稳中有升。其中有线电信运营商（NAICS 5171）第四季度收入为777.72亿美元，环比增长2.4%，无线电信运营商（NAICS 5172）第四季度收入为581.78亿美元，环比增长4.9%，其他电信产业（NAICS 517pt）第四季度收入为81.88亿美元，环比增长3.6%。

从数据看来，无线通信产业在美国呈现出稳中有升的发展势头，其中备受瞩目的移动互联产业，将在无线通信产业部分进行详细阐述。

5. 数字出版、互联网电视等新兴产业发展势头良好，继续保持高速增长势头

从表3的类目修改说明可以清楚地看出，行业分类最大的变动出现在以网络出版、网络广电、网络服务提供、网络搜索门户以及其他信息服务等为主的新兴产业领域，NAICS 2007将这些新兴产业统一归入其他信息服务类目（NAICS 519）。从具体收入情况来看，仅2012年第四季度该领域环比增长达到17.8%，总收入达到204.56亿美元，表现出强劲的增长势头。

不可否认，随着数字技术的普及，传统出版、广电等行业正在面临巨大的冲击，2012年12月26日，美国《新闻周刊》宣布停止出版印刷版，此后全部改为数字出版，正式宣告了该刊近80年的印刷出版历史的终结。2013年3月，美国莱彻曼研究集团（Leichtman Research Group）发布的报告显示，2012年38%的美国家庭至少拥有一台接入互联网的电视机①，通过网络收看视频正在成为一种普遍的现象。YuMe 和 Frank N. Magid Associates 的研究则指出，45%的美国消费者打算在来年购置新的电视，特别是互联网电视来替换他们的老电视机。

6. 电子商务表现亮眼，涨幅大大超越实体零售业

2012年，美国电子商务零售业取得了不错的成绩。整体来看，电子商务

① http://www.snl.com/InTheMedia.aspx. http://www.leichtmanresearch.com.

零售业全年实现两位数的增长，大大超越实体零售业的增长幅度。

美国普查局数据（见表5）显示，2012年，美国电子商务（E-commerce）销售总额达2243.75亿美元，较2011年增长了16.3%；其中2012年第四季度电子商务销售额为595.45亿美元，环比增长4.4%，同比增长15.5%。数据显示，受价格及便捷性的双重影响，越来越多的消费者倾向于网络购物，电子商务市场仍有相当巨大的潜力可供开发。

表5　2010～2012年美国电子商务销售情况一览

单位：百万美元，%

年份	销售额		电子商务/总额(%)	环比增长		同比增长	
	总额	电子商务		总额	电子商务	总额	电子商务
2012	4344813	224375	5.2	/	/	5.1	16.3
第四季度	1104646	59545	5.4	1.4	4.4	4.5	15.5
第三季度	1089884	57051	5.2	1.3	4.2	4.9	17.7
第二季度	1075859	54750	5.1	0.1	3.2	4.6	15.8
第一季度	1074424	53029	4.9	1.6	2.9	6.3	16.3
2011	4135779	192911	4.7	/	/	7.7	16.4
第四季度	1057581	51551	4.9	1.8	6.3	7.0	16.4
第三季度	1039170	48474	4.7	1.0	2.5	8.3	14.3
第二季度	1028666	47294	4.6	1.8	3.7	7.8	17.0
第一季度	1010362	45592	4.5	2.2	3.0	7.7	17.9
2010	3839927	165770	4.3	/	/	5.8	16.2
第四季度	988181	44272	4.5	3.0	4.4	6.9	17.5
第三季度	959581	42419	4.4	0.6	4.9	4.5	16.1
第二季度	954246	40424	4.2	1.7	4.6	6.5	16.6
第一季度	937919	38655	4.1	1.5	2.6	5.1	14.7

注：（1）该数据为美国普查局根据季节性波动（非价格因素）进行调整后的公开的数据；（2）本统计涉及的电子商务（E-commerce）指的是产品或服务均为在线销售，购买者是否通过网络支付不影响对电子商务本身的认定。

资料来源：美国普查局（UCB，US. Census Bureau），http：//www. census. gov/retail/。

（二）并购情况

美国信息产业的并购（Mergers and Acquisitions Transaction）主要分为财政性并购（Financially Transaction）和战略性并购（Strategic Transaction）两大类。

2013 年 1 月，美国著名投资银行 Berkery Noyes① 发布的研究报告指出，从交易金额来看，2012 年全美信息产业涉及的并购交易金额为 1535.3 亿美元（见表 6），比 2011 年减少了 178.8 亿美元，整体下滑 10%。从交易数量来看，2012 年共发生 3412 起并购交易，比 2010 年增加了 95 起，增长了 2.9%。其中有 465 起属于财政性并购，剩下的 2947 起均为战略性并购。②

表 6　2010～2012 年美国信息产业并购情况一览

年份	交易金额		交易量			
	总金额（亿美元）	增长率（%）	财政性（起）	战略性（起）	总量（起）	增长率（%）
2010	1180	/	346	2454	2800	/
2011	1714.1	45.3	413	2904	3317	18.5
2012	1535.3	－10	465	2947	3412	2.9

资料来源：Berkery Noyes，www.berkerynoyes.com，2013－01。

二　美国互联网及通信产业发展概况

（一）产业现状

1. 固网基础设施及用户概况

从用户规模来看，根据国际电信联盟（International Telecommunication Union，ITU）③ 的统计，截至 2012 年，全美互联网用户已经占到当年总人口

① Berkery Noyes Investment Bank，美国著名投资银行，创办于 1980 年，在信息产业等领域占有领先地位。官网：www.berkerynoyes.com。

② Berkery Noyes Investment Bank，"MEDIA& MARKETINGINDUSTRY-Full Year 2011：Mergers and AcquisitionsTrend Report"，（2012－01－03）［2012－06－11］. http：//www.berkerynoyes.com/publication/trend-report/2011/full-year/media.aspx.

③ 以下均简称"国际电联"，该机构是联合国负责国际电信事务的专门机构，是世界上历史最悠久的国际组织。其前身为根据 1865 年签订的《国际电报公约》而成立的国际电报联盟。由于世界银行的数据截至 2011 年，经过比较两家数据差别不大，为了保证数据的时效性，本次统计采用国际电联统计数据。

的 81.03%。[①] 如图 1 曲线显示，从 2000 ~ 2012 年，全美每 100 位居民中的固定宽带用户比例以及互联网使用率均呈现明显的上涨趋势。进一步来看，2012 年美国互联网使用率比 2011 年增长了 4%，固定宽带用户比 2011 年增长了 2.5%。

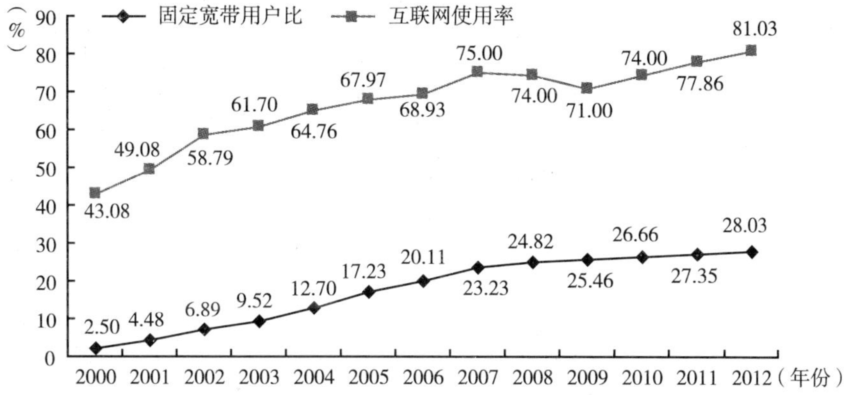

图 1　2000 ~ 2012 年美国互联网用户变化趋势

资料来源：国际电联（ITU）。

2. 无线通信基础设施及用户概况

根据美国无线通信与互联网协会（CTIA-The Wireless Association）的统计数据（见表 7），截至 2012 年 12 月 31 日，美国无线通信用户已经达到 3.265 亿[②]，而当年美国总人口仅为 3.15 亿[③]，人均拥有手机 1.04 部。从业务增长情况来看，2012 年，美国无线通信用户比上一年增长了 10.5 百万，涨幅达到 3.3%，比 10 年前（2002 年）增长了 132%。

---

① 截至 2013 年 7 月 1 日，全美人口总数为 316159375，具体数据见美国普查局官网，http://www.census.gov。国际电联统计数据来自国际电联官网，http://www.itu.int/en/ITU-D/Statistics/Pages/stat/default.aspx。

② CTIA，"CTIA Semi-Annual Wireless Industry Survey"，[2012-06-11]. http://www.ctia.org/advocacy/research/index.cfm/AID/10316.

③ 统计时间截至 2013 年 1 月 1 日，全美人口数据见美国普查局官网，http://www.census.gov/popest/data/national/totals/2012/index.html。

表7　2000～2011 年全美无线通信产业发展状况一览

年份	无线用户总数（百万）	全年总收入（百万美元）	基站数量①（个）	平均月账单（美元）	平均通话时长（分钟）
2000	109.5	52466	104288	45.27	2.56
2001	128.4	65316	127540	47.37	2.74
2002	140.8	76508	139338	48.40	2.73
2003	158.7	87624	162986	49.91	3.07
2004	182.1	102121	175725	50.64	3.05
2005	207.9	113538	183689	49.98	3.00
2006	233.0	125457	195613	50.56	3.03
2007	255.4	138869	213299	49.79	N/A
2008	270.3	148084	242130	50.07	2.27
2009	285.6*	152552	247081	48.16	1.81
2010	296.3*	159930	253086	47.21	1.79
2011	316.0*	169767	283385	47.00	1.78
2012	326.5	185014	301779	48.73	1.80

注：（1）＊表示该数据经过修正；N/A 表示数据无法获得；（2）①表示以个人通信服务（PCS，Personal Communications Service）或无线蜂窝系统为基本单位；（3）统计数据均截至 2012 年 12 月 31 日。

数据来源：CTIA。

从基站数量来看，2012 年全美无线通信基站超过 30 万个，比 2011 年增长了 18394 个，涨幅为 6.5%，基站增长趋势有所放缓。

从用户平均月账单来看，与不断增加的投资相比，近十几年来，无线通信用户的月账单变化不大。2000 年，美国用户每个月需要交纳 45.27 美元，到了 2012 年平均月账单为 48.73 美元，如果算上 10 年来的通货膨胀系数，涨幅几乎可以忽略不计。同时从数据中可以看出，从 2008 年开始，用户平均月账单开始呈现出小幅的下降趋势，但 2012 年下滑趋势改变，这可能是因为随着智能手机应用的逐渐普及，用户花在手机上的费用也开始逐渐增加。

从平均通话时长来看，2000～2006 年呈现出增加趋势；2007 年数据缺失，从 2008 年开始，用户平均通话时长逐渐减少，2011 年仅为 1.78 分钟，但 2012 年平均通话时长有所增加，达到 1.80 分钟。

从收入来看，2012 年美国无线通信产业全年总收入达到 1850.14 亿，占全美信息产业总收入的 15.4%（信息产业数据见表 2）。

根据美国无线通信与互联网协会的统计（见表8），截至2012年12月31日，全美智能手机总数为1.52亿部，占到无线用户总数的46.6%，这一数字比2011年增加了35.7%，表现出强劲的增长势头。而拥有平板电脑、笔记本电脑等新媒体设备的用户数虽然远远少于智能手机用户，但也同样呈现出逐渐上涨的趋势。

表8　2009~2012年全美无线用户设备一览表

年份	无线用户总数（百万）	平板电脑、笔记本电脑等设备总数（百万）	智能手机总数（百万）
2009	285.6*	12	50
2010	296.3*	14	78
2011	316.0*	20	112
2012	326.5	22	152

注：（1）*表示该数据经过修正；（2）统计数据均截至2012年12月31日。

资料来源：CTIA。

（二）并购情况

根据美国著名投资银行Berkery Noyes发布的研究报告，从交易金额来看，2012年全美网络及移动产业（Online and Mobile Industry）涉及的并购交易总金额为660亿美元（见表9），比2011年减少了110亿美元，降幅达到14.3%。其中最大的一笔交易是Facebook以7.15亿美元收购了Instagram。

表9　美国网络及移动产业并购情况一览

单位：亿美元，起

年份	交易金额				交易量			
	财政性	战略性	总金额	增长率	财政性	战略性	总量	增长率
2010	/	/	430	/	160	1242	1402	/
2011	/	/	770	79%	204	1437	1641	%
2012	135.1	524.9	660	-14.3%	230	1690	1920	%

资料来源：Berkery Noyes，www.berkerynoyes.com。

从交易数量来看，2012年网络及移动产业共发生1920起并购交易，比2011年增加了279起，涨幅为17%。其中有230起属于财政性并购，涉及金额达到135.1亿美元，剩下的1690起均为战略性并购，交易金额为524.9亿美元。

进一步比较后发现，从2010～2012年，不论从成交金额还是成交数量上，战略性并购都远远超过财政性并购。2012年，财政性并购与战略性并购的成交金额比达到1:4，而成交量比则接近1:7，由此可见，近些年来，战略性并购始终处于领先地位。

从2012年排名前十的并购个案（见表10）来看，不论是甲骨文公司（Oracle Corporation）并购人才管理云服务商Taleo个案，还是IBM收购人力资源管理服务商Kenexa的举动，都表明这些大型技术公司对新技术的关注。

表10 2012年美国网络与移动产业十大并购案

交易时间	被并购方	并购方	交易金额(百万美元)
2012-05-22	Ariba, Inc.	SAP America, Inc.	4402
2012-02-09	Taleo Corporation	Oracle Corporation	1805
2012-08-21	SuperMedia Inc.	Dex One Corporation	1477
2012-10-22	Ancestry. com	Permira	1435
2012-11-08	Kayak. com	Priceline	1364
2012-08-27	Kenexa Corporation	IBM	1218
2012-06-25	Yammer, Inc.	Microsoft Corporation	1200
2012-07-03	M * Modal	One Equity Partners	1055
2012-03-12	Tudou Holdings Limited	Youku Inc.	1007
2012-04-09	AT&T Advertising Solutions and AT&T Interactive	Cerberus Capital Management	950

资料来源：Berkery Noyes。

从并购的具体产业类型来看，2010～2012年，软件托管服务（SasS/ASP）、网络营销及搜索（E-marketing & Search）和电子商务产业（E-commerce）的并购数量均有所上涨，其中电子商务领域的并购上涨幅度最大，而数字内容产业（E-content）和通信产业（Communications）的并购数量略有下滑。① 这说明随着移动互联技术的快速发展，电子商务领域正在成为下一轮并购的主力。

① Berkery Noyes Investment Bank，"ONLINE & MOBILE INDUSTRY-Full Year 2012：Mergers and Acquisitions Trend Report"，（2013-01-01）［2013-07-01］. http：//www.berkerynoyes.com/publication/trend-report/2012fy/online.aspx.

（三）发展趋势

2013年2月，美国著名市场调查公司ComScore发布了《2013年美国数字前景聚焦报告》和《2013年移动前景聚焦报告》。在这两份报告中，ComScore基于几大互联网监测市场数据以及手机市场的相关数据，对2012年美国互联网市场（含手机、移动互联市场）的整体发展走势进行了回顾，并对社交媒体、搜索、在线视频、数字广告、移动和电子商务领域中的流行趋势和发展前景进行了细致的分析和展望。①

1. 随着商业模式的逐步建立和财政收益的增加，社会化媒体市场开始步入成熟期

美国的社交网站使用量仍将由Facebook继续主导，用户每在这类网站上花费6分钟，就有5分钟分配给Facebook。2012年Facebook首次公开募股（IPO）的成功标志着社交网站的成熟，也标志着社交网站未来发展重点开始转向构建强大的商业模式和货币流。包括LinkedIn、Yelp、Zynga和Groupon在内的多家社交媒体公司2012年也在公开市场引发了一些波澜。与此同时，以Twitter、Tumblr、Pinterest和Instagram（已被Facebook收购）为代表的多家令人瞩目的社交媒体公司也都实现了强劲的用户增长，并且开始加强创收力度。

2. Google在搜索领域的地位仍然无人撼动，但必应（Bing）的份额正在增长

2012年，谷歌仍在美国搜索引擎市场占据绝对优势，份额达到66.7%（见图2）。值得关注的是，必应已经超过Yahoo，成为全美排名第二的搜索引擎。与垂直搜索和移动平台的快速发展形成鲜明对比的是，基于电脑桌面的核心搜索市场首次显示出停滞的迹象。

3. 随着消费者的平台黏度降低，在线视频开始抢夺电视广告预算

从消费角度来看，美国在线视频市场也表现出成熟的迹象。而随着

---

① ComScore, "2013U. S. Digital Future in Focus", (2013-02-22) [2013-07-01]. http://www.comscore.com/Insights/Presentations_and_Whitepapers/2013/2013_Mobile_Future_in_Focus.

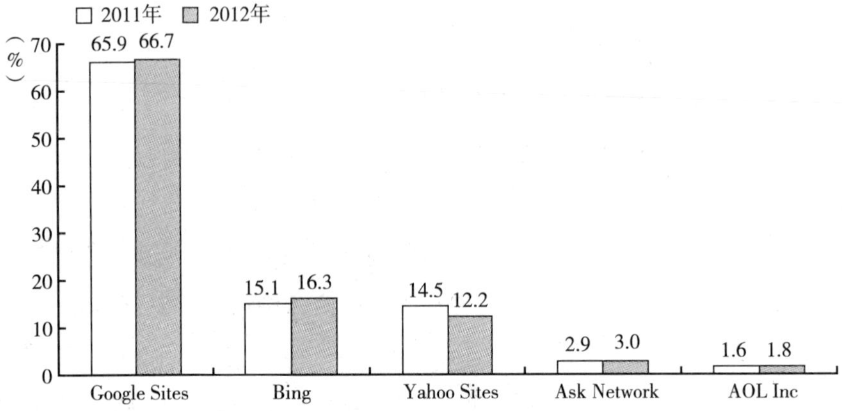

图 2　美国搜索引擎市场格局

资料来源：ComScore，2013－02。

YouTube 广告业务的加强，传统媒体也从中找到了获利的渠道，因此二者的商业化进度正在加快。随着在线视频广告投放精准度的提升，影响力大的视频广告对播出渠道的需求已经远远超出了广告位的供给，因此在线视频广告仍将继续增长。

4. 数字广告提升了出版业和电视业针对所投放的广告资金提出问责的可能性

2012 年通过互联网进行展示的广告量接近 6 万亿次，究其原因主要是品牌营销者越来越看好能够提供较高投资回报率（ROI）的媒介。尽管展示量如此之高，但 ComScore 的研究却显示，平均 30% 的广告从来都没有进入用户视野，造成了巨大的浪费，降低了推广活动的效果，还产生了很多造成供需不平衡的糟糕广告位，甚至压低了 CPM（千人成本）。以“看得见的展示量”为标准进行持续部署，市场可以借助“数字稀缺模式”在商业化措施与广告位所创造的价值之间实现更好的协调。

5. 智能手机和平板电脑在多平台数字媒体领域开疆辟土

2012 年可以被称为美国智能手机发展的里程碑。这一年，全美智能手机渗透率超过了 50%，用户数量比 2011 年增加了 29%，超过 1.25 亿。与此同时，平板电脑也在继续发展，截至 2012 年 12 月，美国平板电脑用户达到

5240万。智能手机和平板电脑等新媒介正在改变美国用户的媒介使用生态。典型的消费者已经将媒体消费时间分配到诸多屏幕上，呈现出更加“碎片化”的消费形态。ComScore的调查表明，这些新媒介用户的活跃度很高，他们频繁地使用天气预报、地图以及新闻推送等功能。在这个“勇敢的数字新世界”时代，平均每3分钟里就有1分钟是花费在智能手机或平板电脑上的。

从数据（见表11）来看，发短信仍然是智能手机用户最频繁的行为，占到了90.5%；紧随其后的是手机拍照行为，占到83.4%；收发邮件位列第三，为77.8%；查看天气预报（67.1%）和使用社交网络（65.3%）则分列第四、第五位。从平板电脑用户行为来看，排名第一的是网络搜索，占到了73.9%，第二到第四位则分别是收发邮件（73.6%）、使用社交网络（67.5%）、玩游戏（66.3%）和查看天气预报（64.6%）。从这些统计数据来看，智能手机用户和平板电脑用户在使用这两种新媒介上有不少相同之处，但也有一定的区别，这显然和媒介本身的功能有很大的关系，也和用户的使用习惯密不可分。

表11　美国智能手机及平板电脑用户十大行为一览

排名	智能手机用户行为	百分比(%)	平板电脑用户行为	百分比(%)
1	发短信	90.5	网络搜索	73.9
2	拍照	83.4	收发邮件	73.6
3	收发邮件	77.8	使用社交网络	67.5
4	查看天气预报	67.1	玩游戏	66.3
5	使用社交网络	65.3	查看天气预报	64.6
6	网络搜索	58.7	浏览新闻	58.8
7	玩游戏	52.9	使用图片、视频分享网站	51.5
8	使用地图功能	51.2	看书	51.2
9	浏览新闻	49.2	看视频	50.9
10	听音乐	48.0	网上购物	49.8

资料来源：ComScore，2013－02。

具体来看，平板电脑用户的使用行为显然更侧重于搜索类，同时卷入程度也更深，随着电子阅读行为的不断增多，相信未来的平板电脑在人们的媒介使用中会占更大的分量。而通过手机进行搜索，利用平板电脑完成购物也充分体现了用户对这二者区别对待的态度。智能手机显然更方便在“碎片化”的时间里完成迅捷的信息搜索及浏览等前期工作，而需要更多时间和更大屏幕来完成的网上购物行为则大多发生在平板电脑上。

6. 电子商务增长，实体零售受挫，消费者开始尝试移动商务

尽管经济环境仍然存在很大的不确定性，但2012年的电子商务行业却保持了强劲的增长势头。从全年来看，电子商务同比增幅保持15%左右，是实体零售行业的4倍。2012年，美国零售和旅行相关电子商务规模达到2890亿美元，同比增长13%。电子商务仍在和传统零售行业抢夺份额，而移动商务对电子商务行业的影响也在逐渐显现。ComScore估计，2012年第四季度通过智能手机和平板电脑完成的移动商务交易额占到整体电子商务开支的11%。

（四）相关法律法规与政策

1. FCC拟放宽机上互联网服务许可要求

美国时间2012年12月28日，美国联邦通信委员会（Federal Communications Commission，FCC）投票决定将制定新规则，放宽机上互联网服务（in-flight broadband）的许可要求。美国联邦通信委员会声称，通过新规则确立的通信系统将保证不干扰飞行控制标准。在这种系统中，飞机上的天线将与卫星进行通信，而机内的信号传输则要依赖于Wi-Fi等移动技术。美国联邦通信委员会主席朱利斯·吉纳乔斯基（Julius Genachowski）表示：“新规则将有助于航空公司和宽带服务提供商为机上乘客提供高速互联网服务。”①

美国时间2013年5月9日，美国联邦通信委员会再次迈出了重要的一步。该委员会投票表决，将对高通公司（Qualcomm Inc）提议的空对地互联网服务开放频宽着手起草法令。高通公司在提交的报告中说，“与地面对移动宽带的需求一样，客舱移动宽带的需求也正呈现出爆炸式增长”。高通公司请求美国联邦通信委员会为新的使用方式拍卖频段，该公司目前正在促使美国联邦通信

① Jim Wolf, “FCC Clears The Way For In-Flight Internet Deployment In The U. S”, (2012-12-28) [2013-07-01]. http://www.huffingtonpost.com/2012/12/30/fcc-in-flight-internet_n_2377511.html.

委员会开放卫星行业使用的波段。①

美国联邦通信委员会以 4∶0 通过以上计划，包括允许旅行人士在配备无线互联网的飞机上查看 Facebook、电子文档、录像、游戏和音乐等。委员会在对高通公司计划书征求意见时说，其空对地宽带服务将建造 150 ~ 250 个地面基站来传送和接收飞机的信号。航空业者则必须向委员会保证其机上电子设备安全且不会干扰到导航仪或其他设备。在该机构正式批准之前，下一代互联网服务仍然需要再次投票。②

美国联邦通信委员会与美国联邦航空管理局共同制定机上通信规则。自 2001 年以来，美国联邦通信委员会就授权一些公司根据具体情况在飞机上提供互联网服务。

2.《网络中立条例》面临新的挑战

2011 年 11 月 20 日，一年前通过的《网络中立条例》在美正式生效，根据该条例的要求，美国联邦通信委员会有权介入互联网服务提供商（ISP）网络管理领域以及发起针对 ISP 违约问题独立调查的权力。该条例提出了 3 个高级准则，即透明、禁止封堵和禁止不合理歧视。

《网络中立条例》生效后一直面临运营商发起的挑战，2010 年条例刚刚通过，Verizon 及 MetroPCs 公司立即提起诉讼，提出美国联邦通信委员会无权干涉此类问题。但由于新条例当时还未在《联邦公报》进行公布（即还未生效），因此起诉最终被否决了。

2012 年 7 月 3 日，Verizon 和 MetroPCs 公司再次向法庭提出诉请，希望推翻美国联邦通信委员会针对无线和有线网络制定的网络中立原则，这是继去年上诉失败后，运营商发起的最新一轮法律诉讼。

Verizon 和 MetroPCS 在提交的诉请文件中称："在这里，我们再一次申诉，美国联邦通信委员会没有权力强制推行网络中立，插手决定美国经济发展的关

① TODD SHIELDS AND ALAN LEVIN，BLOOMBERG，"FCC commissioners vote to expand availability of airborne Wi-Fi access"，（2013 - 05 - 19）［2013 - 07 - 01］. http：//skift. com/2013/05/09/fcc-commissioners-vote-to-expand-availability-of-airborne-wi-fi-access/.

② 因为美国联邦通信委员会领导层将面临换届。现任主席朱利斯·吉纳乔斯基已于 2013 年 5 月 17 日卸任，目前的主席是汤姆·惠勒（Tom Wheeler），他之前分别担任过美国有线电视协会（NCTA）和美国无线通信和互联网协会（CITA）的主席职务。

键领域，而事实也显示根本没有必要这么做。”

美国联邦通信委员会新闻发言人尼尔·格蕾丝（Neil Grace）表示：“我们期望着在法庭上为开放的互联网原则进行辩护，这种强大而平衡的互联网管理框架，将确保互联网继续蓬勃发展，它也是创新、投资、创造就业机会、公民自由表达的引擎。”①

2013 年 5 月，事情再次发生了戏剧性的变化。MetroPCS 被 T-Mobile 并购后退出了该诉讼，目前就剩下 Version 一家公司站在反抗《网络中立条例》的最前线。

与业界的抵抗情绪相比，美国联邦通信委员会前任主席朱利斯·吉纳乔斯基（Julius Genachowski）则在多个场合坚定不移地表达自己对“网络中立”的支持。2013 年初，他在美国布鲁金斯学会（Brookings Institution）② 发表讲话期间提议为《网络中立条例》增加两项新的规则：一是禁止运营商封锁或者降低合法的网络通信流量；二是强制要求运营商更加开放其通信管理做法。吉纳乔斯基认为，这两个规则对于保持互联网架构的开放性和保证运营商对消费者负责是必要的。

吉纳乔斯基在提议的第一个规则中说，不应该允许运营商支持某些类型的内容或者应用程序，不支持其他类型的内容或应用程序；运营商不得降低提供与他们提供类似服务的互联网公司的通信质量。吉纳乔斯基指出，运营商可以保留管理自己的网络的权利。这些规则没有任何一条阻止运营商在通信高峰期采取措施保证通信量非常大的用户不影响其他人的通信。

---

① Phil Goldstein，Verizon，“MetroPCS take FCC to court again over neutrality rules”，（2012 - 07 - 03）［2013 - 07 - 01］. Fierce Wireless. http：//www. fiercewireless. com/story/verizon-metropcs-take-fcc-court-again-over-neutrality-rules/2012 - 07 - 03.

② 又称布鲁金斯研究所，或布鲁金斯研究院，于 1927 年正式成立，是华盛顿学术界的主流思想库之一，也是美国著名智库。在宾夕法尼亚大学发布的 2012 年智库报告中，布鲁金斯学会被评为全球最有影响力的智库。作为美国著名的综合性政策研究机构，该学会历史悠久，以持自由派观点著称，常被称为“开明的思想库”。学会主要研究社会科学尤其是经济与发展、都市政策、政府、外交政策以及全球经济发展等议题，总部位于华盛顿特区。

吉纳乔斯基把康卡斯特（Comcast）的案例①作为提出第二个新规则建议的推动因素。这个新规则将强迫运营商在自己的通信管理方面更加透明。

3. FCC 继续释放新频谱

（1）FCC 在 5GHz 频段上将开放新频谱供 Wi-Fi 使用

2013 年 3 月 6 日，美国联邦通信委员会（FCC）投票通过了一项建议规则制定通告（*Notice of Proposed Rule Making*，*NPRM*），针对现在政府机构及其他用户使用的 195MHz 的 5GHz 频谱，研究如何将其用于无须申请许可证便可使用的 Wi-Fi 服务。这些频谱投入使用后，美国可用于未授权设备的 5GHz 频谱的总量将增长 35%。②

FCC 透露，释放新的频谱能缓解 Wi-Fi 热点的拥堵现状，并能将网速提升至 1Gbps。但是 FCC 并未给出释放新频谱的日期。

美国允许未经授权的数据设备使用部分 2.4GHz 频段和部分 5GHz 频段。未经授权的数据设备现在使用的是 5GHz 频段中的 555MHz 频谱，该频谱用于短距高速无线网络连接，包括使用 Wi-Fi 的局域网，无线网络服务提供商用于将智能手机、平板电脑、笔记本电脑连接到宽带网络的户外固定宽带收发器。

（2）FCC 移除对 800 MHz 频谱的技术限制

北京时间 2012 年 5 月 28 日下午消息，根据国外媒体报道，近日美国联邦通信委员会移除了对 800 MHz 频谱的技术限制，允许在此频谱上进行 3G 和 LTE 服务部署，从而为 Sprint Nextel 最终在此频谱上部署 LTE 服务开路。此前，FCC 曾限制 800 MHz 频谱只能用作 2G 服务推出。

（3）FCC 要求 Dish network 四年内完成 40% LTE 网络部署

2012 年底，美国联邦通信委员会（FCC）已经针对 Dish network 公司规划的 LTE 网络出台了更多细节条件，作为该公司要求将频谱用于卫星电话服务

---

① 2007 年，全美最大的 ISP 康卡斯特（Comcast）封杀了 P2P 文件分享功能。FCC 试图阻止康卡斯特的这一行为，而康卡斯特最终诉诸法律挑战 FCC 的权威。2010 年 4 月，美国上诉法院裁定康卡斯特胜诉。

② FCC. 5 *GHz Unlicensed Spectrum*（*UNII*），（2012 - 02 - 20）［2013 - 07 - 01］. http：//www.fcc.gov/document/5-ghz-unlicensed-spectrum-unii.

的交换条件。近期批准 Dish 公司提出的豁免条件后，美国联邦通信委员会公布了两份文件，对这些条件进行了更加具体的说明。

根据美国联邦通信委员会的规定，Dish 必须在未来四年内和七年内分别完成其 LTE 网络规划的 40% 和 70%。如果该公司未能在未来四年内完成 40% 的目标，那么他们将必须在未来六年（而不是七年）内完成 70% 的目标。如果该公司无法在规定时间内实现 70% 的目标，那么他们将不得在未部署 LTE 网络的地区提供这类服务。①

4. 美国启动 US Ignite 伙伴项目以开发下一代互联网应用

2012 年 6 月 14 日，奥巴马总统签署了一项使宽带网络、联邦公路和住宅建设更容易的行政命令，据美国白宫称，通过允许企业在高速公路修建期间铺设电缆线路，可使这些建设项目便宜 90%。同时，将分布式云计算、虚拟化网络及对称千兆宽带等新应用进行整合，此举可将美国未来互联网速度提升至目前水平的 250 倍。这只是白宫为改善美国宽带网络所做努力的一部分。美国国家首席技术官托德·帕克（Todd Park）宣布，美国国家科学基金会（NSF）出资 4000 万美元，为研发人员建设“全球网络创新环境”（Global Environment for Network Innovations，GENI）的超高速宽带沙盒。

此外，美国国家科学基金会还推出了“US Ignite”（美国奋起）计划。②这是一项独立非盈利合作项目，有成员组织资助并与合作伙伴协作完成多元化发展战略。为利用比当前网速快 100 倍的最先进宽带网络而推动“下一代应用程序和数字体验”的开发。参与 US Ignite 合作伙伴计划的有 100 多家新创公司③、地方和州政府、联邦政府机构、大学和科技行业主要厂商。US Ignite 计划的目标是，在美国 25 个城市的战略区域研发出至少 60 个新应用，充分利

① Electronista，“FCC restrictions on Dish Network LTE buildout revealed”，（2012－12－20）[2013－07－02]. http://www.electronista.com/articles/12/12/20/limits.mostly.time.related.no.financial.disincentives/.

② US-Ignite，“US Ignite Launches to Catalyze the Next Generation of Internet Applications”，（2012－06－14）[2013－07－03]. http://us-ignite.org/2012/06/us-ignite-launches-to-catalyze-the-next-generation-of-internet-applications/.

③ 包括 Mozilla、Juniper、思科、Verizon、康卡斯特等在内的电信、网络巨头。

用这些网络超高速的特性，所涉及的领域包括医疗、教育、清洁能源、制造、交通以及安全等。医生通过这些超高速网络传输的高清无压缩视频进行远程诊断。

白宫认为，这些新网络和应用程序将“改善为美国人提供的服务并推动就业、促进创新和为美国企业开拓新的市场”。

5. OTT时代两大新兴电视技术Aereo和Hopper获得法院裁决支持

在新旧技术的交界点，我们逐步进入了“OTT”（Over The Top）时代，从字面来看，指的是“机顶盒之上”的时代，从技术层面来看，通常是指内容或服务建构在基础电信服务之上从而不需要网络运营商额外的支持。该概念早期特指音频和视频内容的分发，后来逐渐包含了各种基于互联网的内容和服务。典型的例子有Skype、Google Voice、微信等。

2012年11月，加州一家法庭拒绝了福克斯电视台要求禁止卫星电视网络公司Dish能够自动删除广告视频录像服务的请求。Dish公司此前发明了一种新的多功能数字录像机“Hopper”，该设备可以轻松地让四大电视网络的订阅用户在黄金时段跳过商业广告。福克斯认为后者的这一服务已经严重侵害了自己的权益。

2013年4月1日，美国第二巡回上诉法院驳回了康斯卡特（Comcast）旗下NBC、福克斯、ABC和CBS这几家电视媒体巨头针对网络电视服务公司Aereo的初步禁令请求。据悉，Aereo公司主要通过天线采集免费播出的电视信号，然后利用互联网渠道吸引观众收看，该服务所收取的资费远低于现有有线电视的费用。在这样的情况下，以上这几大广播电视公司纷纷指控Aereo侵犯版权，即在未缴纳版权费的情况下转播各大电视台节目。Aereo方面则表示，公司是为了帮助用户在线自由观看电视节目，他们也完全有权这么做。虽然Aereo的服务目前仅限于纽约市，但该公司计划今年将服务覆盖范围扩大到20多个美国城市。

应该说，以上这两种新兴技术的出现严重打击了传统电视行业的固有商业模式。随着新技术的不断涌现，目前拥有高达600亿美元市场的传统电视广播恐怕即将迎来革命性的变革。外界分析认为，传统电视广播公司可能通过阻止Aereo获得广播信号以及Hopper拦截广告（Hopper目前仅能在录制的电视节目中跳过广告内容）的方式来做出应对。但是，这一做法的负面影响在于，传统电视广播公司将会让没有订阅有线电视的家庭无法再通过接收室内天线和屋顶天线信号的方式观看电视。根据尼尔森市场调查公司的预计，这类家庭用户的数量在全美仍然有1110万户左右。

对于这两个新兴技术的崛起，传统电视广播公司担心这些服务将有可能在未来进一步蚕食自己的观众数量和广告收入。因此，虽然法院已经初步裁定Dish和Aereo胜诉，但这两起案子目前仍处于初级阶段，而最终裁决也可能存在变数。

6. 尼尔森推出收视率测量新指标

（1）尼尔森推出“尼尔森Twitter收视率”

2012年12月，尼尔森宣布与Twitter达成战略合作协议，将从2013年秋天开始在美国电视市场推出基于Twitter聊天内容的收视率标准，并将该标准命名为“尼尔森Twitter收视率”（Nielsen Twitter TV Ratings）。这个新标准主要通过监测在Twitter上对某个电视节目进行讨论的人数、阅读这些讨论的微博用户数等数据，探寻观众的准确人数以及社交电视对电视节目的影响，测量结果将作为尼尔森传统收视率标准的辅助。①

（2）尼尔森试测移动设备流媒体收视率②

美国电视收视率统计机构尼尔森公司（Nielsen）日前表示，在对其新的统计技术进行了为期两周的测试后，公司认为这一技术能够较准确地对在移动设备上播放的流媒体进行监测，并分析出相应的节目收视率。如果这一技术最终能够得到推广，将能填补使用平板电脑和智能手机观看电视节目的收视率盲区。

尼尔森测试的合作对象是Syncbak公司，这家公司的应用目前能为用户提供实时电视节目以及CBS旗下的四家电视台的点播节目（WCBS、WLNY、

① Nielsen, “Nielsen and Twitter Establish Social TV Rating”, (2012-12-17) [2013-02-02]. http://www.nielsen.com/us/en/insights/press-room/2012/nielsen-and-twitter-establish-social-tv-rating.html.

② Nielsen, “NIELSEN AND SYNCBAK COMPLETE TRIAL MEASURING VIEWING ON MOBILE DEVICES”, (2013-06-04) [2013-07-03]. http://www.nielsen.com/us/en/press-room/2013/nielsen-and-syncbak-complete-trial-measuring-viewing-on-mobile-d.html.

KCBS 和 KCAL）。测试结果显示，尼尔森能够成功监测到通过这一应用在移动设备上收看或点播的所有节目量。

CBS 调研部负责人大卫·波特克（David·Poltrack）认为：“随着智能手机和平板电脑的普及，收看电视节目的方式也发生了根本转变，有越来越多的人已经离开了家中的电视机屏幕，这是一个从线性收视向非线性收视的跨越，我们急需获取这部分收视人群信息的办法。”

加拿大新媒体发展概况

姬德强 *

2012年10月30日，在国际通信协会（International Institute of Communications）加拿大渥太华会议上，加拿大产业部部长克里斯汀·帕拉迪斯（Christian Paradis）强调说，哈珀政府将采取有力措施，促进加拿大电信业的竞争、投资和消费："在数字科技的基础上，我们的政府正在帮助创造一个充满兴奋、潜力和转变的未来。随着世界变得更小和更数字化，加拿大必须通过创新科技、挖掘潜力和发挥优势，始终站在世界的前沿。"①

加拿大广播电视与电信委员会的《2013传媒业监测报告》（*CRTC: Communications Monitoring Report 2013*）显示：2012年，全球电信产业收入总额为15340亿美元，而加拿大全国市场仅占其中的3%。即便在北美市场，加拿大的电信收入比例也仅为10%。然而，基于较少的人口基数（2012年全国总人口为3488万，数据来源：世界银行），数字网络科技已经和普通加拿大人的生活紧密相连，75%的加拿大人已经在通过多种渠道使用宽带互联网。基于这一领先世界的新技术普及率，加拿大在新媒体发展方面呈现出多姿多彩的产业化特征。

一　互联网

（一）网络使用稳步增长

根据世界银行公布的数据，加拿大每百人网民比例近五年来持续升高，2012年达到86.8%，固定宽带的普及率也提升到32.9%（见图1）。

---

* 姬德强，中国传媒大学广播电视研究中心编辑。

① "Minister Paradis Highlights Additional Measures to Promote a Vibrant and Competitive Telecom Industry", http://digitaleconomy.gc.ca/eic/site/028.nsf/eng/home.

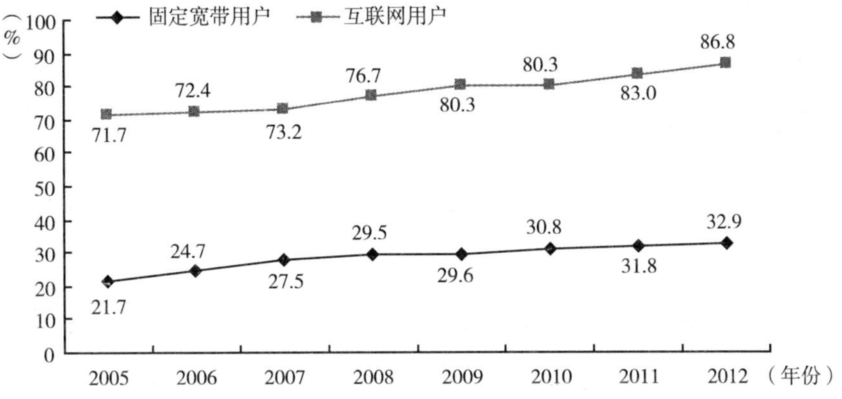

图 1　2005～2012 年加拿大互联网用户渗透率

资料来源：ITU。

加拿大互联网市场的服务提供商大约共有 500 家。近几年来，随着接入互联网渠道的多元化以及带宽的快速提升，加拿大个人和企业互联网注册用户都保持了较稳定的增长态势（见图 2）。

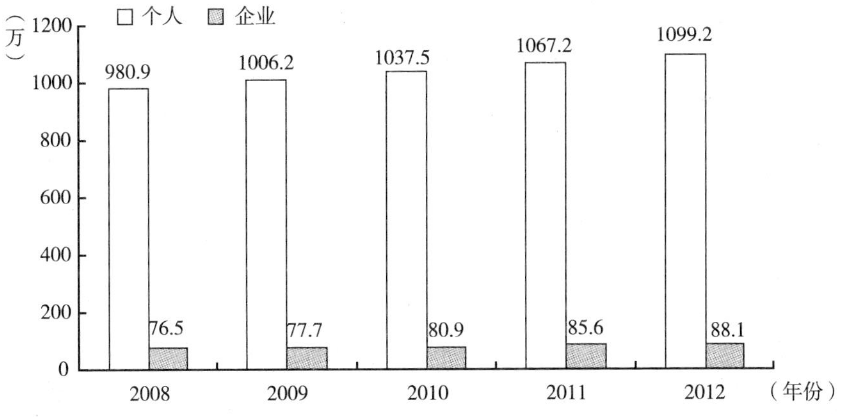

图 2　2008～2012 年加拿大个人和企业互联网用户增长数量

根据加拿大广播电视与电信委员会（CRTC）的统计，在过去的十几年中，加拿大网民的周均在线时长都呈现出稳步增长的态势，而英语网民的上网时间比法语网民明显偏长（见图 3）。

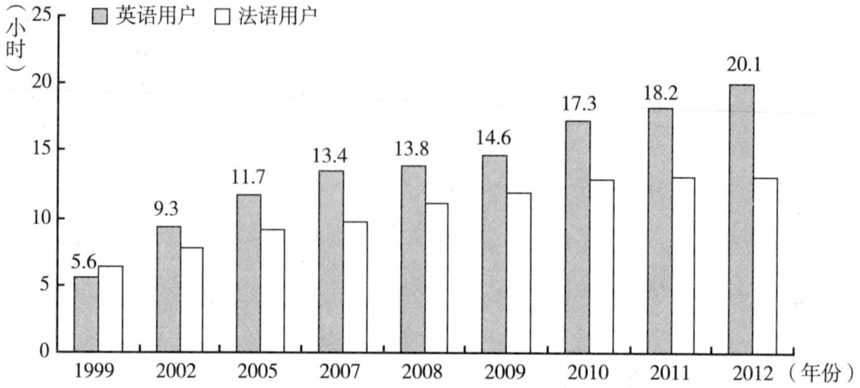

图 3　1999～2012 年加拿大网民每周在线时长变化

（二）接入方式多元

随着数字网络尤其是移动技术的发展，加拿大人上网的方式和渠道出现多元化的趋势。根据 CRTC 公布的调查数据，在八个发达国家中，加拿大在固定宽带普及率方面位列前茅，达到 80% 左右，在移动宽带和移动服务用户方面落后于其他国家，尤其是移动宽带用户比例仅为 42%。而在固定宽带速度方面，加拿大整体表现较高，2012 年第三季度的数据在八个发达国家中排第三名，为 6.7 兆；而在移动宽带速度方面，加拿大排名末尾，2012 年第三季度仅为 1.1 兆，甚至比 2011 年第三季度都低（见图 4～图 6）。可见，在新数字和网络技术普及的前提下，加拿大的服务质量尚有较大的提升空间。

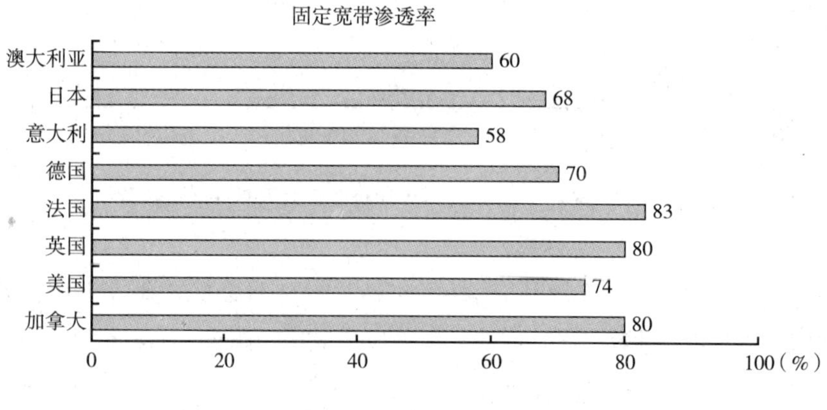

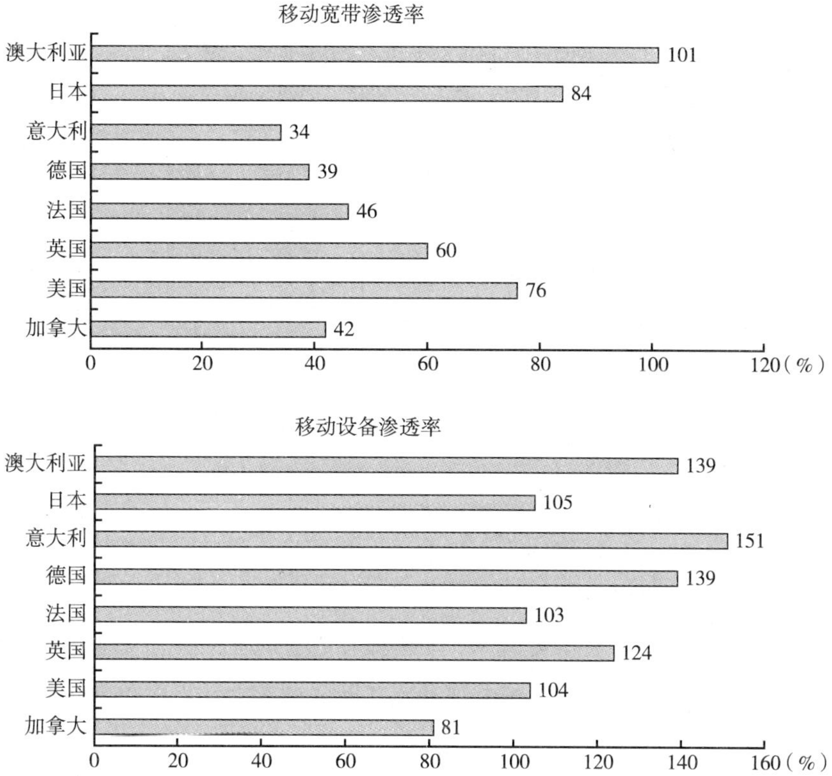

图 4　八个发达国家的宽带和移动服务渗透率

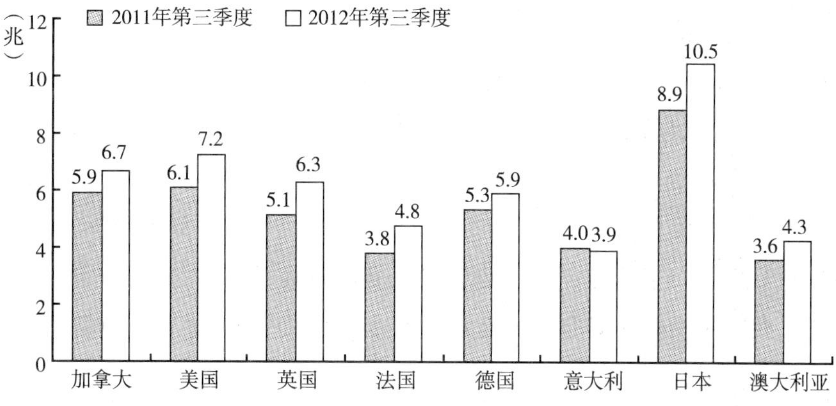

图 5　八个发达国家固定宽带的平均速率

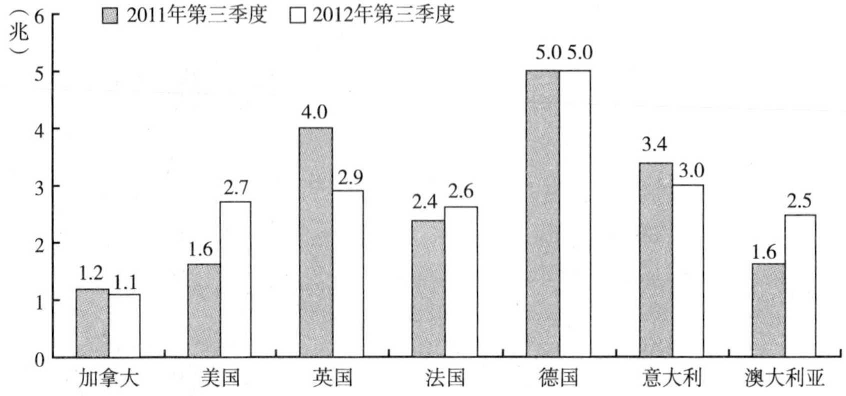

图6　八个发达国家移动宽带的平均速率

（三）网络行为多样化

尽管有着全世界最具创意能力的文化产业集群（比如游戏），但加拿大人长久以来的保守习性，使得新媒体与旧媒体在更替时并未得到大多数人的积极响应。在有关是否同时使用传统电视和互联网的调查中，报以积极回应的被调查者大约为43%（见图7）。换句话说，一半以上的被调查者仍然对以互联网为代表的新媒介平台和终端抱持审慎态度。在加拿大温哥华学习期间，本文作者曾多次受邀访问当地中产阶级家庭。与中国相比，当地家庭空间结构的一个重要特征，就是包括传统电视和新媒体设备都未得到相当的重视，电视不在客厅中间，电脑也被摆在最不显眼的位置，仅仅必要时才作为工具加以使用，而不会存在鲜明的技术和消费主义导向。

加拿大网民的网络行为十分多元。根据加拿大广播电视与电信委员会的《2013传媒业监测报告》显示，排在前八位的功能应用包括：网络视频、Youtube视频、播客、流媒体音频、社交媒体、网络新闻、苹果iTunes和Facebook（见图8）。语言差异方面，英语用户比法语用户在网络使用方面更为活跃；在某些功能使用上差异很大，比如英语用户比法语用户更喜欢从苹果iTunes上下载文件。

值得注意的是，在线收看Netflix视频成为加拿大网民一个增长较快的选择，也凸显了Netflix过去一年来在北美网络视频领域的“攻城略地”。2011年

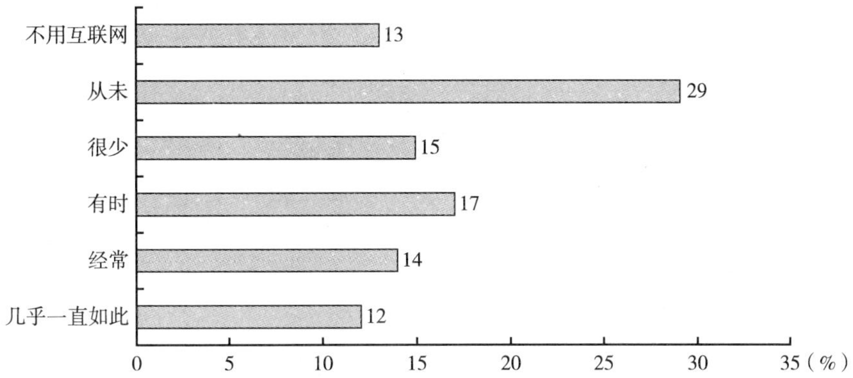

图 7　加拿大人同时使用电视和互联网的比例

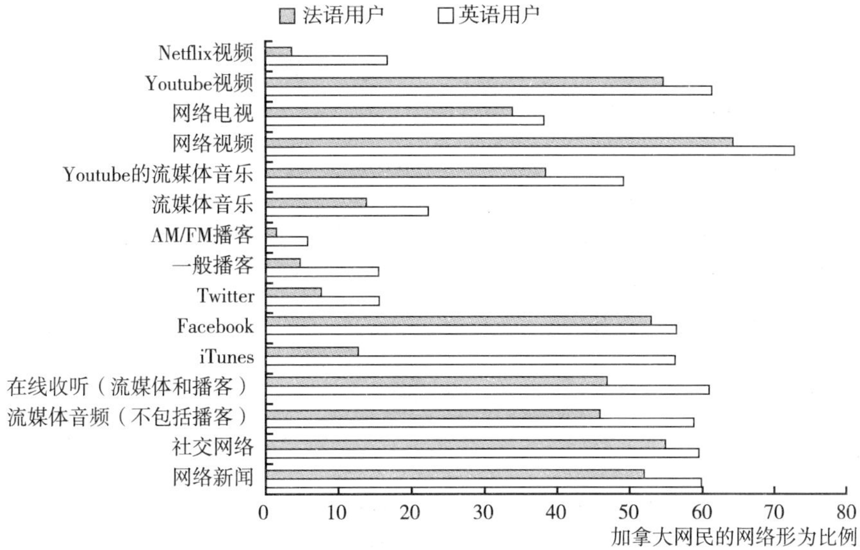

图 8　2012 年加拿大网民的网络行为种类

春季到 2012 年秋季，加拿大网民注册 Netflix 的用户比例呈现大幅度增长，增幅超过 10%（见图 9）。在地区差异方面，阿尔伯塔的 Netflix 用户比例最高，超过 1/4，其次是曼尼托巴和萨斯喀彻温，英属哥伦比亚排名第三（见图 10）。

就互联网电视（internet TV）来说，加拿大网民更偏向于通过电脑收

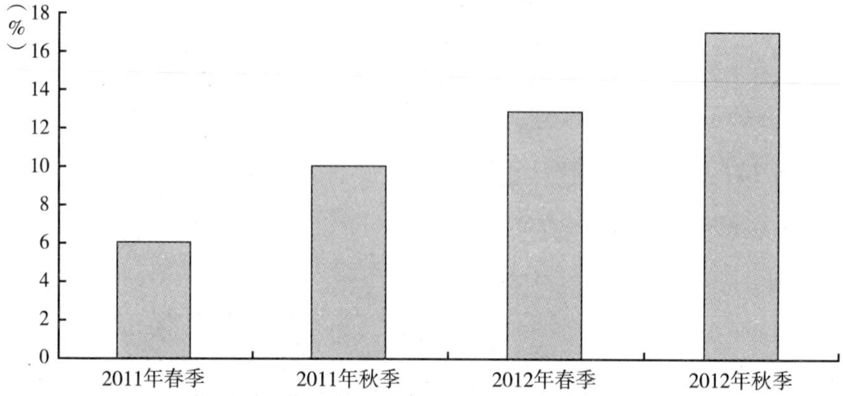

图 9　加拿大人注册 Netflix 的用户数增长

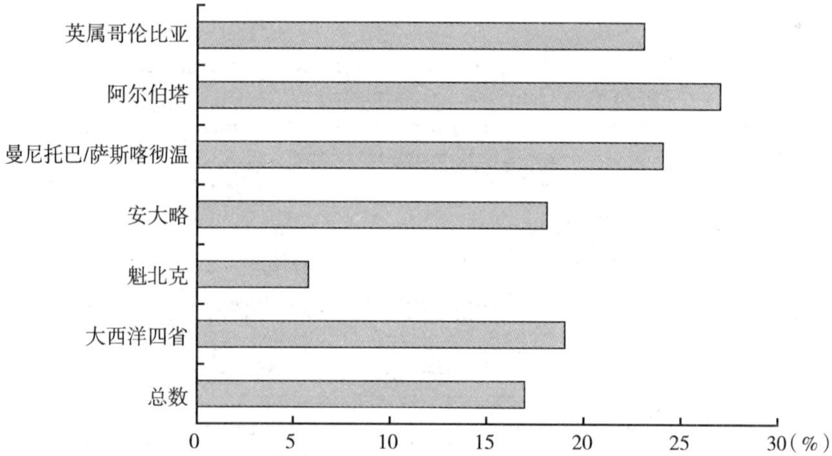

图 10　加拿大各地区注册 Netflix 的用户比例

看，智能手机、平板电脑和联网电视也是选择之一（见图 11）。在数字音频的使用上，加拿大网民更倾向于通过电脑收听流媒体和使用 MP3 播放器，播客、智能手机和卫星广播的喜好度偏低（见图 12）。2008 ~ 2012 年，播客在加拿大英语网民中间受到的关注仅为 15% 左右，而且看似并无增长潜力，在法语网民中的关注度更低（见图 13）。与播客相比，流媒体广播受关注度则保持稳定增长，尤其对于英语网民来说，近两年来已经超过 20%（见图 14）。

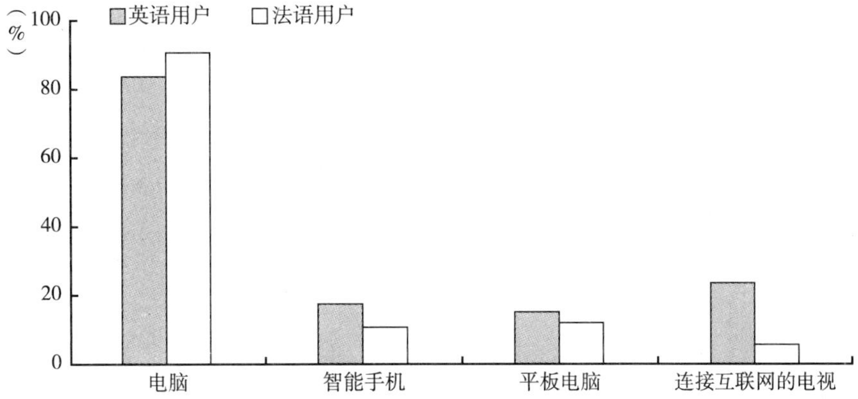

图 11　加拿大人收看互联网电视的方式

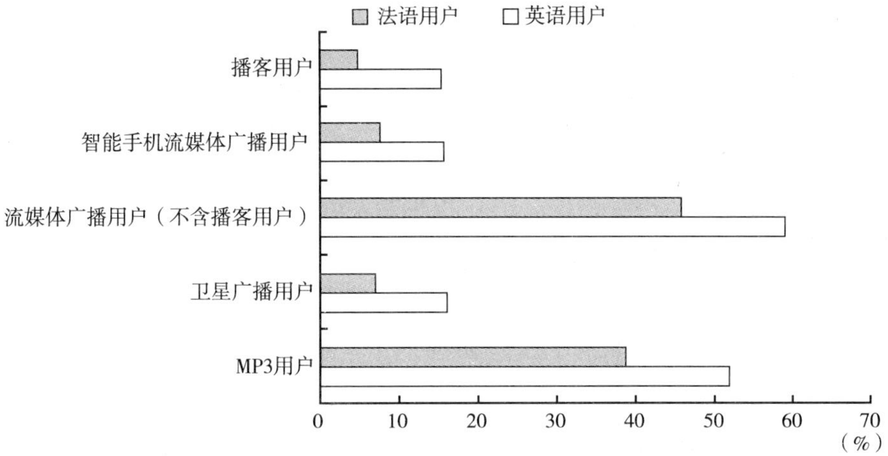

图 12　加拿大网民的数字音频使用方式和语言差异

流媒体服务种类较多，但是 Youtube 及其音乐视频的受欢迎程度最高，达到 80% 以上，其次是流媒体广播和个人化的在线音乐，最后是流媒体卫星广播（见图 15）。

（四）IPTV 增长强劲，但付费电视市场总体萎缩

在互联网电视和移动视频市场高歌猛进的当下，传统付费电视（包括有线和卫星）正在经历持续性低迷，用户数量已经连续三个季度锐减（见

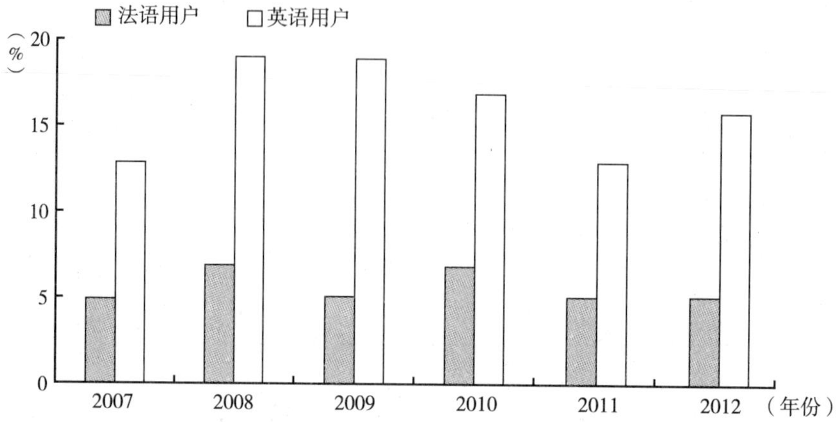

图 13 加拿大“播客”Podcast 的使用情况和语言差异

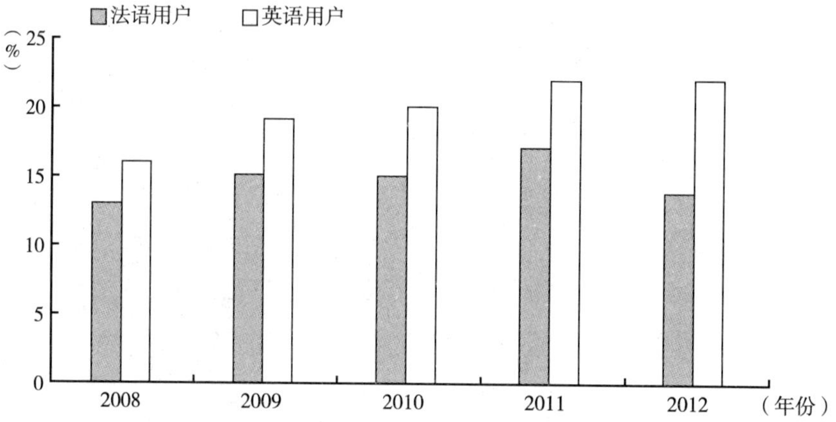

图 14 加拿大流媒体 AM/FM 广播的使用情况和语言差异

图 16）。全球信息分析公司 IHS 的北美电视分析师埃里克·布兰农（Erik Brannon）认为，“对付费电视的发展来说，最具影响力的三个因素是就业、收入和房屋开工率。尽管经济方面出现了积极信号，但加拿大付费电视运营商为了维持视频用户的增长，不得不切断相关服务。”对他们来说，那些“切线族”——仅从互联网如 Netflix 上获取视频——才是真正的威胁。

具体到付费电视的三个类型，2012 年第二季度有线和卫星接入共损失

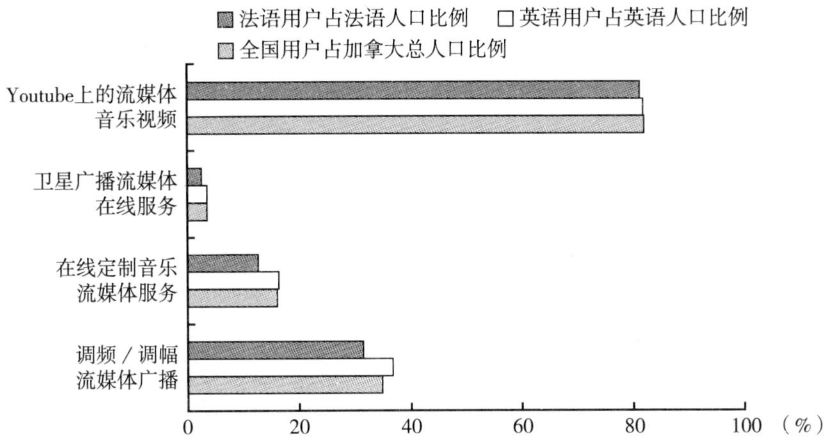

图 15　加拿大流媒体服务种类和比例以及语言差异

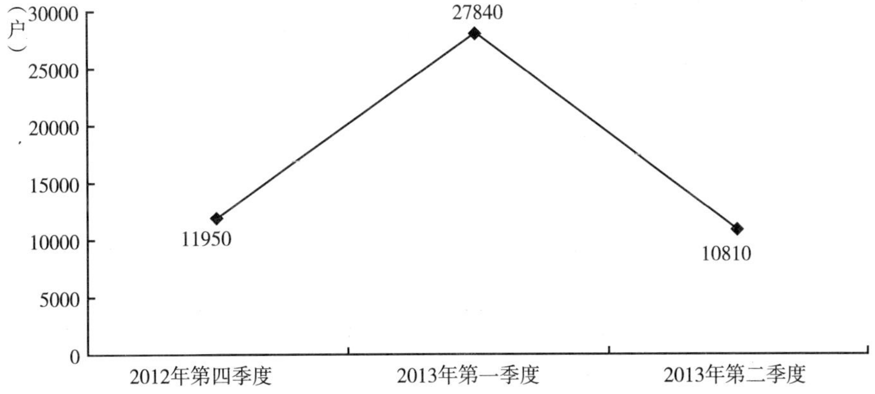

图 16　加拿大付费电视用户季度性减少数量

资料来源：El Segundo，Calif.，Canada Pay-TV Market Shows Maturity in Q2，but IPTV's Star Remains Undimmed，http：//press. ihs. com/press-release/design-supply-chain-media/canada-pay-tv-market-shows-maturity-q2-iptvs-star-remains-un。

108160 户，相反，IPTV 却呈现良好涨势，增加 97360 户（见图 17）。在 IPTV 的强势压制下，有线电视正在经历发展的寒冬。对卫星电视来说，尽管无法实现增长，但是凭借其接入的直接性和便捷性，仍然主导着加拿大广大的农村和边远地区市场。

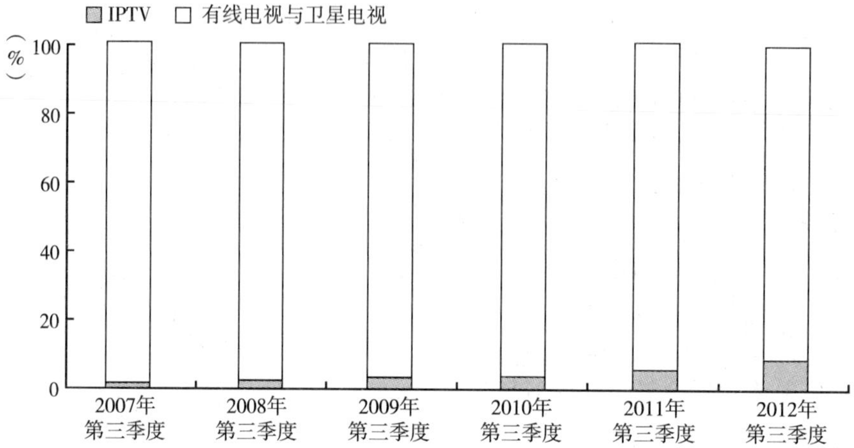

图 17 IPTV 在加拿大付费电视市场的份额变化

资料来源：Erik Brannon，Rise of IPTV Cuts Dominance of Cable and Satellite in Canada's Pay-TV Market，http：//www. isuppli. com/media-research/news/pages/rise-of-iptv-cuts-dominance-of-cable-and-satellite-in-canadas-pay-tv-market. aspx。

二 移动媒体

（一）移动媒体发展迅速：智能手机领衔

根据调查分析机构 comScore 的统计，加拿大移动媒体的普及率接近 50%，与英美等国基本相同，但是与普及率最高的日本仍有 30% 左右的差距（见图 18）。这里的移动媒体包括手机、智能手机、平板电脑等。①

世界银行公布的世界发展指数数据显示（见图 19），加拿大每百人拥有手机数量自 2008 年以来保持稳步的小幅增长，但在 2012 年有所降低，为每百人 76 部。随着智能手机成为连接互联网的重要平台，加拿大智能手机的普及率也呈现大幅增长，2007 ~2012 年间增长近八倍（见图 20 ~21）。18 岁以上加拿大人拥有智能手机的比例已经超过 50%。与此同时，一般功能手机的持有率五年间仅增长了 15% 左右。根据 comScore 公布的数据，自 2011 年起，加

① comScore，2012 Mobile Future in Focus.

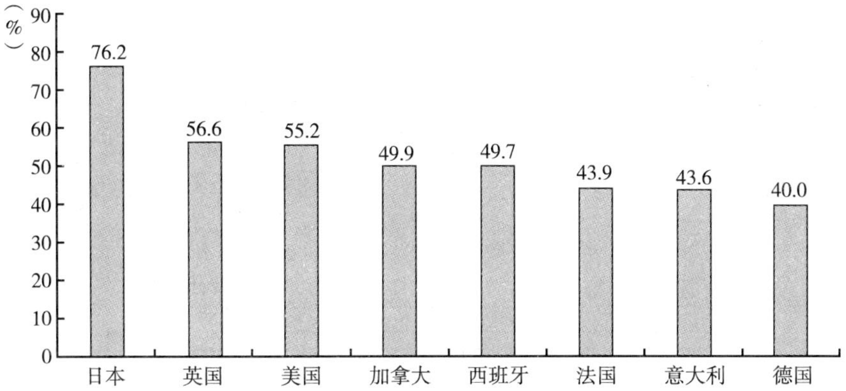

图 18　2011 年加拿大的移动媒体普及率

资料来源：comScore，2012 Mobile Future in Focus。

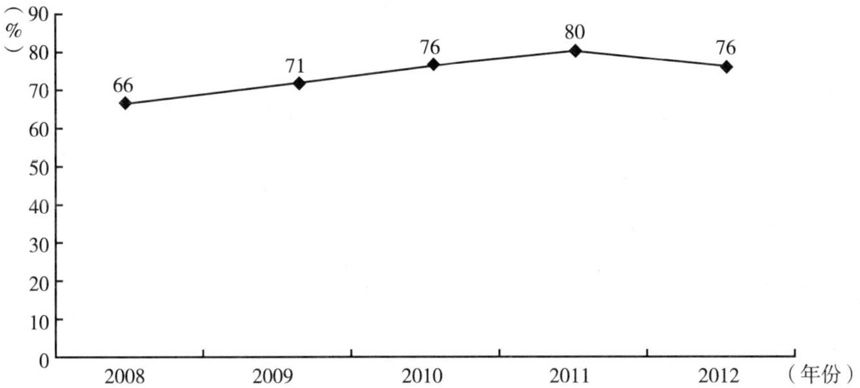

图 19　加拿大手机普及率

资料来源：世界银行。

拿大潜在手机用户的购买目标就从传统手机转向智能手机，[①] 这被称为智能手机发展的一个临界点。从具体地区来看，加拿大智能手机拥有量前三位分别是阿尔伯塔、英属哥伦比亚和安大略（见图 22）。

① comScore，2012 Mobile Future in Focus.

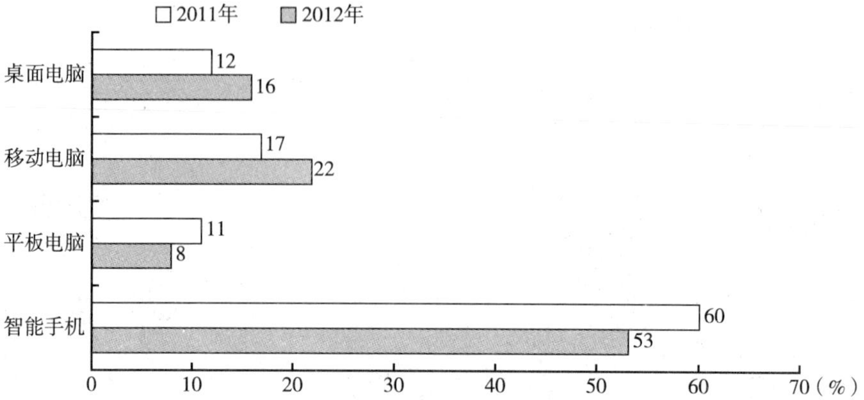

图 20　全球智能连接 Smart Connections 的平台和比例

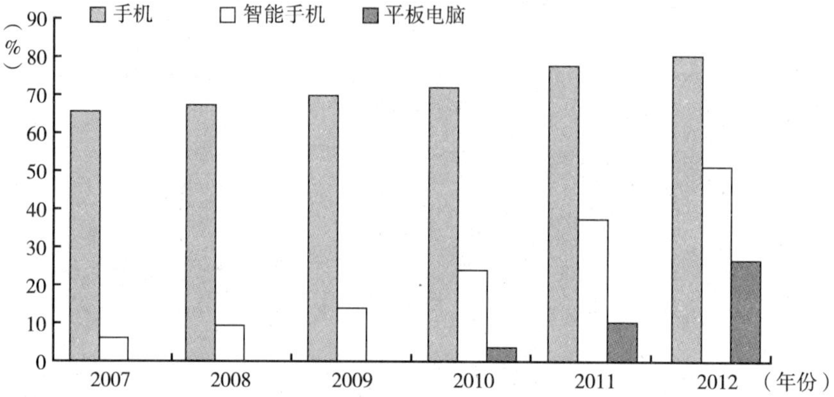

图 21　加拿大移动设备普及情况及年度变化

从功能使用上来看，加拿大智能手机用户更偏向于收发短信、上网、收发邮件、社交网络和阅读网络新闻。与此相比，平板电脑用户更倾向于上网、收发邮件、阅读网络新闻和社交网络（见图 23 ~ 24）。

伴随着苹果 iPhone 手机和 Andriod 平台手机在全世界范围内的扩张，RIM 公司及其旗舰产品黑莓手机正在全球智能手机市场上节节败退。然而，2011 年在加拿大，也仅在加拿人，尽管第二名苹果手机的市场份额与其相差无几，并期待着在稍后几个月中超越黑莓成为市场第一，RIM 公司和黑莓手机仍然维持了智能手机市场第一的地位（见图 25）。

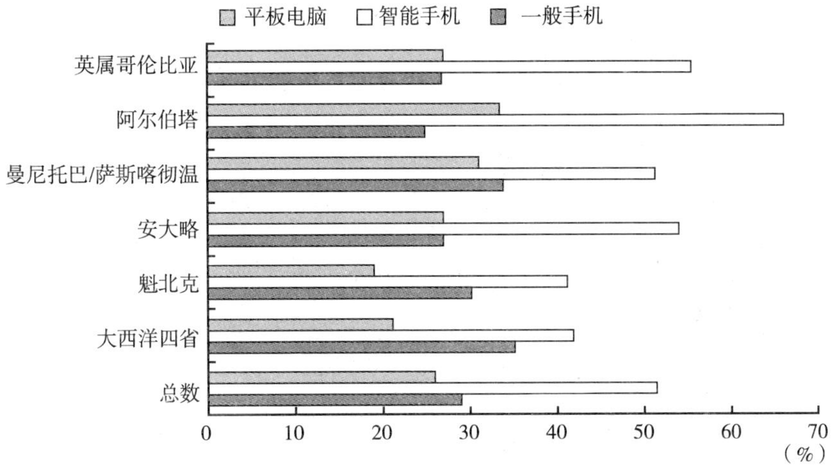

图 22　加拿大地区间移动设备普及率差异

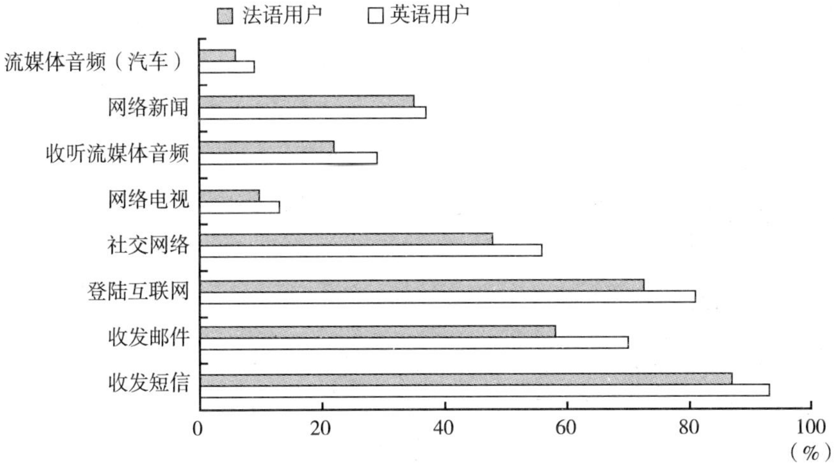

图 23　加拿大智能手机用户的功能使用情况与语言差异

（二）智能手机应用软件（Apps）市场

2012 年，黑莓手机平台还占据加拿大智能手机市场头把交椅，但到了 2013 年，其市场份额就降至 20%，而位于苹果 iOS 和 Google Andriod 之后了（见图 26）。comScore 的分析显示，2013 年 3 月，加拿大智能手机平台主要由

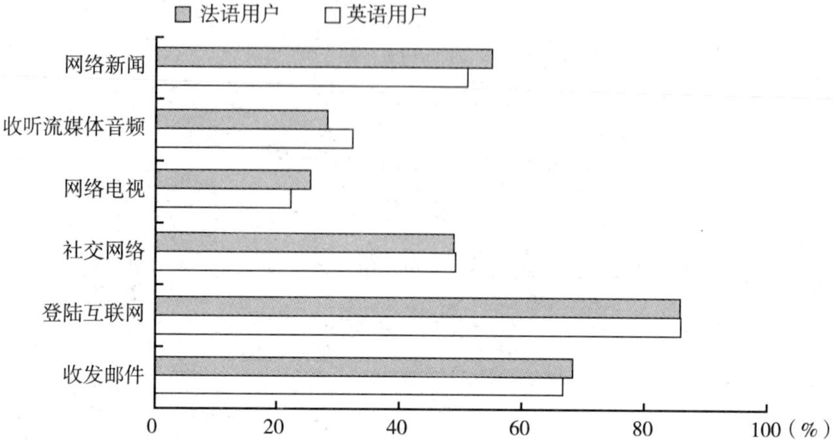

图 24　加拿大平板电脑用户的功能使用情况与语言差异

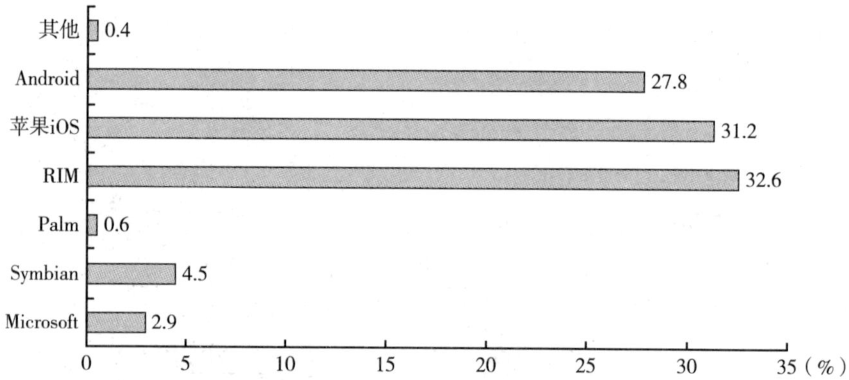

图 25　2012 年加拿大智能手机平台市场分布情况

资料来源：comScore，2012 Mobile Future in Focus。

Android、苹果 iOS 和 RIM 的黑莓系统主导，三者相加占据了 95% 的市场份额。[①] 在此基础上，各类应用软件（Apps）获得了蓬勃发展。

从 18 个主要国家的收入数据来看（见图 27），Google Play 虽然在 2013 年2 ~7

① comScore，"Android now has 40% smartphone market share in Canada"，http：//mobilesyrup. com/2013/03/04/comscore-android-now-has-40-smartphone-market-share-in-canada/.

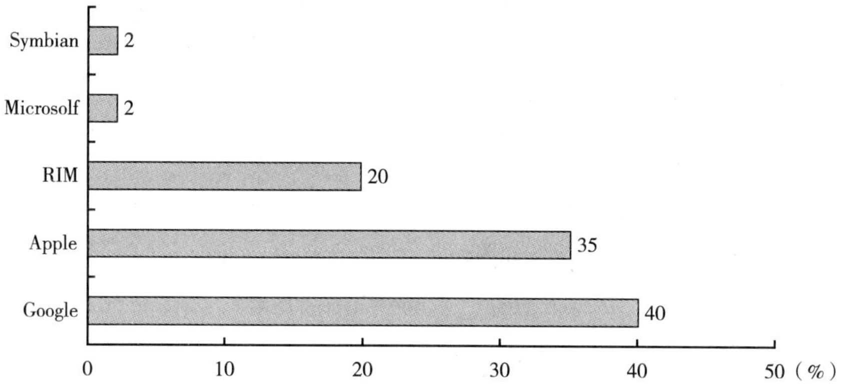

图 26　2013 年加拿大智能手机平台市场份额

资料来源：comScore，“Android now has 40% smartphone market share in Canada”，http：//mobilesyrup. com/2013/03/04/comscore-android-now-has-40-smartphone-market-share-in-canada/。

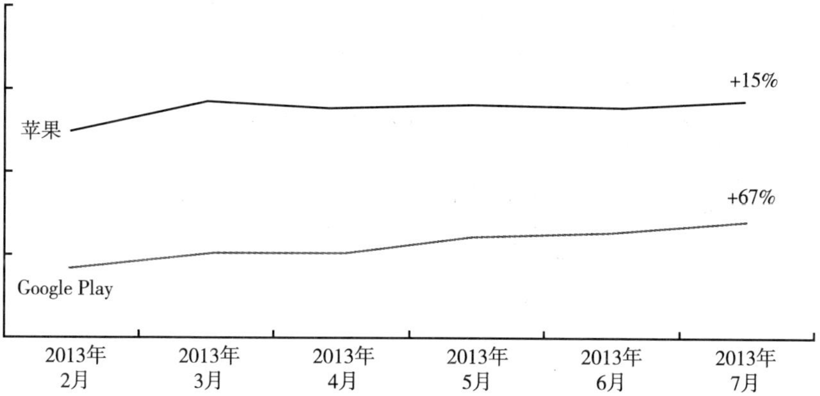

图 27　18 个主要国家智能手机应用软件收入比较：Google Play 和苹果 IOS

资料来源：Ed Sutherland，“Google Play revenue up 67 percent in last 6 months，but App Store still leads”，http：//www. idownloadblog. com/2013/08/13/google-play-revenue-up-67-in-last-6-months/。

月的增速达到 67%，但苹果 iOS 的主导地位尚未改变。从具体国家来看，加拿大智能手机（包括 iPad）的应用软件收入总额较低，位居中游水平①。

从智能手机应用下载方面看，加拿大用户的使用习惯呈现出“实用性”

① Ed Sutherland，“Google Play revenue up 67 percent in last 6 months，but App Store still leads”，http：//www. idownloadblog. com/2013/08/13/google-play-revenue-up-67-in-last-6-months/.

和“地方性”特征。以苹果 iOS 平台为例，最受欢迎的免费应用包括航班（如加拿大航空 Air Canada）、天气、视频和游戏等；而最受欢迎的付费应用包括游戏、音乐等。

2012 年 8 月，苹果 iOS 平台最受欢迎前十位免费应用是：Despicable Me：Minion Rush（Gameloft），Bad Piggies（Rovio Entertainment Ltd.），Candy Crush Saga（King. com Ltd.），Banana Kong（FDG Entertainment），Celebrity Dentist（Bear Hug Media），4 Pics 1 Song（Game Circus LLC），Google Maps（Google Inc.），Snapchat（Snapchat Inc.），YouTube（Google Inc.）和 Vine（Vine Labs Inc.）。而最受欢迎前十位付费应用是：Heads Up!（Warner Bros.），Minecraft-Pocket Edition（Mojang），djay 2（algoriddim），Smart Alarm Clock：Sleep Cycles & Noise Recording（Plus Sports），Pimp Your Screen（Apalon），Contra：Evolution（PunchBox Studios），Plants vs. Zombies（PopCap），AfterLight（Simon Filip），Bloons TD 5（Ninja Kiwi）和 Survivalcraft（Igor Kalicinski）。①

（三）苹果 iPad 主导平板电脑市场

平板电脑正在成为世界电子消费市场的新宠，加拿大也不例外。2011 年，这一市场呈现出两位数的增长。② 一份来自加拿大广播公司《媒介技术监测》（*Media Technology Monitor*）的报告显示，大约 1/4 的加拿大居民拥有平板电脑，也就是四个人中就有一人拥有并使用平板电脑。这一数据与美国市场基本一致。更值得注意的是，拥有平板电脑的人中有 66% 在使用苹果 iPad，而接下来的 30% 左右市场被本土企业 RIM 生产的 Playbook 和基于 Android 系统的各类平板电脑占据。进一步的调查显示，iPad 用户对平板电脑的热情最高，以致 91% 的 iPad 用户意愿推荐朋友或家人购买；与此同时，iPad 用户的使用频率也是最高的③。

① The Canadian Press，“‘Heads Up!’ top paid iPhone app in Canada”，http：//ca. news. yahoo. com/heads-top-paid-iphone-app-canada – 123521806. html.

② Robert Dutt，“Canadian tablet market to see triple digit growth in 2011”，http：//www. channelbuzz. ca/2011/01/canadian-tablet-market-to-see-triple-digit-growth-in-2011 – 1051/.

③ Nate Hoffelder，“One in Four Canadians Own a Tablet”，http：//www. the-digital-reader. com/2013/02/22/report-one-in-four-canadians-own-a-tablet/#. UlK-trS8CDo.

在平板电脑的使用方面，我们可以明显地看到，苹果 iPad 对美国和加拿大市场的主导力。2013 年 3 月份的平板电脑网页流量中，iPad 占据了 82% 的份额，牢牢垄断着平板电脑市场，而加拿大 RIM 公司生产的 Playbook 平板电脑仍进入不了排名的前十位（见图 28）。

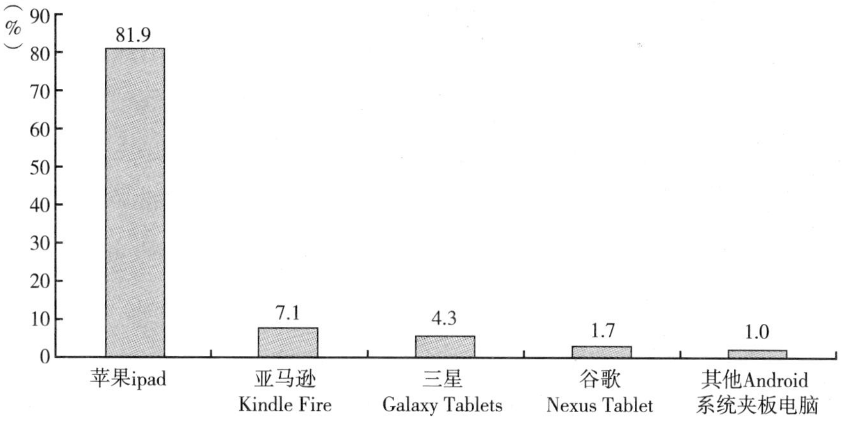

图 28　2013 年 3 月美国 – 加拿大平板电脑网页流量使用比例

资料来源："Apple's iPad Takes 82% of US-Canada Tablet Web Traffic in March"，http：//www.patentlyapple.com/patently-apple/2013/04/apples-ipad-takes-82-of-us-canada-tablet-web-traffic-in-march.html。

三　电子游戏与在线广告

加拿大庞大的电子游戏产业和保持强劲增长的网络广告业务正在成为加拿大"数字经济"的重要驱动力。

（一）电子游戏产业蓬勃发展

在以下三个优势条件的强力支持下，加拿大已经发展成为世界第三大电子游戏制造基地：第一，高度自主和具有创意能力的公司；第二，优惠的税收政策；第三，完备而灵活的教育与培训基础设施。Worldwide Studios Activision Publishing 的高级副总裁布瑞恩·沃德（Brian Ward）在提及加拿大在电子游戏领域的比较优势时说道："加拿大的电子游戏产业提供了高达 13000 个游戏开发职位，而被誉为出版和娱乐之都的加利福尼亚也只能提供12000个相关职位。”① 该领域近年来的相关发展数据可以简要介绍如下。

第一，加拿大的互动媒体部门共雇佣了超过52000名雇员，并创造了高达38亿加元的年收入。

第二，2003到2011年间，加拿大是世界上电子游戏产业吸引外资最多的地方。在这段时间内，大约100家外国公司投资了加拿大的创意产业。

第三，不管是规模还是资源和创意水平，加拿大都是电子游戏产业的主要参与者。2009~2011年，加拿大电子游戏产业的年增长率为11%，其2011年的年产值超过17亿加元。

第四，2003~2011年间，美国专利与商标局（United States Patent and Trademark Office）为基于加拿大的投资者授予了超过1000项多媒体专利（其中包括323项专利与电子游戏相关）。

第五，基于长时间以来的模拟和训练技术，加拿大信息传播产业非常擅长于从“游戏化”（training）中获益：一种鼓励观众和用户参与解决问题的技术。

根据加拿大娱乐软件协会（Entertainment Software Association of Canada）公布的最新调查统计，加拿大电子游戏产业的年产值为23亿加元，并创造了16500个全职岗位，岗位年薪平均为72000加元，平均从业者年龄刚刚超过30岁。全国的电子游戏工作室共有329家，其中的97个位于魁北克省，96个位于安大略省②。魁北克、安大略和英属哥伦比亚拥有整个加拿大电子游戏产业的大多数公司。

值得重视的是，加拿大不同省份和地区通过制定优惠的财政和税收政策鼓励、支持电子游戏产业的发展，比如：安大略数字免税项目（The Ontario Digital Tax Credit）在2011~2012年投入7500万加元，以资助刚刚兴起的数字

---

① “Canada has quickly evolved into a hotbed of digital-media innovation”, *The Canadian Trade Commissioner Service*, http://www.tradecommissioner.gc.ca/eng/home.jsp.

② Bruce DeMara, “Video game industry in Canada generates MYM2.3 billion in GDP: study”, http://www.thestar.com/entertainment/2013/05/31/video_game_industry_in_canada_generates_23_billion_in_gdp_study.html.

媒介产业。其中，电子游戏产业是一个重要的组成部分；1015 个项目获得资助，共撬动了高达 3.39 亿加元的项目预算。[①]

此次调查还发现，在所有电子游戏工作室中，84% 开发移动媒体游戏（包括手机和平板电脑），大约 50% 开发主机游戏，66% 开发 PC 游戏，46% 开发网页游戏，而 29% 开发社交网络游戏。[②]

庞大的游戏产业需要庞大的用户群体来支持。加拿大娱乐软件协会 2012 年的调查发现，58% 的加拿大人玩游戏，61% 的加拿大家庭拥有一部游戏主机，80% 的拥有一部智能手机或者平板电脑，90% 的加拿大家庭拥有一台电脑。这是电子游戏产业的物质基础。而游戏开发公司中，1/3 为微型公司（5 人或以下），一半左右为小型公司（50 人以下），只有 12% 为大型公司（151 人以上）。[③] 由此可见，加拿大电子游戏产业主要由散点式小型创业公司构成，在管理和激励机制、公司创意文化氛围等方面具有大公司缺乏的灵活性。这也给其他国家参与创意产业动辄建立航母和“国家队”的策略提供了鲜明的成功者参照。

（二）网络广告业增速明显但开始分流

如图 29 所示，加拿大在线广告收入（online advertising revenues）主要由六个部分构成：搜索、图片广告、分类广告、直邮、视频和游戏。2005 ~ 2011 年，在线广告收入稳步增长，搜索、视窗和分类广告的涨幅都达到三倍以上。

根据 Iab. Canada 的统计，[④] 2012 年加拿大网络广告收入（包含在线和移动两部分）总额为 31 亿加元，比 2011 年的 27 亿加元上升 15 个百分点。这一增长主要来源于占据加拿大全部互联网收入 95% 的在线广告。2012 年，在线

①② Bruce DeMara, “Video game industry in Canada generates MYM2.3 billion in GDP: study”, http://www.thestar.com/entertainment/2013/05/31/video_ game_ industry_ in_ canada_ generates_ 23_ billion_ in_ gdp_ study.html.

③ Rob Lewis, “A Breakdown of Canada’s Videogame Industry”, *the Third Biggest in the World*, http://www.techvibes.com/blog/canadas-video-game-industry-2013-03-25.

④ Iab. Canada, *2012 Actual + 2013 Estimated Canadian INTERNET Advertising Revenue Survey*, 2013-09-18。

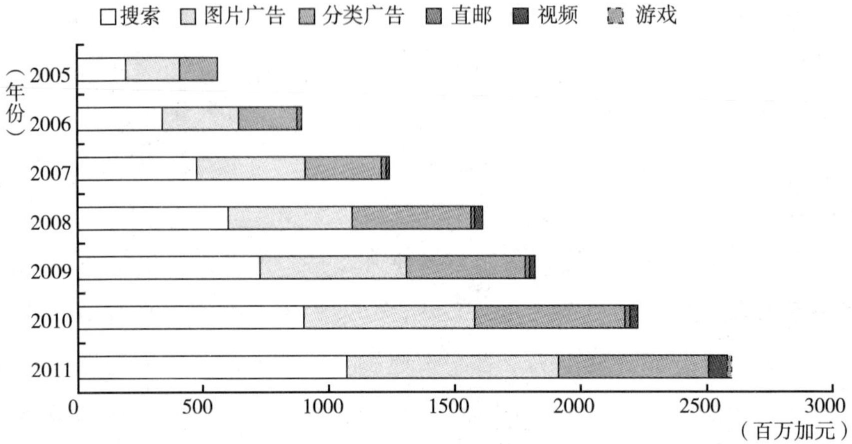

图 29 加拿大在线广告收入：分类和增幅

广告收入为 29 亿加元，比 2011 年上涨 13%。移动收入（包括平板电脑）在 2012 年实现双倍增长，达到 1.6 亿加元。在过去的十年间，加拿大网络广告市场保持着年均双位数的增长，在 2007 年超越 10 亿加元，在 2010 年超越 20 亿，而在 2012 年踏进 30 亿加元的新阶段。

从收益主体上看，2012 年 82% 的在线广告收入落入前十位的网络运营商手中。而前二十位获益者的总收入占比超过了 90%。可见，在线广告收入的集中度还是非常大的。

从广告形态上看（见表 1），最主要的两种在线广告类型是“搜索”（search）和“图片广告”（display），两者 2012 年的收入为 22 亿加元，亦即加拿大全年网络广告收入的 70% 左右，其中“搜索”广告的增幅最大，达到 21%；“图片广告”广告增速仅为 9%。过去的五年中，“搜索”广告在全部网络广告中的比例提升到 42%，“图片广告”广告维持在 30% 左右的份额，而“分类广告”则从 2008 年的 29% 下降到 2012 年的 19%。这三种广告类型收入相加，占据了 2012 年网络广告总收入的 90% 以上。除此之外，2012 年移动广告增长 97%，达到 1.6 亿加元；在线视频广告增长 27%，达到 0.92 亿加元。两者的增幅都超过了网络广告的整体增长速度。对移动广告和在线视频广告来说，未来还有广阔的空间可以开拓。

表 1　2008～2012 年加拿大网络广告类型及其收入

单位：百万加元，%

	2008 年	2009 年		2010 年		2011 年		2012 年	
		收入	增速	收入	增速	收入	增速	收入	增速
在线广告									
搜索	622	741	19	907	22	1081	19	1308	21
图片广告	490	578	18	688	19	840	22	916	9
分类广告	460	467	2	587	26	576	-2	584	2
视频	12	20	67	37	85	73	96	92	27
直邮	81	13	-28	11	-15	13	18	12	-8
游戏	—	3	NA	2	-33	10	419	13	23
移动广告	7	23	251	47	104	81	74	160	97
总计	1609	1845	15	2279	24	2674	17	3085	15

注：互联网广告包括在线广告与移动广告；移动广告包括短信、搜索、图片和按效果付费广告。

与传统媒体广告收入相比，2012 年网络广告增速明显，其总收入 31 亿加元已经接近全年主要传统媒体收入 35 亿加元的 90%，而传统媒体的广告收入增长十分缓慢（大约 2%）。在全部广告收入中，网络广告已经增长至 27.5%，而电视下滑至 30.9%。

四　大数据时代加拿大的云技术优势

根据思科（Cisco）公司的分析预计，到 2015 年全球 IP 流量将跨越 ZB（Zettabyte）的门槛，进入 ZB 时代；而到 2017 年，全球每年的 IP 流量将达到 1.4ZB。反观过去的 5 年，全球 IP 流量已经增长了 5 倍，接下来的 5 年中，这一数据又将增长 3 倍。[①] 这一超越人的想象力的大数据时代，昭示着新的计算、分析和预测技术的到来——那就是逐渐被世人所认知的“云计算”（cloud computing）。根据国际数据公司（IDC）的分析，到 2015 年，云计算将为 IT

① Cisco, “The Zettabyte Era-Trends and Analysis”, May 29, 2013.

届创造多达1400万的新就业岗位。[①]

目前，加拿大信息与传播产业共有雇员80.9万名，其中5.8万人是计算机和信息系统管理员，15.5万人是信息系统商业分析师及相关专业技术人员，6万人是软件工程师，2.6万人是互动系统开发者，6.5万人是计算机/网络运营者和网页设计师；除此之外，相当多的IT专业技术人员从事着与云计算和云经济（cloud economy）相关的职业。根据加拿大信息与传播技术委员会（ICTC）的估计，加拿大“云经济”直接带来的就业为3.84万人，加上非直接相关的领域，“云经济”在2013年带来的总就业将达到4.8万人。到2018年，这一数字可能会增长至5.7万人。[②]

与此同时，云计算和大数据将为加拿大经济提供重要的推动力。加拿大信息与传播技术委员会预计（见图30），云经济将每年为加拿大GDP贡献46亿加元。随着工作职位的增加和市场的持续扩张，到2018年，这一经济贡献将有可能达到82亿加元，增长接近1倍。[③]

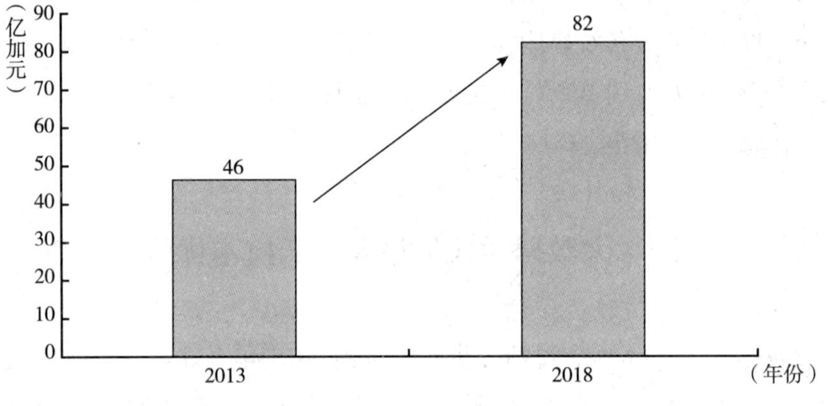

图30 加拿大云经济对GDP的贡献预测

① Information and Communications Technology Council, *Canada's Cloud Imperative*: *Improving Business Opportunities Through Enabling Services*, September 2013.

②③ Information and Communications Technology Council, *Canada's Cloud Imperative*: *Improving Business Opportunities Through Enabling Services*, September 2013.

参考文献

1. 加拿大广播电视与电信委员会：《2013 传媒业监测报告》。

2. *ComScore*, 2012 *Mobile Future in Focus*.

3. Information and Communications Technology Council, *Canada's Cloud Imperative*: *Improving Business Opportunities Through Enabling Services*, September 2013.

巴西新媒体发展概况

张方方*

根据巴西地理与数据研究院（IBGE）统计，2012年巴西总人口达1.96526亿人，国内生产总值为4.403万亿雷亚尔（约合2.253万亿美元），比2011年增长了0.9%，人均国内生产总值为2.2402万雷亚尔（约合1.1462万美元），仅比2011年增长了0.1%。在全国经济低迷的影响下，2012年巴西信息服务产业（包括电信、计算机技术、视听、新闻社和新闻服务业）逐渐放慢了发展脚步，较2011年增长2.9%，创下了2003~2012十年间年均增幅的又一低值（十年间巴西信息服务产业年增幅的低谷是2006年，仅为1.6%）（见表1）。

表1　2011~2012年巴西信息服务产业和巴西国内生产总值增长率

单位：%

	2011年				2012年			
	第一季度	第二季度	第三季度	第四季度	第一季度	第二季度	第三季度	第四季度
巴西信息服务产业增长率	4.3	4.8	4.9	4.9	4.8	3.9	3.4	2.9
巴西国内生产总值增长率	6.3	4.9	3.7	2.7	1.9	1.2	0.9	0.9

资料来源：http：//www.teleco.com.br/estatis_ pib.asp。

巴西ICT发展指数（IDI）从十年前（2002年）的全球第54位退至2011年的第60位，世界创新指数（GII）在2012年的全球排名中位居第58位。在ICT基础设施应用方面，2012年巴西固定电话用户达4430万，手机用户2.618亿，固定宽带用户1898万，移动宽带用户5919万，互联网用户9420万（见表2）。

* 张方方，中国传媒大学外国语学院讲师。

表 2　2011～2012 年巴西 ICT 用户基本数据

	2011 年	2012 年
固定电话	4300 万	4430 万
固定电话(每 100 人)	22 部	22.5 部
手机	2.422 亿	2.618 亿
手机(每 100 人)	123.9 部	132.9 部
固定宽带	1634 万	1898 万
固定宽带(每 100 人)	8.4 人	9.6 人
移动宽带	4110 万	5919 万
移动宽带(每 100 人)	21 人	30 人
互联网用户	7990 万	9420 万

资料来源：http：//www.teleco.com.br/estatis.asp。

2012 年在数字技术和互联网技术发展的推动之下，巴西手机媒体用户、互联网用户、数字电视用户显著增长。电子商务继续表现出发展活力。

一　数字电视

截至 2012 年 12 月 2 日，日标 ISDB-T 地面数字电视信号系统在巴西整整运行五年。根据官方最近更新的数据，截至 2012 年 5 月巴西数字电视覆盖 508 个城市的 8920 万人口，近 3130 万户家庭，人口覆盖率达 46.8%，入户率达 46.42%。其中巴西首都巴西利亚所在的联邦区、阿马帕州和圣保罗州的数字电视的渗透率位居前列，分别是 100%、80.34% 和 72.76%。巴西国家电信局（ANATEL）数据表明（见表 3），截至 2012 年 7 月 20 日，全国共有 1052 个频道签署了电视信号转换计划，137 个频道已完成由模拟到数字的整体转换，其中大部分完成转换的频道在圣保罗州。阿克雷州和朗多尼亚州还没有数字频道。按照 2006 年 10 月制定的模拟电视信号向数字电视信号转换的具体计划，到 2016 年 6 月 29 日巴西将关闭所有模拟电视信号。

表 3　2011～2012 年 7 月巴西电视频道数字信号转换情况

单位：个

	2011 年		2012 年 7 月	
	已签署协议	已实现转换	已签署协议	已实现转换
频道数	292	120	1052	137

资料来源：ANATEL。

二　互联网

根据巴西民意与统计研究所（IBOPE）的数据，2012 年巴西互联网用户达到 9420 万，比 2001 年增长了 650%。其中 52.50 百万用户规律性上网，成为活跃用户，这一数值比 2011 年增长了 8%（根据巴西电信调查局的定义，活跃用户是指年龄在两岁以上每月至少使用一次互联网的用户）（见表 4）。巴西网络活跃用户的数量在全球排名第三，仅次于美国（1.98 亿）和日本（6000 万）。在这些活跃用户中，86% 使用 Facebook、Twitter 等社交网络，比上年同期增加了 15%。巴西网民每人的平均上网时间领先于全球其他国家。2012 年 12 月巴西网民每人的平均上网时间为 43 小时 57 分钟，排名第二和第三的是法国（39 小时 23 分钟）和德国（37 小时 23 分钟）。近两年，巴西网民的上网地点逐渐从网吧向住宅转移，2010 年有 26% 的网民在网吧上网，2012 年这一比例下降至 13%。根据巴西电子商务咨询公司易贝特（e-bit）的数据统计，53% 的巴西网民是女性。截至 2013 年 3 月，巴西网站域名达 314.6 万（见表 5）。互联网继续成为广告商投资的重要媒介，2012 年广告商在互联网的投资总计 65 亿雷亚尔（约合 32.5 亿美元），比 2011 年的 54 亿雷亚尔增加了 21%。

表 4　巴西 2009～2013 年 3 月在家和单位上网的用户数量

单位：百万

	2009 年	2010 年	2011 年	2012 年	2013 年 3 月
活跃用户	36.577	43.313	46.589	52.500	51.494
上网用户	46.804	54.523	63.466	72.419	72.747

资料来源：IBOPE。

表 5 2011～2013 年巴西互联网域名

单位：万个

	2011 年	2012 年	2013 年
1 月	235.0	276.1	309.6
2 月	236.8	279.4	311.5
3 月	241.0	284.1	314.6
4 月	246.2	288.9	—
5 月	249.9	292.2	—
6 月	254.5	295.7	—
7 月	259.0	299.9	—
8 月	262.5	303.6	—
9 月	265.5	306.0	—
10 月	269.8	307.3	—
11 月	272.5	308.9	—
12 月	274.0	308.4	—

资料来源：Teleco。

（一）固定宽带互联网

在《国家宽带计划》（PNBL）的推动下，巴西的固定宽带基础设施进一步发展。2012 年底固定宽带覆盖了巴西 5565 个城市的 193.9 百万人口，城市覆盖率和人口覆盖率首次达到 100%（见表 6）。

表 6 2011～2012 年巴西固定宽带基础设施城市覆盖率和人口覆盖率

	2011 年				2012 年			
	第一季度	第二季度	第三季度	第四季度	第一季度	第二季度	第三季度	第四季度
覆盖城市(个)	5215	5317	5329	5548	5548	5548	5551	5565
比例(%)	93.7	95.6	95.8	99.7	99.7	99.7	99.7	100
覆盖人口(百万)	186.7	187.1	187.7	192.3	192.3	192.3	192.3	193.9
比率(%)	97.9	98.1	98.2	99.9	99.9	99.9	99.9	100

资料来源：Teleco。

2012 年，奥伊（Oi）、奈特（Net）和特莱福尼卡/维沃（Telefônica/Vivo）三家公司继续领先巴西固定宽带业务，其中奥伊作为领头羊以 569.6 万的用户数量占据 1/3 的巴西市场。巴西电信市场的新兴力量——地球村电信公司（Global Village Telecom，简称 GVT）用户数量继续保持上升趋势，2012 年的市场份额比 2011 年增长了 1.2%（见表 7）。

表 7　2011～2012 年巴西主要固定宽带服务提供商用户数量及市场份额

单位：百万，%

	2011 年				2012 年			
	第一季度	第二季度	第三季度	第四季度	第一季度	第二季度	第三季度	第四季度
Oi 用户数量	4.513	4.641	4.776	4.936	5.149	5.332	5.556	5.696
市场份额	31.1	31.1	30.1	30.2	30.3	29.7	29.9	30.0
Net 用户数量	3.667	3.834	4.155	4.193	4.409	4.862	5.119	5.402
市场份额	25.3	25.7	26.2	25.7	25.9	27.1	27.5	28.5
Telefônica/Vivo 用户数量	3.377	3.470	3.551	3.631	3.685	3.717	3.754	3.733
市场份额	23.3	23.2	22.4	22.2	21.7	20.7	20.2	19.7
GVT 用户数量	1.234	1.385	1.526	1.663	1.799	1.941	2.062	2.157
市场份额	8.5	9.3	9.6	10.2	10.6	10.8	11.1	11.4
CTBC 用户数量	0.247	0.253	0.261	0.276	0.301	0.316	0.318	0.327
市场份额	1.7	1.7	1.6	1.7	1.8	1.8	1.7	1.7
Embratel 用户数量	0.390	0.243	0.429	0.426	0.414	0.412	0.267	0.225
市场份额	2.7	1.6	2.7	2.6	2.4	2.3	1.4	1.2
TIM 用户数量	0.040	0.041	0.041	0.042	0.043	0.042	0.044	0.038
市场份额	0.3	0.3	0.3	0.3	0.3	0.2	0.2	0.2
其他	1.047	1.072	1.130	1.174	1.196	1.318	1.471	1.398
市场份额	7.2	7.2	7.1	7.2	7.0	7.3	7.9	7.4
全国用户总量	14.515	14.940	15.869	16.342	16.996	17.941	18.591	18.976

资料来源：Teleco。

2012 年巴西固定宽带速率继续大幅度提高。截至 2012 年第三季度，固定宽带的平均速率为 2269Kbps，比 2011 年提速 25.8%（见表 8）。在拉美国家中，巴西固定宽带平均速率落后于墨西哥（2900Kbps）、智利（2900Kbps）和哥伦比亚（2700Kbps）。

表 8　巴西固定宽带平均速率

单位：Kbps

	2011 年				2012 年		
	第一季度	第二季度	第三季度	第四季度	第一季度	第二季度	第三季度
平均速率	1705	1863	1938	1803	2168	2125	2269

资料来源：Akamai。

2012 年巴西固定宽带用户的数量持续增长。根据巴西电信调查局（Teleco）的数据，2012 年第四季度固定宽带用户达 18.976 百万，比 2011 年增加了 16%（见表 9）。

表 9　巴西固定宽带用户数量

单位：百万

	2011 年				2012 年			
	第一季度	第二季度	第三季度	第四季度	第一季度	第二季度	第三季度	第四季度
用户数量	14.515	14.940	15.869	16.342	16.996	17.941	18.591	18.976

资料来源：Teleco。

（二）移动互联网

巴西拥有庞大的手机用户群，为移动通信业的发展奠定了基础。据巴西国家电信局（ANATEL）的数据，2012 年巴西手机总量为 2.62 亿部，从 2010 年的全球第六位升至全球第五位，仅次于中国、印度、美国和印度尼西亚。截至 2013 年 3 月，巴西手机总量约为 2.64 亿部，每 100 人拥有 133.67 部，其中 2.11 亿部手机为预付费，占 80.05%（见表 10）。

表 10　巴西移动电话总量和密度

	2012 年 3 月	2012 年 12 月	2013 年 2 月	2013 年 3 月
手机(部)	250826371	261807903	263043328	264052573
预付费手机比率(%)	81.83	80.55	80.27	80.05
每 100 人拥有手机数量(部)	128	132.79	133.25	133.67

资料来源：Teleco。

从移动业务的技术市场份额来看，GSM 技术仍然占主导地位（71.40%），其次是 3G（WCDMA），数据终端和 CDMA（见表 11）。

表 11　2013 年 3 月移动业务技术市场份额

技　术	用户总量	市场份额(%)	年增长率(%)
GSM	188515596	71.40	3.7
3G(WCDMA)	61303336	23.22	16.8
数据终端	14135613	5.35	4.8
CDMA	83326	0.03	—
LTE	14702	0.01	—
总　计	264052573	100	0.9

资料来源：ANATEL。

截至 2013 年第一季度，巴西共有 61.303 百万部 3G 手机（见表 12）。在六大 3G 网络运营商中，克拉洛公司（Claro）继续领先市场份额（42.29%），其次是蒂姆公司（TIM）和维沃公司（Vivo）。2012 年维沃公司的 3G 市场份额不断下滑，排名被蒂姆公司赶超。

表 12　2011～2013 年第一季度 3G 手机数量

单位：百万

	2011 年	2012 年	2013 年 1 月	2013 年 2 月	2013 年第一季度
3G 手机数量	33.240	52.468	53.886	58.913	61.303

资料来源：Teleco。

移动宽带用户的数量继续提升。截至 2013 年 3 月，巴西移动宽带用户达 68.261 百万，其中 61.303 百万用户通过 3G 手机（WCDMA）上网，6.943 百万是宽带数据终端用户，1.5 万用户使用 4G 技术（LTE）（见表 13）。巴西 28.6% 的手机用户都是移动宽带用户。移动宽带信号覆盖了 3368 个城市，88.7% 的巴西人口生活在移动宽带覆盖的区域（见表 14）。同时移动宽带平均速率由 2011 年第二季度的 873Kbps 提升至 2012 年第三季度的 1217Kbps（见表 15）。巴西移动宽带的平均速率在拉美国家中排名第五，落后于乌拉圭（1750Kbps）、智利（1640Kbps）、阿根廷（1520Kbps）和哥伦比亚

（1390Kbps）。巴拉圭（1060Kbps）、委内瑞拉（832Kbps）和玻利维亚（632Kbps）三个国家的平均速率在拉丁美洲最低。

表 13　2011～2013 年第一季度移动宽带用户数量

单位：百万

	2011 年	2012 年	2013 年第一季度
3G 手机用户	33.240	52.468	61.303
宽带数据终端	3.974	6.718	6.943
LTE	—	—	0.015
总　计	37.214	59.186	68.261

资料来源：Teleco。

表 14　2011～2013 年 3 月移动宽带城市和人口覆盖率

	2011 年	2012 年	2013 年 1 月	2013 年 2 月	2013 年 3 月
覆盖的城市（个）	2625	3293	3298	3312	3368
人口覆盖率（%）	83.2	87.9	88.1	88.1	88.7

资料来源：Teleco。

表 15　巴西移动宽带平均速率

单位：Kbps

	2011 年				2012 年		
	第一季度	第二季度	第三季度	第四季度	第一季度	第二季度	第三季度
平均速率	767	873	873	857	1122	1128	1217

资料来源：Akamai。

其他移动电子产品，如智能手机（smartphone）、平板电脑（tablets）和电子阅读器（e-readers）的使用数量均有增加。根据巴西民意与统计研究所（IBOPE）的数据，2012 年巴西智能手机的渗透率（18%）比 2011 年（9%）翻倍。智能手机在巴西网民中的普及率为 44%，虽然较之上年有所提升，但仍然低于全球的平均普及率（48%）。巴西平板电脑的渗透率从 2011 年的 1% 升至 2012 年的 5%。平板电脑在巴西网民中的普及率为 26%，与全球的平均值（24%）持平。巴西电子阅读器的渗透率仅为 1%，在巴西网民中的普及率为 6%，明显低于全球平均水平（12%）。然而，巴西人使用这些移动电子产品的时间是领先于全球其他国家的，比如：巴西人每日使用手机、智能手机、平板电脑和电子阅读器的平均时间分别为 59 分钟、84 分钟、79 分钟和 63 分钟；而全球的平均值分别为 42 分钟、74 分钟、71 分钟和 54 分钟。

（三）电子商务

根据巴西电子商务咨询公司易贝特（e-bit）的数据统计，2012 年巴西网络销售额为 225 亿雷亚尔（约合 112.5 亿美元），比 2011 年提升了 20%。自 2001 年起巴西网络销售以年均 30% 的速度攀升，2012 年的网络销售额比 2001 年增加了 4400%（见表 16）。根据巴西电子商务协会（ABComm）的统计，2012 年共完成网络销售订单 6670 万个，比上一年增加了 24.2%，有 900 万巴西人进行了第一次网购体验。2012 年人均网络消费额为 342 雷亚尔（约合 171 美元）。2012 年最畅销的网络销售商品是家电（占总销售额的 12.4%）、服装和饰品（12.2%）、化妆品和药品（12%）。2012 年下半年是网络销售的高峰期，因为父亲节、儿童节、圣诞节和“黑色星期天”都是零售的重要阶段。仅仅在 2012 年 11 月末的“黑色星期五”这一天，网络销售创下 2.17 亿雷亚尔（约合 1.085 亿美元）的新纪录，远远高出上一年的同一天创下的 1 亿雷亚尔。圣诞节期间的网络销售额为 30.6 亿雷亚尔（约合 15.3 亿美元）。

表 16　2001～2012 年巴西网络销售额

单位：亿雷亚尔，%

年份	2012	2011	2010	2009	2008	2007	2006	2005	2004	2006	2002	2001
网络销售额	225	187	148	106	82	63	44	25	17.5	11.8	8.5	5.4
年增幅	20	26	40	33	30	43	76	43	48	39	55	—

注：不包含汽车、机票的网络销售。

资料来源：www.e-commerce.org.br。

易贝特公司的数据显示，2012 年巴西网购消费者达 43.0 百万，占巴西总人口的 20% 以上，这比 2001 年（2001 年有 110 万网购消费者）增加了 3536%（见表 17）。由此可以看出巴西网民对电子商务的推崇。50.2% 的网购订单是女性消费者完成的，但是从消费额度来看，57.48% 的网络销售额是由男性消费者贡献的。因为女性消费者热衷的是价格相对低廉的时尚用品及饰品，而男性网购的多为附加值较高的家电和通信电子产品，并且男性的月平均收入（4426 雷亚尔）略高于女性的月平均收入（3655 雷亚尔）。

表 17　2001～2012 年巴西网络消费者人数

单位：百万，%

年份	2001	2002	2003	2004	2005	2006	2007	2008	2009	2010	2011	2012
人数	1. 1	2. 0	2. 6	3. 4	4. 8	7. 0	9. 5	13. 2	17. 6	23. 0	31. 9	43. 0
年增幅	—	81	30	31	41	46	36	39	33	30	37	34

资料来源：www. e-commerce. org. br。

易贝特公司还统计了 2012 年网络团购的销售额（16. 5 亿雷亚尔，比 2011 年增长了 8%），同时预测 2013 年随着巴西经济的复苏以及平板电脑、智能手机等移动电子设备消费的提升，全国网络销售将达到 280 亿雷亚尔，比 2012 年提升 24%（不包含团购）。

参考文献

1. 巴西地理与数据研究院（IBGE），http：//www. ibge. gov. br/home/。
2. 巴西国家电信局（ANATEL），http：//www. anatel. gov. br。
3. 巴西电信调查局（TELECO），http：//www. teleco. com. br。
4. 巴西易贝特公司，www. e-commerce. org. br。
5. 胡正荣：《新媒体前沿》，社会科学文献出版社，2011。

案 例 篇

兰登书屋的数字化转型分析

张新华　王洁茹*

2013 年 7 月 1 日，企鹅兰登书屋的成立吸引了全球的关注，不少媒体猜测，在这一旷世合并案背后，隐藏着一个改变世界电子书格局的宏愿。实际上，作为全球顶尖的大众图书出版商，兰登书屋对新技术异常敏感，早在 20 世纪 70 年代兰登书屋就开始数字化转型，到 2012 年底，数字产品销售额已占总销售额的 22%，成为大众出版商数字化转型的一个成功典范。本文主要从其转型方式、业务方向和营销手段三个角度入手，对兰登书屋的数字化道路进行剖析，以期对国内同行有所启发。

一　转型利器：资本和技术

兰登书屋新商业发展部负责人拉里・韦斯曼（Larry Weissman）曾说："我们对科技如何影响出版的问题非常感兴趣，如果有合适的机会，我们会追加更多投资，寻求更多合适的合作机会。"① 可见，技术和资本是兰登书屋数字化转型的两个重要手段。

兰登书屋的数字化转型最早可以追溯到 20 世纪 70 年代，那时，兰登书屋就敏感地意识到风起云涌的电子和计算机技术将对出版业带来巨大变革，并开始采取多种措施进行数字化转型：（1）着手研发电子阅读器，贝塔斯曼是第一款电子阅读器开发公司的股东；（2）修改出版合同条款，要取得作者"所有以书的形式出版的权利"，包括现在仍备受争议的电子图书版权；（3）开发

* 张新华，北京印刷学院新闻出版学院，副教授；王洁茹，北京印刷学院数字出版专业 2013 届毕业生。

① 袁琳：《美国兰登书屋数字出版历程与经验》，《新出版日报》2011 年 5 月 23 日。

数据库资源，把书籍的内容转成数字格式。

进入21世纪，兰登书屋借助资本的力量加快数字化转型步伐。2000年，兰登书屋成立全资子公司兰登风险投资公司（Random House Ventures LLC），主要对那些有意于重塑传统出版概念、服务以及关系的在线和技术公司进行投资。同年，兰登风投有限公司购买Xlibris 49%的股份，Xlibris是一个为网络出版提供技术支持和销售服务的网站，根据作者所付费用提供相应的出版服务，以帮助作者出版作品。通过投资Xlibris公司，兰登书屋在自助出版和按需出版业务中抢占先机。同年5月，兰登书屋与网络声音软件制作公司Audible合作，开发并提供有声图书供客户直接从网络下载。

2005年2月，兰登书屋又投资从事手机出版的VOCEL公司，该公司当时开发了一种可以将标准文本信息传输到手机上的新技术，主要从事无线网络内容的生产和发行。通过VOCEL的网络传输技术，兰登书屋很好地将文本信息发送给手机用户，开辟了新的受众群体，使其在传统市场萎缩的环境下保持了整体业务的增长。2006年12月，兰登与IT公司Virtusales签订建立数字仓库的合同，该数字仓库将为已有的分销客户和其他相关部门提供服务。为尽可能减少数字化对纸质图书的冲击，兰登书屋图书数据库建设先从再版书的数字化开始，然后是比较有赢利潜力的图书。2007年5月，3.3万种再版书已有2.5万种完成了数字化格式的转换。兰登书屋还特别重视数字软件的开发和利用，2010年底，其童书部与Smashing Ideas公司合作，围绕该部门的重要作者和品牌共同开发各种软件。2013年7月，培生集团和贝塔斯曼签订最终合同，合并各自旗下的图书出版公司兰登书屋和企鹅出版集团在全球范围内的业务，成立世界上最大的图书公司企鹅兰登书屋。通过这次合并，兰登书屋企图获得在数字出版领域更大的话语权和生存空间。

二　业务方向：跨媒体化和全球化

兰登书屋数字业务的长足发展，与它所采取的全球化、跨媒体化的出版战略密不可分。落实在经营层面，主要包括电子书、有声书、游戏和影视等产品形态，它们构成了兰登书屋数字业务的四大支柱。

（一）电子书

从电子书生产到销售的各个环节，兰登书屋不断利用最新的数字技术和平台，其以在全球大众图书市场上的领先优势为依托，以高质量的内容为支撑，以多样化的分销渠道及灵活的定价策略为砝码，将电子书发展成一个重要的战略业务方向。2012 年，兰登书屋的电子书已达 47000 种以上，据其官网显示，它的电子书分儿童、浪漫、历史、商业等二十四个子类。除大量推出原创作品电子版外，兰登书屋通过振兴20 世纪的著名品牌系列图书来进一步扩大在电子书市场的份额。Loveswept 言情小说的复兴就是一个典型例子，它是矮脚鸡出版公司旗下的在 20 世纪八九十年代的美国最受欢迎的言情小说品牌。兰登书屋以电子书专有产品线的形式，通过其美国公司与英国 Transworld 公司的合作进行出版，在兰登书屋集团各国分支机构的共同努力下，该电子书在北美、英国和其他英语国家同步发行。兰登书屋多产品线的电子书生产方式有助于其在数字出版市场形成集中优势，从而在发挥原有品牌效应的基础上不断聚拢更多优秀作者和内容资源；对于经济效益并不理想的产品项目，也可以及时发现问题做出战略调整。

兰登书屋的电子书业务是与纸质书业务协同开展的。当它获得具有畅销潜力的作品后，便充分发挥传统出版商的优势，主动与作者沟通并迅速签约，同时获得纸质书和电子书的双重出版权，并通过多角度、多途径积极推广两种版本的图书。2012 年《五十度灰》三部曲的热销就是这种战略成功的一个明证，它充分体现了图书市场的两个趋势——电子书市场增长势头强劲和纸质书市场逐渐恢复稳定。

（二）有声书

有声书是兰登书屋进入较早的一个领域，由其旗下的兰登书屋有声出版集团（Random House Audio Publishing Group）专门经营。该集团主要由兰登有声书公司（Random House Audio）和聆听图书馆公司（Listening Library）组成。兰登有声书公司前身是 20 世纪 80 年代的有声书出版商先驱 Bantam Doubleday Dell Audio 公司，从推出盒带、CD 到目前的数字格式，该公司一直主要面向成人读者，制作并提供高质量的小说和非小说类有声书，构成兰登书屋有声读物的一条主线。1999 年 7 月，兰登书屋收购有声书公司和聆听图书馆，主要经营儿童有声读物。如今，兰登书屋有声出版集团已成为全球有声书行业领先的出版商，每年出版的有声书超过 300 种。2010 年，兰登书屋有声出版集团与有声书公司 Audio Go 达成合作协议：每年共同推出大约 70 种有声书；推出数以百计的珍贵录音资料和图书的可供下载的数字版形式。兰登书屋有声出版集团确立了有声读物的细分种类，划分出包括艺术、电脑、教育、科学、宗教等在内的 43 种类型。与精装书出版一样，兰登书屋的有声书业务拥有各种各样的书系，读者可以购买删节版、未删节版、CD 或是可下载的有声读物。哈利·波特系列作为青少年小说类的经典作品吸引了大批目标读者，凭借哈利·波特系列电影和纸质书在全球范围内的影响力，兰登书屋有声出版集团推出的该系列有声读物也顺利获得广大“哈迷”的青睐。

（三）游戏

兰登书屋通过对大众市场上畅销的优势内容资源进行多角度开发，进入游戏和其他娱乐型媒介领域，实现资源优化配置，视频游戏是其现阶段的发展重点。2010 年，兰登书屋出版集团成立知识产权创造与发展集团（IP Creation and Development Group），主要负责与集团外的媒体公司合作推出能够被视频游戏、社交网络、手机平台等共享的原创故事内容。为提高合作公司现有知识产权内容的世界性与故事性，集团会对他们给予编辑服务支持。流畅的故事情节会对玩家产生巨大的吸引力，富于故事性的游戏过场动画会给玩家带来新奇的体验，但由故事情节主导的游戏背后，需要拥有精湛写作技巧的团队提供情节线索、人物角色和对话。所以，兰登书屋聚拢了一批优秀的科幻小说作者，他们为游戏的故事情节设计提供有力支持；兰登书屋还在集团内组建了一支专门队伍，负责向正在开发游戏的作者提供意见和建议。《元素精灵：魔法的战争》是一款围绕魔法与古代知识世界所展开的幻想战略游戏，是兰登书屋试水视频游戏领域的第一次重要尝试，与软件开发商斯达多克公司（Stardock Corp）共同开发。2010 年 9 月，在该款游戏上线运行之时，兰登书屋同步推出与之配套的图书，利用捆绑营销的方式，收到较好效果。2011 年，兰登书屋与视频游戏出版商 THQ 达成合作协议，利用多平台开发共享知识产权，打造缤纷的游戏世界和精彩角色，为世界范围内的用户提供跨媒介传播的故事内容。他们的计划是先开发一批新的以游戏和书籍承载的知识产权作品，然后再向其他媒介形式扩展。

（四）影视

在传统出版业务利润逐渐萎缩的背景下，兰登书屋决定依托自身的内容优势进军影视产业，兰登书屋影业（Random House Films）就是其专门的电影制作部门。2005 年，它宣布与福克斯电影公司合作，计划每年至多推出两部电影作品，对每部进行 2000 万美元的适度投资。合作中，两者以兰登书屋在北美和世界其他市场上的作品为故事蓝本，共同参与电影脚本开发、导演甄选、制作及宣传营销的全过程，共享与图书匹配的电影版权与收入，但福克斯公司享有电影的全球发行权和销售权。2011 年 7 月，一部由安妮·海瑟薇（Anne Hathaway）主演的合作电影《一天》在北美市场公映，该片改编自兰登书屋作者大卫·尼克尔斯（David Nicholls）享誉世界的同名畅销书。图书与电影立体出版的形式有助于巧借电影的独特传播途径，营造内容的全球轰动效应。

同时，兰登书屋还开发了电视业务。2006 年 6 月，兰登书屋收购英国 BBC 图书出版公司（BBC Books），使其成为伊伯里出版部门（Ebury Publishing Division）的一部分。BBC 图书出版公司主要出版 BBC 电视节目的相关书籍。这为兰登书屋在英国走影视与图书相结合的道路打开了局面，增加了兰登书屋为全球出版更多优秀作品的机会。

除了如上四种形态产品外，兰登书屋先后推出的数据库、阅读应用软件等数字产品，也受到市场的追捧。可以看出，兰登书屋所开展的数字出版业务，大都根植于其丰富而优质的内容资源之上；同时，它又借助数字媒介传播迅捷、互动性和体现性强等特点，不断在全球拓展新的市场。通过这样的数字化发展，兰登书屋一方面充分实现了传统出版内容的潜在价值，另一方面也扩大了传统出版在数字媒介市场中的影响力。

三　营销策略：作者、读者和作品三方价值最大化

在数字化转型过程中，兰登书屋确定了“以内容和作者为中心，以市场和读者为导向”的核心战略，采取多种手段和渠道建立并加强作者、作品和读者之间的联系，实现三者价值的最大化。

（一）为作者提供全方位服务

作者是内容之源，是出版社最重要的合作伙伴，但自助出版的兴起使出版机构面临着作者流失的危机。为此，兰登秉承以作者为中心的原则，通过提供全方位服务和营销推广来为作者及其作品创造价值，以此来证明兰登书屋是“作者最佳的合作伙伴”。目前，兰登拥有50多位诺贝尔文学奖获奖作者，之所以能成功吸引很多著名作家，一个很重要的原因是兰登非常重视为作者提供专业性很强的服务，让编辑为作者提供一对一的服务，并使他们之间保持紧密的合作关系和深厚的友谊。现今，兰登正利用全球资源为作者提供全方位360度的服务。在它的“作者门户网站”上，作者可实时看到自己图书的销售数据和版税金额，也可以用此来为自己做一些推广，比如通过社交媒体来为自己进行推广，打造自己的品牌。不仅如此，兰登还开始注重为作者开拓更广的收入来源和收入途径，如给作者提供演讲代理服务，帮作者安排收费演讲活动或其他收费活动等。[①]

（二）加强与读者的联系，提升读者阅读体验

数字化技术可以使出版社和读者建立起直接而紧密的联系。兰登书屋的经营者清醒地认识到，数字时代出版商的一个重要作用就是：发现受众，并让作品和尽可能多的受众联系起来。为此，兰登充分发挥传统媒体和新媒体的不同优势来开展宣传和推广活动。首先，它通过传统媒体如报纸、电视等发布书籍信息，使读者在第一时间内发现书籍；其次，利用在社交

① 陈旷：《兰登书屋的全球出版和数字化进程》，http：//www. bookdao. com/article/50725/。

媒体平台上建立的众多图书社区，把图书推荐到特定类别的读者群中去。在数字方式的营销活动中，兰登还通过对消费者的购书和阅读行为进行细致深入的观察和分析，为不同的书籍寻找适当的渠道和路径，针对相应群体进行营销。

在加强与读者联系的同时，兰登书屋非常注重提升读者的数字阅读体验。在信息泛滥背景下，图书内容检索和获取的便捷性及易得性是衡量数字阅读体验的重要标准。兰登书屋在这两个方面进行不断探索，保障体验效果的不断改善。2007 年，兰登启动在线图书内容搜索和浏览服务器 Insight，通过这个服务器，用户可以搜索到 5000 多种兰登书屋新版和再版图书；2008 年，启动按章节在线售卖图书工程，这是大型商业出版社第一次为读者提供单本书的某部分数字化内容；兰登书屋推出“浏览和搜索”工具包，它可放在网页上供用户浏览和搜索兰登图书文本内容，读者最多可以浏览一本书 10% 的内容，通过预览图书内容，读者可评估自己对作品的喜爱程度以做出购买决定。

（三）建立多元化的销售渠道

兰登书屋利用层出不穷的网络技术和数字平台，自建渠道与利用第三方渠道相结合，构建多元化的数字化销售渠道网络。早在 20 世纪末，兰登书屋就通过亚马逊和巴诺网上书店销售图书。2000 年借助 Xlibris 公司开展作者自助出版和按需出版业务，实现传统渠道和数字渠道的完美结合。2004 年底，兰登书屋开始在互联网上直接向消费者售书。2005 年 1 月，兰登书屋又发明了专用软件，通过发手机短信来促销新书，开辟了利用手机终端进行图书营销的新思路。2005 年 12 月，兰登书屋宣布与在线图书零售商、搜索引擎、娱乐门户网站以及其他合适的销售商合作，将其图书以按页浏览付费的方式卖给消费者。2011 年兰登书屋加盟苹果公司的 iBookstore 数字图书销售平台，同时，兰登书屋还开发多款图书应用程序通过 iTunes 音乐商店发售。凭借这些多元化的营销网络，兰登书屋在努力实现“让任何消费者在任何地方都可以方便地获得我们所提供的内容”的同时，也使它的数字业务收入稳定攀升。

综上可见，在席卷全球的信息革命浪潮中，兰登书屋敏锐地把握住了出版数字化的发展方向，借助灵活有效的投资手段和全球领先的市场地位，兰登在数字出版领域不断探索新产品、新服务，开拓新业务、新市场，创新数字化营销手段，在为作者和读者创造更多价值的同时，也平稳地实现由原来的图书出版商向信息服务商的转变。当然，兰登书屋的数字化转型之路还在继续，新合并而成的企鹅兰登书屋还将迎来更多的挑战和风险，但兰登走过的数字化道路值得我们深思和借鉴。

《江南 Style》：新媒体时代新“韩流”典范

赵春光 龙 耘*

《江南 Style》是韩国歌手朴载相（也因成名曲《鸟》被称作“鸟叔”）的一首单曲，于 2012 年 7 月 15 日发布，之后上传到全球最大的视频网站 Youtube 上，结果一夜爆红。2012 年 10 月 8 日，这首 MV 在网站上点播已超过 4 亿人次，成为该网站史上最受欢迎的视频。《江南 Style》于 2012 年下半年风靡全球的火爆局面，打破了全球流行音乐史上欧美音乐一统天下的格局，以韩国 K-pop 为代表的亚洲音乐一时间成为乐坛的典范和楷模。“韩流”何以如此红遍全球？其背后的推手及借力的方式值得思考。

一 “韩流”发展的几个阶段

《江南 Style》并非个案，它的成功是在“韩流”（Korean Wave）发展的基础上获得的。“韩流”发展大致经历了三个阶段：走向亚洲阶段，走向世界阶段和新“韩流”阶段。

20 世纪 80 年代，韩国在完成工业化的基础上，娱乐产业和流行文化开始起步。到 20 世纪 90 年代中期，娱乐产业形成规模，其文化内容开始向外输出，输出的第一站便是中国、日本及亚洲其他地区。韩国的文化输出很有针对性。由于与中国有较为相同的文化根基，因此在输出内容上选择了家庭伦理剧，而在日本，则制作了符合日本观众口味的内容。例如《冬季恋歌》通

* 赵春光，中国传媒大学传播研究院 2011 级传播学博士研究生；龙耘，中国传媒大学广播电视研究中心，副主任、教授。

过男女主人公的爱情历程深深吸引了日本观众尤其是中年妇女，使得韩国演员裴勇俊在日本名声大噪。在这个过程中，韩国音乐以影视曲的形式开始受到关注。

到21世纪初，韩国文化产业开始走向全球，逐渐摆脱了“家庭伦理剧”和“爱情剧”的固定套路，尝试多样化的内容。以《大长今》为代表，其在全球各地的播出显示了其影响力已超出亚洲。与此同时，K-pop正式加入“韩流”的行列，各种音乐团体和作品开始由亚洲走向世界，在世界流行音乐领域逐渐占有一席之地，如H. O. T、BoA、Rain等。

兴起于20世纪90年代末的老“韩流”对外输出的核心内容是影视剧，因此其影响也仅限于华语世界、日本及东南亚。2010年之后情况发生了改变，随着传播技术的发展，尤其是互联网及新媒体（如YouTube、Twitter等社交媒体）对信息传递规模的深入改变，K-pop逐渐成为“韩流”之主流，其传播范围超出了亚洲并开始走向世界。为了更好地在世界其他市场立足，新“韩流”更加注重文化传播的多样性。《江南Style》等新“韩流”正是在这样的传播语境下出现的。

二　新媒体时代《江南Style》传播的本土语境与全球语境

（一）《江南Style》的本土意义

《江南Style》这首曲目的名字与韩国的区域经济有关，这里的“江”指的是流经韩国首都首尔的汉江。汉江把首尔分为南北两部分，北部属于老的政治经济中心。20世纪70年代以后，首尔政治经济中心开始向南方转移。以1988年首尔奥运会为契机，汉江以南开始了大规模的基建和开发。富人陆续迁移至汉江以南，能够在江南生活逐渐成为一种身份和地位的象征。江南地区作为富人的聚居区自然有不一样的生活方式，而《江南Style》就是以江南豪华奢靡的生活方式为主题的。

《江南Style》的歌词内容非常直白，主要描述了江南地区的奢靡生活。在歌曲中朴载相扮演了一位所谓江南地区的“高富帅”，而在 MV 里他又俨然是一个穷“屌丝”，做着成为江南名流、左拥右抱的黄粱美梦。歌词内容与主人公的形象形成了强烈反差，具有很强的反讽意味。现实中，韩国的江南地区在经济上虽然取得了奇迹般的发展，然而在很多韩国人心目中，它却像一个抛弃了传统价值观念的“暴发户”。同时，由于江南和江北地区严重的两极分化和疏离，以及全球金融动荡导致的韩国经济衰颓，《江南 Style》这首歌曲正迎合了韩国普通民众的心理，反映了普通民众对这种奢靡生活的鄙弃。

从上述层面来说，《江南 Style》这首歌在其歇斯底里的“表情”下是有着深刻内涵的。整首歌曲关注的焦点是首尔区域经济的分化以及由此而来的阶层分化，尤其在经济不景气的年代，这首歌暗含了一种政治诉求。然而，作为一首流行音乐，其在全球传播过程中能产生如此之大的影响，受到语言限制的歌曲内容已然不是传播的重心了，其他的多元元素恰恰左右了其传播的范围和效果。

（二）《江南 Style》在全球传播中的认同层面

《江南 Style》的受欢迎程度在全球传播的过程中达到了顶点。可是，由于语言文化的差异和限制，这首歌曲的内容及其所指对象都不再是大众消费的焦点。当《江南 Style》在韩国本土之外流传的时候，没有人再去追究“江南”的具体文化含义以及这首歌曲背后的所指，代之而起的是歌曲中节奏感极强的旋律和那怪异而有号召力的舞蹈，正是这些元素成为其全球传播过程中的动因。

在音乐节奏方面，《江南 Style》将重复发挥到了极致，整首歌没有太多复杂的唱法，简洁而朗朗上口，很容易被人们传唱。“Oppa gangnam style”作为高潮部分不断地重复，很容易就能够被人记住。不管人们对它表达的意思理解与否，但瞬间便能脱口而出。“有研究表明，《江南 Style》这首歌曲以 3.6 秒的周期将五个音节重复 4 次，整首歌，五个音节的核心节奏重复了 100 次以上。这个节拍数和慢跑 30 分钟以后呼吸急促那一瞬间的心脏跳动数几乎一致。听到这个节拍后，人们会不自觉地晃动身体。”①

① 沈玎、李韵：《江南是什么 style》，《南都周刊》2012 年第 40 期。

舞蹈方面，据说朴载相在编舞的时候收集了各种动物素材，最终用“骑马舞”作为整首 MV 标志性的舞蹈。相比于歌词，韩国本土以外的人们更感兴趣的也是这个“骑马舞”。身形偏胖的朴载相，不断重复着策马扬鞭的动作，配上快节奏的音乐，让人顿时就有了跟着一起舞蹈的冲动。这段舞蹈能够让明星和草根都趋之若鹜关键在于其模仿的门槛低。“如果说迈克尔·杰克逊的舞步是让人顶礼膜拜的，而瑞奇·马丁的电臀有着与生俱来的性感，这些都是有门槛的，只可远观，不可亵玩。”① 而“骑马舞”的动作简洁简单，甚至有些愚蠢，造成了极为平民和业余的效果，更增强了其扩散的深度和广度。

《江南 Style》MV 的视觉效果非常国际化，容易被韩国本土之外的观众接受。通过镜头和画面的运用，朴载相神乎其神的表演在营造了一种喜感的同时传达了一种反讽的意味。首尔延世大学国际关系学教授约翰·德勒里说：“韩国人往往在喜剧里质疑或取笑韩国的社会政治等，以此来发泄。我想不管怎么样，当某个外国人开着自己的玩笑，全世界的人都感觉收到参加的邀请了。”② 同时“鸟叔”的形象也完全符合西方文化中对亚洲男性的种族偏见和刻板印象，这也是其在西方社会受到欢迎的主要原因之一。

三　新“韩流”的新媒体传播策略

（一）基于国家背景下对新媒体资源的开发

尽管《江南 Style》获得了巨大的成功，但是从本质上讲它仅仅是韩国最成功的文化输出品，在某种程度上并非是韩国原生态的内容。部分人认为《江南 Style》不能向世界传播真正的韩国文化。《韩国时报》总编辑恩永进指出，该舞蹈与美国的关系远远大于与韩国的关系。③ 但不管怎么说，《江南 Style》可以看成是韩国文化“软实力”的一次成功的对外展示。作为新“韩

①② 沈玎、李韵：《江南是什么 style》，《南都周刊》2012 年第 40 期。

③ 维基百科，http：//zh. wikipedia. org/wiki/%E6%B1%9F%E5%8D%97style。

流”的代表的《江南 Style》，其幕后的推手是韩国政府。

韩国政府对本国文化产业的推广和支持是一贯的。1998 年的金融危机重创了韩国的传统产业，之后韩国政府开始调整经济结构，致力于构建一个可持续的经济发展模式。由于文化产业本身受宏观经济影响较小，又能带来大量的就业机会和可观的经济收益，还可帮助提升韩国的对外“软实力”，因此韩国政府将其作为发展的重点。

2009 年 5 月 7 日韩国文化振兴院成立，这个振兴机构旨在整合文化领域的核心力量，促进文化产业发展，构筑综合支援体系。为了振兴文化产业，确保具有创造力的人才力量，韩国政府积极推进人才培养事业。从文化企划到开发、商业化等阶段，韩国政府大力支援专业化的研发活动。与此同时，为了将文化产业发展成出口产业，韩国政府也积极推动与国际市场相关的多样化支援事业。

随着新媒体的发展，韩国政府相关机构开始调整产业政策，在为文化产业构筑资源平台的基础上，推动文化内容的多样性。近年来，新“韩流”的发展重点是流行音乐，无论是韩国的偶像团体还是以朴载相为代表的异样音乐。原因之一可能是流行音乐本身具有很强的包容性，它往往通俗易懂，能与受众形成共鸣和互动，这一点在与古典音乐的对比中能明显反映出来。然而，流行音乐包容性再强毕竟也受到空间和地域的限制，而新媒体则为突破这一局限提供了平台，韩国政府积极推动文化产业与新媒体的联姻。新媒体提供了一个全球通用的音乐代码平台，基于这样的平台，大众艺术和文化市场的开放就成为必然。任何音乐和视频都可以用统一的编码系统集中呈现在新媒体上供全球爱好者共享和鉴定，这使得流行文化的传播更为便捷并突破了地域和文化的界限。

新媒体的开放性还表现在其对不同文化的包容上。在“韩流”发展初期，主要的输出地是亚洲国家，因此文化内容的产出也较有针对性。由于有着较为相同的文化根基，“韩流”本身在内容上也较为单一。随着其向世界其他地域的扩展，韩国流行文化消费者的年龄和阶层都在变得更为多样化，在新的媒介环境下韩国政府构筑资源平台以鼓励在不同的传播渠道（尤其是新媒体）中发展和传播多样的韩国文化。在当今媒介环境下，“任何一首通俗歌曲都将难以实现大范围流行；分众化创作或将成为流行乐坛的主流”。[①] 一首歌曲是否流行已经成为过去时了，新媒体已经将受众分割成具有不同兴趣爱好的音乐群体，新“韩流”的发展正是瞄准了这一趋势。新“韩流”的音乐风格更加类型化，囊括了不同的流派，《江南 Style》就是这些多样化内容中的典型代表，它的主角不再是帅哥美女，内容也不是卿卿我我，而是表达出一种别样、怪异和反讽。

此外，新媒体突破了时空的限制，使受众在任何时间地点都能共享信息，客观上改变了文化产品的输出方式。就音乐而言，过去音乐的发布往往是通过磁带、光盘等介质并以实体售卖的方式到达音乐受众的，因此从音乐的传播到扩散需要一个很长的周期。新媒体的发展改变了这种传播模式，大大缩短了音乐扩散的时间，音乐作品一旦出炉便可以通过新媒体立刻呈现在音乐受众面前。由于新媒体的全天候传播和全地域覆盖，任何人在任何时间地点都能享受到最新的音乐。韩国政府注意到了新媒体的这一特点，并在其基础上转变文化产品的输出方式，彻底摒弃传统传播介质，将文化产品直接呈现于新媒体上。在这种模式下，新的文化产品能很快产生影响，同时，由于流行音乐本身通俗易懂并容易与受众形成互动，这样一个新媒体平台就更加容易与音乐受众形成感情纽带，从而形成更强的粉丝效应，因此在很短的时间里创造了“韩流”发展的新高潮。

新“韩流”呈现出一种更为繁荣的景象，主要原因是在新媒体环境下其内容更加多元化，使不同国家各层次的人群都能找到自己喜欢的内容，突破了以人口特征划分的界限，形成了全世界对新“韩流”的追捧。

（二）新媒体的自主扩散与无成本传播

“韩流”近些年在全球的迅猛发展得益于社交新媒体的发展，没有新媒体就不会有韩流在社交关系网络中的裂变式传播，也就不会有以《江南 Style》为代表的新“韩流”给全世界带来的巨大震动。新“韩流”同旧“韩流”的根本区别在于新“韩流”的传播更为生动和现代。[②] 这主要得益于互联网和移

---

① 邵岭：《新媒体“立体矩阵”带动乐坛新变化　流行乐分众化势不可当》，http：//news. eastday. com/gd2008/f/2013/0320/3532118614. html。

② Korean Culture and Information Service，*The Korean Wave：A New Pop Culture Phenomenon*，2011，p. 46.

动通信设备的普遍使用，而最为关键的是基于这些技术平台上的新媒体的发展，如 Youtube、Facebook 和 Twitter 等创造性地改变了文化内容展示、消费和传播的方式。

基于互联网平台的新媒体正在改变着文化传播生态。新媒体的本质属性是其社交性，新“韩流”所谓的“新”也正是在新媒体的环境下借力新媒体本身的社交功能开展更大范围的文化推广。因此，“韩流”的消费方式也随着新媒体的出现及其影响的深入而发生了改变。相对于新“韩流”而言，旧“韩流”可以说是国家力量推动下的一种文化制造和推广，文化出口或文化输出的意味非常明显。新“韩流”则不同，尽管其发展也借力国家层面的资源整合，但其文化推广的方式更为亲切。由于这种文化传播是基于新媒体的，受众在接受这些文化内容的时候就显得更为主动，这种主动的文化交流能够引发连锁反应，更易于文化内容的自主扩散。

在今日传媒之下，多数韩国音乐和韩剧的爱好者都是通过新媒体来消费这些文化内容的。很多韩国歌唱团体及歌手既没有发行唱片也没有举行过演唱会，可他们一旦去某地演出，那些粉丝就会从世界各地蜂拥而至，原因就在于韩国文化已经舍弃了传统的推广方式。很多韩国娱乐公司都通过新媒体社交网络（如 Youtube、Facebook 和 Twitter）同粉丝建立起亲密的关系，他们会向粉丝提供关于“偶像”的各种动态内容和信息。韩国著名的少女偶像团体“少女时代”（Girls' Generation）所属的公司 SM Entertainment 就在 Youtube 上建立了“少女时代”的专门频道并提供相关的音乐视频，该频道一时间成为全球最受欢迎的频道。其中，“少女时代”的作品之一《Gee》截至 2011 年 5 月被观看了 4200 万次，这些观众来自世界各地，如泰国、美国、日本和欧洲。①

今天的媒体环境下，影响传播的因素日益增多并日趋复杂，从而增加了营销传播的风险。“韩流”作为一项具有国家战略意义的文化营销方式，其面对的风险更为复杂和艰巨，甚至可能面临巨大亏损和失败。“韩流”在早期的推广中确实遭遇过这样的挫折，然而，在选择了新媒体作为其进一步发展借力的

① Korean Culture and Information Service, *The Korean Wave: A New Pop Culture Phenomenon*, 2011, p. 46.

支点后就实现了一种无成本的传播。这样的营销传播规避了可能因营销策略失误导致的风险，同时利用名人“意见领袖”的作用扩展了其文化传播的纵深度，带动了“韩流”“螺旋式”的扩散。《江南 Style》便是这样，最初在韩国本土的传播反应平平，直到放在了 Youtube 和 Twitter 上才大放异彩，无论其成功与否，这种营销传播都是零成本的。《江南 Style》的成功看似意外之喜，但又在情理之中，“韩流”在新媒体上的无成本传播是基于其多年与韩流爱好者达成的“文化信任”和“文化认同”，这种信任和认同不是一朝一夕便能够建立起来的，而是在韩国文化与世界文化几十年的交流中形成的，这样的成本恐怕更为巨大。

（三）名人传播和粉丝效应

资源和平台是新“韩流”取得成功的客观因素，但更重要的还是人的因素，可以说“韩流”的输出首先离不开名人传播。2012 年 7 月 15 日《江南 Style》的 MV 在 Youtube 上发布，7 月底，超级偶像贾斯汀·比伯的经纪人斯古特·布劳恩、说唱歌手提潘等人在 Twitter 上提到该曲，并附上了该曲在 Youtube 的视频链接。8 月，美国众多音乐歌手，包括好莱坞的明星汤姆·克鲁斯等人相继转发《江南 Style》。9 月 4 日《江南 Style》的 MV 在 Youtube 的点击量突破 1 亿。[①] 在传播的后期阶段，这股热潮开始席卷社会各界——韩国总统候选人朴槿惠在竞选办公室大跳骑马舞，奥巴马的竞选团队制作出了美国大选版 Style，[②]甚至连 68 岁的联合国秘书长潘基文都看了好几遍《江南 Style》的视频，并盛赞“《江南 Style》为世界和平做出了极大贡献”。[③]

《江南 Style》在全球传播过程中凭借的名人效应不同以往。以往的名人效应是以名人代言的形式出现的，是利用名人的知名度来推销某种产品，名人本身是不参与产品本身的。而《江南 Style》传播中的名人兼具“名人”和“粉丝”的双重身份，他们在传播的同时又参与了文化内容的再创作。“小甜甜”布兰妮就曾在电视节目上放下美女架势，和朴载相一起学习骑马舞，然后兴致

①② 龚灿：《江南 Style 引领新韩流》，《看世界》2012 年第 21 期。

③ http：//news. stnn. cc/guoji/201210/t20121011_ 1806481. html.

勃勃地在网络上推荐，引起粉丝的关注；“大力水手”罗宾·威廉姆斯学跳歌曲中的舞蹈；神话组合、张东健、李东赫都模仿过《江南 Style》的舞步；香港导演钱伟国集结曾志伟、郑伊健、古巨基等整了个全套的港版《江南 Style》，引起网友追捧，连毕福剑“毕姥爷”都在节目里跳起了骑马舞。

相较于名人粉丝，草根粉丝对《江南 Style》的影响力更大。“与传统的追星族不同，当今的粉丝们更强调表达和行动，他们能够大胆地抒发自己对偶像的喜爱，能够积极参与与偶像相关的所有活动，而这一切都是建立在新媒介技术给粉丝们带来的便利之上。”① 在新媒体环境下，草根粉丝获得了更广阔的表达渠道，他们在共享《江南 Style》的同时参与式地创造并丰富了其内容，扩大了其所指和影响力。韩国在文化产业领域也表现出了宽容的版权意识，他们把某种程度的侵权行为视作其文化传播的有效工具。因此，在模仿的基础上衍生出了众多的创造性内容，提升了其影响的深度和广度。

在众多的衍生内容中，最著名的是美国海军版《江南 Style》，这是由美国海军学院学员主演，内容模仿《江南 Style》的 MV。《江南 Style》在中国也掀起了一股模仿潮，网络上模仿《江南 Style》的版本亦有不少。一位网友根据周星驰演过的电影中的一些片段剪辑创造了《周星驰 Style》，其中的动作与《江南 Style》曲中节奏基本吻合。中国网民还制造了《红军版 Style》《CHINA Style》《客家话版 Style》《雪姨版 Style》《长沙版解放 Style》《熊猫 Style》《防骗 Style》等。明星与粉丝的组合很自然地把《江南 Style》推向了全球。

草根粉丝还为“韩流”的发展充实了新的内容。来自全世界各地的粉丝将模仿的舞蹈视频上传至 Youtube 上，这些视频的数量超过了歌手的数量，模仿者的舞蹈技巧甚至超过原创。在这样的互动中，韩国文化借助粉丝的创造性进一步提升了自身。同时，韩国政府也不忘利用这样的绝佳营销机会，作为韩国旅游年一部分的 2011 年国际舞蹈模仿节在全球 38 个国家征召参与者，2011 年 7 月初的第一轮比赛赢得了超过 1600 万的收视率。韩国 MBC 通过 Youtube 在全球寻找亚洲音乐之星，成千上万的参与者寄送了家庭自制视频并希望拥有

① 蔡骐：《网络与粉丝文化的发展》，《国际新闻界》2009 年第 7 期。

展示的机会。① 从这些活动可以看出，基于新媒体的粉丝效应不仅扩展了“韩流”影响的范围，更重要的是增加了其影响的深度，参与和创造已把“韩流”消费转变为生活的一部分。

四　结语

《江南 Style》的成功以及新“韩流”的出现离不开新媒体，媒介技术的进步改变着传媒生态，技术可能在某种程度上决定传播的诸种可能性。在此基础上，韩国政府为本国文化产业的发展提供了全面的资源平台和政策支持。在一种更为宽容和自由的传媒环境下，依靠全球“意见领袖”和粉丝们对韩国文化的参与和创造，韩国文化走向了世界更远的地方，呈现出一种“独特的Style”。

① Korean Culture and Information Service, *The Korean Wave: A New Pop Culture Phenomenon*, 2011, pp. 51 - 53.

微信盈利模式探析

黄　建*

微信在2011年作为一个专为移动设备研发的即时通信类产品上线。它的出现给用户带来了全新的移动互联网通信体验，同时也给移动网络运营商的传统主营业务带来了巨大的冲击，[①] 特别是移动网络运营商的短信业务、多媒体彩信业务以及语音留言业务等。让运营商担心的不仅仅是微信能够提供运营商所提供的许多业务从而形成市场竞争，而是微信提供这些业务完全是免费的，这彻底颠覆了传统运营商的盈利模式。

微信作为一个典型的移动互联网产品，它在提供传统运营商业务的同时，并不沿用传统运营商的盈利模式进行盈利。因此，微信在其诞生初期，盈利能力和盈利模式同整个移动互联网其他产品一样受到社会的不断质疑。例如受移动终端的限制，传统互联网商业模式不能简单移植到移动互联网；广大用户对移动互联网业务接受还需要一个过程，规模效应尚未显现；用户对一些新业务处于尝试阶段，付费意愿较低等因素都在限制着移动互联网产品实现盈利。[②] 甚至在2012年下半年，微信用户已经达到2亿时，腾讯董事会主席兼CEO马化腾在大会现场坦言，微信盈利模式暂时还未找到。[③] 这种情况只停留在2013年8月以前。2013年8月，微信推出5.0版本之后，微信的盈利模式开始变得越来越清晰，本文将在微信目前的功能基础上，对微信当前和未来的盈利模式进行探讨和分析，希望能够从微信个案中寻找到适合我国移动互联网的新型盈利模式。

---

* 黄建，中国传媒大学传播研究院，讲师。

① 苏文豪：《移动OTT发展冲击传统业务 我国运营商需借鉴经验未雨绸缪》，《世界电信》2012年第8期。

② 胡世良：《移动互联网缺乏有效商业模式》，《中国电信业》2013年第2期。

③ http：//tech. ifeng. com/internet/detail_ 2012_ 10/19/18377044_ 0. shtml.

一 微信发展历程及主要功能架构

（一）微信发展历程

2011 年 1 月 21 日，微信发布了针对 iPhone 用户的 1.0 测试版本。该版本只能进行简单的文字信息传递以及分享照片和更换头像功能，从功能上来说，甚至还不如当时的手机 QQ，因而，微信上线之初，外界并不看好该产品。在后续的版本中，微信加强了好友导入功能，并支持直接读取手机通讯录信息，而且开通了与微博私信的互通功能。经过 3 个多月的发展，微信的用户就增长到了 400 多万（见图 1）。

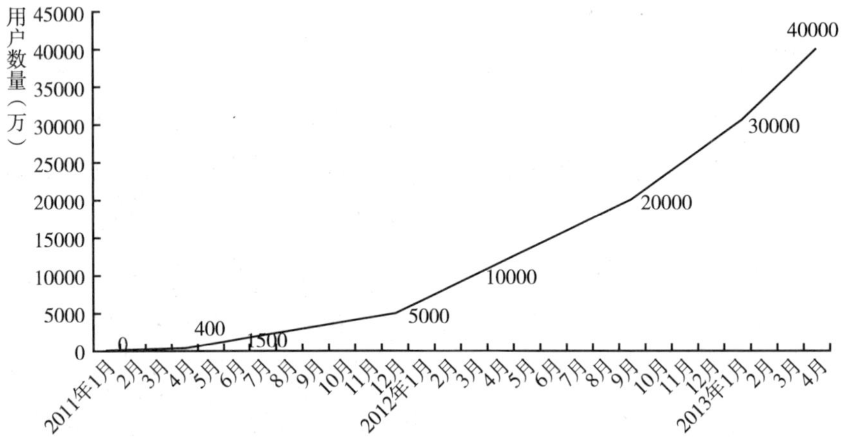

图 1 微信注册用户发展走势

资料来源：根据网络数据整理，http：//tech. xinmin. cn/2013/01/16/18177751. html，http：//www. chinastock. com. cn/yhwz_ about. do? methodCall = getDetailInfo&docId = 3592004，http：//tech. hexun. com/2012 -03 -30/139928836. html，http：//reteng. qq. com/info/14282. html。

2011 年 5 月，微信发布了 2.0 版本，该版本提供了语音对讲功能，该功能获得了用户的认可，许多人开始把微信当做对讲机进行娱乐和通信。在后续几个子版本中，微信又开始支持视频传输功能，使得微信初步具备了多媒体传输沟通的功能。在用户的导入方面，该版本推出了“查看附近的人”，扩大了用户的朋友圈，增加了微信的可玩性。2011 年 7 月，微信的用户一下子增长到千万量级。

2011 年 10 月，微信的 3.0 版本开始从国内走向了国际化，除了支持繁体中文界面，还支持港澳台地区、美国、日本的手机号。同时，该版本还推出极具创造性和趣味性的“摇一摇”功能。截至 2011 年底微信的注册用户已增加到 5000 万。

2012 年 4 月，微信发布了 4.0 版本。微信 4.0 版本是一个变化比较大、持续周期比较长的版本。该版本共进行了 5 次迭代，每次迭代都给用户带来了许多惊艳的功能，如语音识别、视频聊天插件、朋友圈等。该版本最大的变化是将微信从传统的即时通信应用产品改变成通信及好友社区类产品，也将微信之前单纯的手机端应用延展成 PC 和手机都支持的应用。

2013 年 8 月，微信发布了 5.0 版本。微信 5.0 加强了过去“扫一扫”功能，不仅支持二维码扫描，还增加了扫描条码、扫描图片、扫描街景和扫描文字功能，基本具备了当前同类产品的主要扫描功能。而“摇一摇”功能，则不再仅仅是摇出好友，而是通过视频声音来辨识这是哪部电影或者电视剧。微信 5.0 版本除了优化改进过去功能外，还增加了收藏功能、游戏功能、表情商店以及支付功能等，使微信整个产品变得更加完整和全面。

（二）微信的主要功能架构

微信从 4.0 版本开始，已经包含了许多好玩有趣的功能，并且给一些企业账号和个人账号提供了运营推广平台，但仍无法让外界看到其盈利点。微信 5.0 版本推出了一系列与盈利相关的新业务和支撑功能，打消了外界对微信的担忧，也显出了微信未来的盈利模式和发展架构。

微信的盈利模式同其产品功能架构是紧密相关的。目前，微信的产品功能架构已经基本完整和齐全，可分为信息通信、社交游戏和支撑功能三大模块（见图 2）。信息通信是微信最初的功能模块，是微信立足的基础和根本；社交游戏则为微信摆脱传统通信服务提供商身份，从一个通信工具转变为好玩有趣

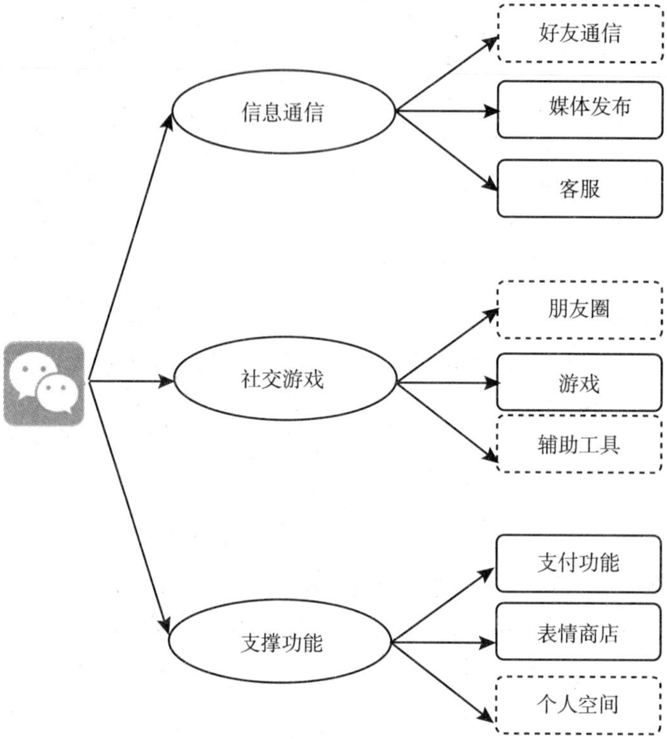

图 2　微信产品功能架构

的移动互联网产品奠定基础；支撑功能为用户提供了更好使用微信所不可或缺的一些功能点。这三大模块相互独立，又相互补充促进。信息通信模块满足用户的“硬需求”，社交游戏则提升用户黏性，支撑功能为前面两大模块提供支持服务。

目前，微信的三大功能模块都已有相应的盈利点。如图 2 所示，微信三大功能模块下的各个子功能已经具备盈利功能（虚框内的功能除外）。虚框内的功能是微信的基础性功能，满足大多数用户的基本需求，而其他具备盈利功能的功能点尽管也主要以免费为主，但包含的一些增值服务可以作为盈利点而存在。例如游戏功能就是所有用户都能使用，但盈利点在于其内部的道具销售。支撑功能模块里的支付功能和表情商店则是为盈利而专门设计的功能模块。

二 微信盈利模式分析

目前，微信的产品功能架构中能够实现盈利的功能点基本完备齐全。微信的多个业务依托这些功能点已经开始实现盈利，而且各个业务的盈利模式不尽相同。

（一）微信的主营业务及盈利点

根据微信营收对象的不同，可以将微信各业务分为三大部分：B2C 业务、B2B 业务和 C2C 业务（见图 3）。微信的 B2C 业务，指的是微信团队通过自己研发的产品功能直接为最终用户提供服务并进行盈利的业务。微信的 B2B 业务，指的是微信团队通过其产品平台的相关功能，服务于企业用户，企业用户

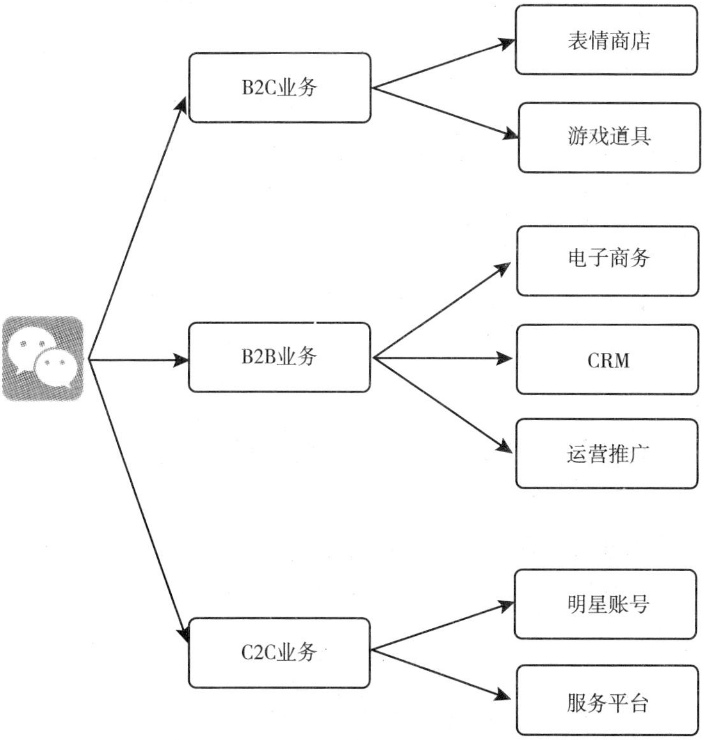

图 3 微信的主营业务及盈利点

则通过微信平台的相关功能为最终用户提供服务。B2B 业务，微信团队不直接对最终用户进行收费，而通过与相关企业进行商务合作实现盈利。C2C 业务，是指微信团队通过其产品平台的相关功能，服务于个体用户，个体用户依托该平台，为最终用户提供服务并进行盈利的业务模式。C2C 业务，微信团队通过利润分成的方式与提供服务的个体用户分享营收。

1. 微信 B2C 业务盈利分析

微信 B2C 业务是微信团队直接服务于最终用户并实现盈利的业务，当前微信 B2C 业务主要由表情商店和游戏道具销售组成。

微信的用户可以通过与其他好友的聊天页面和自己的个人空间直接访问表情商店，表情商店里有“咔咔还没长大”“Molang”“双重性格的喵小美”以及“欧尼和波吉利”等七种（截至 2013 年 10 月 7 日）表情可供挑选。每种表情由 16 张动画组成，用户在下载使用每种表情之前得先支付 6 元人民币。下载成功后，用户便可以在与其他人聊天时，不限次数地使用这些表情，让自己的聊天经历更有趣好玩。

游戏道具的购买与表情商店有所不同，微信团队提供了五款游戏（截至 2013 年 10 月 7 日）供用户免费使用。用户可以通过游戏道具的购买使自己的游戏经历更精彩、画面更绚丽、功能更强大。例如“天天酷跑”这款游戏，用户可以购买坐骑升级使角色更强大，获得的奖励更多。但与表情购买不同，坐骑的购买不是直接支付，而是通过支付购买“钻石”这个虚拟货币，然后通过“钻石”购买坐骑。“钻石”还可换购“金币”这个虚拟货币，“金币”的使用场景则更为广阔，可以采购更多的虚拟道具。“金币”与“钻石”最大的不同在于，用户可以通过游戏赚取“金币”，而“钻石”则需要真实的支付购买。

2. 微信 B2B 业务盈利分析

微信 B2B 业务是微信落实平台化和开放化战略的一个重要举措，通过微信 B2B 业务，微信可以为传统企业以及移动互联网公司提供服务平台，这些企业可以通过微信这个平台拓展自己产品的用户数以及提升服务质量。

微信 B2B 业务中，最具影响力的莫过于其 CRM（客户关系管理）功能模块，这个模块为传统企业打造了一个高效优质的管理系统。电信运营公司、保险公司、餐饮服务企业以及银行等行业企业都可以通过微信与用户进行沟通交流，降低了客服成本，解决了网页搜索的低效问题。例如北京电信就通过服务号“中国电信北京客服”为用户提供自助查询话费、自助办理业务、充值缴费、附近营业厅和国漫服务等基础服务，用户还可以在这个服务号里抢购最新款 iPhone，参与有奖活动。微信利用自己海量的用户为传统媒体打造了一个良好的客户关系管理平台，而微信团队则通过为传统企业定制一些专属功能的方式和传统企业合作，获取利益。

微信的用户在 2013 年 4 月就已达到 4 亿，因而微信自身就是一个巨大的产品运营推广平台。目前，微信并不强调对其他产品的推广，只是在附件栏中提供其他移动互联网 APP 应用的推荐位，并且当前这些 APP 应用主要是与微信较为相关的产品。此外，微信作为一个媒体平台，具有很强的营销属性，但这些运营推广手段在微信 4.0 的时候由于被滥用而受到严格的限制，例如服务号一个月仅能推送一条消息。虽然微信在其运营推广业务方面很谨慎，但这并不妨碍该业务的发展，只要微信找到比较合适的手段，该业务一定会成为一个巨大的利润增长点。

微信的电子商务和 CRM 业务有所重叠，一些传统企业利用微信的账号实现自己企业的客户关系管理，而另一些企业则直接在微信平台进行产品销售，也有一些企业二者兼有。

3. 微信 C2C 业务盈利分析

微信不仅仅是服务于企业的移动互联网平台，而且也努力成为个人用户的移动互联网平台。微信不再套用过去腾讯公司惯用的充值成为 VIP 会员的方式，而是借鉴新浪明星微博的元素，创新性地成立明星会员制度。微信的明星会员制，让明星成为自媒体，其粉丝通过充值缴费成为其会员，可以看到明星更多的资料和信息，获得跟明星更亲密接触的机会。陈坤作为最早试水微信明星会员制的个人用户，采用了 4 个收费标准：月卡 18 元、季卡 50 元、半年卡 100 元、年卡 168 元。尽管收费不菲，但效果显著，一些大号甚至实现了一天 700 万的收入。①

普通个人用户也可以使用微信的服务平台为最终用户提供服务，并利用微

① http：//hb. qq. com/a/20130917/004219. htm.

信的收费平台实现盈利。尽管微信的这些功能还在尝试阶段，但其未来的盈利能力不可估量。

（二）微信收费模式分析

当前微信与盈利相关的业务点已经非常丰富，一些业务如表情商店和游戏道具已经直接为微信创造现金流，而一些业务如运营推广业务则极具潜质，但暂时还未直接为微信创造利润。一个完整的盈利模式，除了有盈利点的业务外，还需要最终把这些盈利点转变为现金流的能力。目前，微信依托腾讯公司的大平台，已经具备了很强的变现能力，这些能力主要体现在强大的商务拓展团队和超便利的支付手段上。商务拓展团队，为微信的 B2B 业务实现利润提供支持，而便利的支付手段为微信的 B2C 以及 C2C 业务的盈利点迅速转变为实在的现金流提供了可能。

目前，微信的支付方式除了支持直接绑定银行卡进行微支付外，还支持 Q 点、财付通余额、银行卡快捷支付、QQ 卡和手机充值卡的支付方式。值得一提的是，微信和银行卡绑定的微支付对于小额金额可直接输入微支付密码完成付款，给用户在微信平台上付款带来了极大便利。

微信的收费模式同微信的主营业务是紧密关联的，对于 B2C 业务，微信主要依托现有强大的支付方式，直接实现从最终用户手中获取利润。B2B 业务则复杂得多，通过商务拓展团队和外部各行业企业的协商，最后根据不同的支持力度和合作方式选择具体的金额和支付方式，微信目前这一块业务还处于初期拓展阶段，因而更多在于尝试合作以及资源交换方面，并不急于变现。C2C 业务则主要通过其后台系统直接进行利润分成，微信通过提供相关通信功能、业务功能、支付功能以及广大的用户资源为个体用户创造价值平台。当然，一些 C2C 业务也类似于 B2C 业务，个体用户直接按时间或功能购买微信的服务，微信不参与利润分成。

三　微信盈利模式的特点

本文通过梳理微信的发展历程，分析微信当前最新版本产品的功能架构，并对微信的盈利模式进行探讨，发现微信的盈利模式存在以下几个特点：

1. 多元化盈利模式

同其他移动互联网产品简单依靠广告位推广、缴纳功能使用费或升级成VIP账户不同，微信的盈利模式非常丰富，有直接进行收费的功能点，也有通过合作进行运营推广的业务，还有利益分成的业务。

2. 完整的盈利链条

微信除了业务和相关产品功能已基本成熟外，支付手段和商务拓展团队也很齐全，甚至配套的后台支撑系统也基本成型，使得自动利益分成成为可能。

3. O2O（线上到线下）的融合

微信依托移动互联网平台为传统行业提供客户关系管理系统，为传统企业搭建自媒体平台，推进传统行业的信息化进程，为最终用户和企业创造了价值。微信自身也在这个信息化进程中找到了合适的位置和盈利点。

4. 创新的整合运营盈利模式

微信强大的盈利能力在于其不单纯依靠移动互联网产品或业务进行盈利，也不单纯依靠传统行业业务盈利，而是将线上线下进行结合，将传统行业的业务与移动互联网的技术相结合，将腾讯内部各功能点和资源进行整合，最终打造全新的整合盈利模式。

IPTV 发展的现状、模式与趋势

王润珏*

一 IPTV 的发展现状

IPTV（Internet Protocol Television）是以宽带网络为基础，基于互联网协议，以计算机或“网络机顶盒 + 电视机”为终端，向用户提供包括数字电视在内的多种交互式服务的多媒体业务。

IPTV 是典型的三网融合新媒体形式：集互联网、多媒体、通信技术于一体；能够提供数字广播电视、可视 IP 电话、DVD/VCD 点播、互联网接入以及在线信息咨询、互动娱乐、远程教育、电子商务等多项服务；具有突出的交互性和实时性特征。从 1999 年英国 Video Networks 推出第一个 IPTV 业务以来，全球 IPTV 用户已经超过 5100 万，产生的收入超过 100 亿美元。

Digital TV Research 2012 年 8 月发布的数据显示，截至 2011 年末，美国 IPTV 业务收入为 40.34 亿美元，居全球之首，其次为法国 10.61 亿美元，中国 IPTV 业务收入则以 2.68 亿美元排名第 6 位（见表 1）。

表 1　2011 年全球 IPTV 收入排名前 10 位的国家/地区

单位：亿美元

排名	国家/地区	收入	排名	国家/地区	收入
1	美　国	40.34	6	中　国	2.68
2	法　国	10.61	7	加 拿 大	2.45
3	日　本	8.51	8	中国香港	2.36
4	韩　国	4.19	9	德　国	2.27
5	比 利 时	2.98	10	荷　兰	2.01

资料来源：Digital TV Research。

* 王润珏，中国传媒大学新闻传播学博士后。

从业务普及程度来看，IPTV 的普及程度目前处于较低水平，但呈现出快速增长的趋势。2007 年，IPTV 业务在电视拥有家庭的渗透率为 0.6%；2011 年，IPTV 业务的渗透率为 3.7%。年均增幅接近 130%。

值得关注的是，尽管北美地区仍是全球 IPTV 业务收入最高的地区，但近年来亚太地区 IPTV 用户呈现出快速增长的趋势，并超过北美地区成为 IPTV 用户规模最大的地区，显现出巨大的市场潜力。以北美地区和亚太地区 2008 年、2012 年的 IPTV 业务基本数据为例进行比较，具体情况如表 2 所示。

表 2　北美与亚太地区 IPTV 发展基本情况

	2008 年			2012 年		
	用户数量（万户）	业务收入（亿美元）	ARUP 值（美元）	用户数量（万户）	业务收入（亿美元）	ARUP 值（美元）
北美	340.1	12	352.84	1061.9	47.93	451.36
亚太	300	3.71	123.67	3530	31.73	89.89

资料来源：Digital TV Research。

2008 年，北美地区 IPTV 用户数量为 340.1 万户，占电视用户的 2.73%；业务收入 12 亿美元，占付费电视总收入的 1.54%；户均 ARUP 值为 352.84 美元。2012 年，北美地区 IPTV 用户数量为 1061.9 万户，占电视用户的 8.2%；业务收入为 47.93 亿美元，占付费电视总收入的 5.38%；户均 ARUP 值为 451.36 美元。

2008 年，亚太地区 IPTV 用户数量为 300 万户，占电视用户的 0.42%；业务总收入为 3.71 亿美元，占付费电视总收入的 1.6%；户均 ARUP 值为 123.67 美元；2012 年，亚太地区 IPTV 用户数量为 3530 万户，占电视用户的 4.54%；业务总收入为 31.73 亿美元，占付费电视总收入的 10%，收入平均年增幅达 189%；户均 ARUP 值为 89.89 美元。

其中，在中国香港地区，IPTV 的普及率接近 60%，电话线成为香港用户收看电视频道和进行视频点播的主要渠道，普及率远超世界其他国家和地区。香港电讯盈科因为在 IPTV 业务“Now TV”上取得的成功而成为全球最大的 IPTV 运营商。2012 年，电讯盈科 IPTV 用户数量超过 118 万，该业务还被扩展到马来西亚、泰国、加拿大、美国等国家和地区。

总体来看，近年来亚太地区经济水平提高、人均收入增长，发展中国家宽带基础设施建设的推进、家庭宽带普及程度的提高和宽带资费的下调，IPTV业务发展的市场环境得到优化是亚太地区 IPTV 业务高速发展的主要动因。数据表明，亚太地区 IPTV 用户数量和总收入的增长幅度远超美国和西欧国家，但是户均 AURP 值仍然处于较低水平。

二 IPTV 的几种主要经营模式

（一）电信运营商主导的 IPTV 业务经营模式

以电信运营商为主导的 IPTV 业务经营模式是全球范围内最为常见的 IPTV 发展模式。电信运营商通常将 IPTV 业务视为提高其宽带入户率和业务运营 ARPU 值的一个新驱动源。

欧洲前十大 IPTV 运营商均为电信运营商，包括法国电信、Lliad 公司、SFR 公司、德国电信公司、西班牙电信公司、比利时电信公司、英国电信公司、意大利电信公司、瑞士电信公司和葡萄牙电信公司。美国三大 IPTV 运营商 AT&T、Verizon、SBC 同时也是美国最大的三家电信运营商。韩国的电信运营商 KT 公司和香港电讯盈科也均为所在国家或地区的最大 IPTV 业务提供商。IPTV 业务主要包括免费频道、高清频道、视频点播和互动应用，每个公司还会根据自己的资源特征提供付费频道、自办频道等供用户选择。其中，英国电信公司（BT）IPTV 基本业务构成如表 3 所示。

表 3 英国电信公司（BT）IPTV 基本业务构成

基本服务	(1)电视基本服务套餐 5 英镑/月起;(2)基本扩展服务套餐 7 英镑/月起;(3)无限制电视服务套餐 12.5 英镑/月起;(4)无限制扩展服务套餐 15 英镑/月起
机顶盒	英国电信提供“YouView”和“Vision +”两款机顶盒,根据用户选择的内容套餐进行配发; 两款机顶盒均具备对免费频道的暂停、回看和录制功能
免费频道	共有 70 余个数字电视和数字广播频道
高清频道	高清电影点播、4 个免费高清电视频道(ITV1 HD、4HD、BBC1 HD、BBC2 HD)
点播服务	根据需求对电视节目进行点播、回看、时移,包括 BBC iPlayer、itv Player 等
BT 体育 (客户端或在线)	所有宽带用户免费使用

电信运营商经营 IPTV 业务通常具有以下特征：

1. 以“业务捆绑”为 IPTV 主要经营方式

由于用户使用 IPTV 业务需要以宽带业务为依托，电信运营商通常会采用“业务捆绑”的方式经营 IPTV 业务。事实上，他们更多的是将 IPTV 作为传统通信、互联网和移动互联网的增值业务。这种将 IPTV 业务与其他业务捆绑经营的方式能够借助其他成熟业务的影响力和用户基础，降低 IPTV 业务推广的难度，同时也增加了运营商“一站式”服务的内容，有利于降低用户的离网率，提高 ARUP 值。

在具体操作过程中，电信运营商会根据用户的需求特征设计可供选择的“功能包”，不同运营商的捆绑套餐各有侧重。例如，Verizon 强调通信与娱乐功能的兼顾，将互联网接入、固定电话和 IPTV 业务捆绑销售。AT&T 则强调“客厅体验”服务，提出从电视屏幕共享电脑上的多媒体内容，除 IPTV 以外还包括本地的图片、影像和音乐内容。法国电信将 IPTV 定位为数字家庭的增值业务，主要采用 ADSL 的接入方式，用户终端采用“机顶盒 + 电视机”的方式。法国电信 2003 年末推出该项业务时将其定名为 MaLigne TV，意为“我的电话线上的电视”，凸显了业务捆绑的特征。

2. 提供多样化的用户体验和灵活的付费方式

在香港地区，相对付费数字电视而言，电讯盈科 IPTV 的业务优势在于能够为用户提供从宽带到移动网络，从电视到电脑、手机的跨平台多终端服务，并运用强大的信息处理能力动态调整内容资源结构。此外，电讯盈科还提供了非常灵活的订购和付费方式，用户可以订购某一个频道，也可以订购某一个频道的某一个栏目，甚至是某一个栏目的其中一期或几期，还能够按点播次数收费，可定制程度非常高。

3. 注重对产业链上下游的控制力

在电信运营商主导的 IPTV 发展模式中，运营商从各类内容提供商处采集内容资源，并与软件开发商和终端生产商合作开发客户端应用，自己则主要发挥着内容集成和渠道传输的作用。电信运营商在产业链结构中处于中间位置，凭借其在网络资源和用户规模方面的优势形成对产业链上下游的控制力。例如，电讯盈科的主要内容供应商包括星空传媒、迪士尼、新闻集团、时代华纳、上海文广等全球范围内近 30 家传媒集团和内容生产机构，同时还会买断如欧洲国家杯、英国超级联赛等热门赛事的独家转播权。英国电信公司选择了发挥固定网络优势的发展战略。英国电信公司内容集成和传输的服务对象不仅是其 IPTV 用户，还包括欧洲其他 IPTV 运营商。英国电信以其拥有的英国 95% 的固网资源和欧洲 75% 的固网资源为基础，将自己建设为全球最大的广播电视内容中转和传输中心。

（二）信息服务商主导的 IPTV 业务经营模式

信息服务公司为主导的 IPTV 业务经营模式以日本“Yahoo！BB”最具代表性。Yahoo！BB 由 Yahoo 日本公司和日本软银旗下的 BB 科技公司（BB Technology）联合组建，是日本现在最大的宽带服务提供商。2002 年，日本《利用电路通信服务广播法》出台后，Yahoo！BB 成为首家取得 IPTV 运营资格的企业。

与电信运营商不同的是，Yahoo！BB 的业务模式是通过向日本电信电话株式会社（NTT）租用通信网络为个人和企业用户提供宽带服务。采用 IP 技术建设网络是 Yahoo！BB 发展的关键策略，也由此提出了“Everything Over IP”的发展理念。Yahoo！BB 将 IPTV 业务与宽带接入、IP 电话、在线娱乐等服务相结合，实现各业务在 IP 网络上的融合。这一方式因不需要建设传输网、交换网和接入网而大幅降低了资金投入和运营成本。

Yahoo！BB 将其 IPTV 业务命名为“BBTV”。得益于日本 2001 年开始实施的《e-Japan 战略》（*e-Japan Strategy*），BBTV 业务的发展具备了良好的网络传输条件。因此，Yahoo！BB 除了大量的内容储备以外，重点关注的是 IPTV 系统的开发和完善。早在 2005 年，BBTV 就采用了能够将内容编码、转码、分发、计费、用户管理、电子节目导航、媒资管理、运营支撑系统、数字版权管理等多项服务集于一体的整合运营平台。随后，BBTV 平台又被发展为直播电视、VOD、可视电话、电话会议等多媒体互动服务的统一支持平台。高效、灵活的系统平台在提高用户使用服务便捷程度的同时大幅提高了资源的利用效率和企业的服务能力。

（三）广电与电信合作的 IPTV 经营模式

广电与电信合作的 IPTV 经营模式为中国所特有，这是由 IPTV 业务牌照始终掌握在广电系统所决定的。

以中国最早获得 IPTV 牌照的上海文广集团子公司百视通为例，其 IPTV

业务发展过程中就先后与中国网通、中国电信进行过不同形式的合作。

2005 年，百视通与中国网通[①]合作在黑龙江省哈尔滨市推出 IPTV 业务，百视通负责平台建设和用户管理，网通负责网络改造及用户推广，百视通与网通按比例分成。2006 年，百视通公司与上海电信合作在上海推广 IPTV，广电部门负责内容运营，包括集成播控平台的建设、内容提供、电子节目菜单的设计等，电信部门负责系统测试、带宽改造、终端实施、系统运营、用户收费等，双方共同出资购买相关系统设备和机顶盒。

2010 年 7 月，国家广电总局推出《关于三网融合试点地区集成播控平台建设有关问题的通知》的 344 号文，提出了建立以 CNTV 为 IPTV 集成播控主平台，地方试点电视台为集成播控分平台的二级播控机制。2012 年，CNTV 成为唯一一家 IPTV 中央集成播控总平台，中国 IPTV 的发展方式再次发生转变，但基于 IPTV 业务牌照的合作经营方式，仍然是 IPTV 业务发展绕不开的问题。

在新的合作模式中，电信运营商通过与拥有 IPTV 牌照的广电企业合作，获得开展 IPTV 业务的资格，从影视公司、地方广播电视台以及国外内容提供商处进行内容采购，再借助集成播控平台完成内容的分发。广电系的企业是主要的内容提供商，而业务的推广、运营则更多的由电信运营商承担，电信企业对业务发展的实际控制力有所增强。

以广东电信为例，广东电信的 IPTV 业务能够提供 76 个标清频道和 11 个高清频道的直播服务、2 小时电视时移、72 小时直播回看、36 个个性化分类聚场 4 万小时内容供点播以及多项互动娱乐功能。2012 年，在广东地区，该项业务主要通过两种途径进行推广，一是套餐内捆绑赠送，二是“0 元体验”。用户可通过电信营业网点及网上营业厅申请办理该项业务。

三　IPTV 的发展趋势

从技术发展的角度来看，一方面，随着 3G 技术的应用和移动智能终端

① 2009 年，中国网通与中国联通合并重组，成立新公司名称为中国联合网络通信集团有限公司，即中国联通。

的普及，IPTV 服务开始向移动互联网平台拓展，使得 IPTV 具备了“四网融合”的新特征。例如电讯盈科通过开发移动应用程序“now 随身看”并提供免费下载的方式，使用户能够通过平板电脑、智能手机等移动终端收看直播和点播节目，大幅提高了用户的节目接触机会。另一方面，光纤和宽带建设又推动着 IPTV 的光纤化发展。例如，日本电信电话株式会社（NTT）推出的“光纤 TV”，使 IPTV 在传输速度和传输质量上有了大幅提升。2013 年 3 月 31 日，日本 BBTV 业务正式停止，转为提供“光电视”（ひかりTV）服务。

从业务经营的角度来看，提高内容的独占比例和内容自产能力是运营商发展 IPTV 业务的重要策略。例如，AT&T 着手建立原创内容发展和生产基地，专门服务于其 IPTV 品牌 U-verse 及在线视频业务。更多的公司则选择加强与全球内容提供商的合作关系，并加强对体育赛事、重大活动的转播权的采购。同时，IPTV 业务的经营企业也日益强调内容的“独占性”，他们更倾向于获得某项热门内容资源的区域独播权。例如，电讯盈科 2012 年、2013 年连续购买了英超联赛的香港地区多屏幕播放权。

从业务内容的角度来看，随着信息技术的发展与创新，IPTV 所体现的融合性特征更加突出。无论是电信运营商主导的、信息服务商主导的或是广电与电信合作经营的 IPTV 业务，都更加注重将 IPTV 与目前互联网等领域的应用热点结合在一起。例如，在观看页面置入“分享”按钮，用户可以在观看视频的同时立刻通过 Facebook 或 Twitter 进行观影感受的分享和评论，从而使 IPTV 的交互性特征得到增强。Verizon、AT&T 等都引入了微件（Widget）应用，包括信息类、社交网络类、体育类、天气预报类等，用户可以通过自己的偏好进行个性化的定制。通过这些应用的引入，IPTV 的应用性得到增强，用户黏性和 AURP 值也随之提高。

然而，值得关注的是，尽管在全球范围内 IPTV 用户数量和收入均呈现明显的上升趋势，但该业务的发展前景并不十分乐观。

首先，IPTV 发展面临来自有线电视行业的压力。

（1）数字有线电视业务对 IPTV 业务具有极高的可替代性。到 2015 年前后，世界主要国家的电视数字化转换将基本完成。届时，有线电视行业将实现双向高清互动传输，网络传输能力和视频内容品质都将全面提高，并能实现视频业务与互联网接入、视频通话、互动娱乐等多种功能业务的捆绑。

（2）有线电视行业经过多年发展，形成了较大的用户规模，用户使用习惯已经形成。2011 年，中国有线电视用户突破 2 亿，而 IPTV 用户总数刚刚突破 1300 万。[①] 据 Screen Digest 调查数据显示，付费电视大国英国的 IPTV 用户约占付费电视用户的 4%，有线电视用户则占 26%。据 Digital TV Research 调查数据显示，2012 年，北美地区数字有线电视用户为 5652 万户，而 IPTV 用户为 1061. 9 万户。

（3）有线电视行业拥有多年的视听内容经营经验，积累了大量内容资源和战略合作关系。康卡斯特等有线电视运营商都拥有成熟的内容生产机构，为行业竞争提供了便利。

其次，作为 IPTV 最主要的经营主体，大多数电信运营商一直将该业务定位为互联网接入业务的衍生类媒体业务。随着 IPTV 业务收入及其增长与最初预期偏离幅度的扩大，电信运营商的热情也开始降温。从运营商收入结构来看，大多数企业的 IPTV 业务营业收入和利润十分有限。2012 年 12 月，法国第二大运营商法国无线通信公司（SFR）因 IPTV 业务始终未能达到增长预期而宣布放弃自营 IPTV，转而与法国 Canal Plus 电视台合作提供电视服务。

在内容采购方面，运营商也由最初的大规模采购转向更加经济的结算方式以压缩 IPTV 的业务经营成本。2013 年 3 月，美国运营商 Verizon 通信公司向广电内容提供商提出了按照实际用户而非用户总数付费的新方式，即用户在某个频道停留了 5 分钟以上才会产生费用，低于 5 分钟 Verizon 则不向电视公司付费。以往 Verizon 是按照电视业务的订户数向广播电视公司付费。

因此，从长期来看，IPTV 在电信企业业务结构中还将继续处于从属地位。当市场出现回报更高的利润增长点（如 LTE 网络建设等）时，电信运营商的业务策略和投资兴趣也将随之发生转换。

---

① 庞井君：《中国广播电影电视发展报告（2012）》，社会科学文献出版社，2012。

参考文献

1. 康旗：《国外典型国家电信运营商融合策略及创新业务》，《信息通信技术》2011 年第 3 期。
2. 林昇：《IPTV 驶入快车道　“可管可控”仍是发展关键词》，《通信世界》2012 年第 33 期。

欧美报业“付费墙”模式研究

王弘扬　周 亭*

2012 年被称作美国的“付费墙年”，因为在这一年里，美国各大报业纷纷从“试水”转向“全面拥抱”付费墙。美国报业曾持续多年免费公开网络版，网络的链接和搜索功能为读者们提供了“免费的信息盛宴”。然而，在近年来世界金融危机和互联网发展等多重因素的影响下，美国报纸发行量连年下滑，广告收入也持续下降。在此背景下，报业纷纷在网络上筑起“付费墙”，把对新闻阅读的收费当成了挽救报纸媒体的救生圈。

“付费墙（Paywall）”是以报业为主的传统媒体在数字时代尝试内容收费、扩大收入来源的一种典型模式。其概念清晰明确，主要指传统报业在自己建立的网站上树立起一道隔离墙，要求付费才能进入阅读（通常采用订阅的形式，按周、月或年付费）。目前，美国报纸网站普遍采取的内容付费模式是计量付费，超过限定数量后，“付费墙”便横亘面前，读者需要为此后的阅读买单。传媒杂志 *MediaLife* 的数据显示，2012 年底美国已有 350 家报纸建立了“付费墙”，通过计时、计量等方式对在线内容收费。①

除美国外，在阿克塞尔·施普林格、英国新闻集团等报业集团的带动下，欧洲已经有 10 余家日报进入收费行列。在亚洲，强大的新加坡报业控股有限公司是第一家开始收费的媒体，而其他日报也有计划仿效。② 中国的报业对数字版内容收费也有零星尝试，但目前来看，“付费墙”在中国的发展前景仍不明朗。

---

* 王弘扬，中国传媒大学传播研究院硕士研究生；周亭，中国传媒大学广播电视研究中心副研究员。

① Diego Vasquez, Surprise:“Newspaper paywalls are working”, *MediaLife*, http://www.medialifemagazine.com/surprise-newspaper-paywalls-are-working.

② 赵新乐：《媒体“付费墙”模式向全球扩展》，《中国新闻出版报》2012 年 4 月 10 日。

表1　2012 年美国五大报纸网站订阅及“付费墙”状况

	《华尔街日报》	《纽约时报》	《纽约日报》	《达拉斯晨报》	《波士顿环球报》
日发行量(份)	2293798	1613865	392989	410130	230351
电子版订阅量(户)	794594	896352	114620	64788	49432
是否采用计量策略	否	是	否	否	否
印刷版订户是否免费网上阅读	否	是	是	是	是
网络版每周订阅费用(美元)	2.99	3.75(含移动客户端)	5	2.31	3.99
“付费墙”后的内容	“核心”商业和金融新闻与分析	每月 20 篇免费文章之外几乎所有内容	所有文章全文	大多数由本报记者采写的新闻和资讯	几乎所有印刷版报纸刊发的内容
免费内容	首页文章,版块首页文章,文章预览,以及部分经选择的报道和视频	首页文章,博客首页文章,分类广告	首页文章,各版块首页文章,图片集,博客,分类广告	首页文章,突发新闻,博客,讣告,分类广告,通讯社专线报道	首页文章,突发新闻,天气,体育和娱乐指南
备注	华尔街日报将网络订户计入总发行量数据中	用户在所有设备上阅读的价格为每周 8.75 美元	当地有线宽带用户可以免费访问网站内容	非打包出售,用户可单独支付订阅网络版或移动版	采用双网站策略:免费版网站 Boston.com 和收费版网站 BostonGlobe.com
“付费墙”建立时间年	1996	2011	2009	2011	2011

资料来源：美国 Alliance for Audited Media（审计媒体联盟，原发行审计局）；新华社新闻研究所《新媒体观察（付费墙专刊）》2012 年第 3 期。

一　“付费墙”在美国的发展历程

（一）纸媒的数字化转型

2012 年 12 月 31 日，拥有 80 年历史的美国权威杂志《新闻周刊》推出纸质版的最后一期，并以黑白封面的形式向读者告别。自 2013 年起，该杂志只发行数字版，改名为《世界新闻周刊》，提供网上付费阅读。在此之前，《美国新闻与世界报道》《基督教科学箴言报》等多家世界知名纸媒已经纷纷退出纸质印刷版的发行而转型为网络数字版。

可见，互联网技术和移动新媒体的迅速发展，已经深刻地改变了人们的阅读习惯，原有报纸读者对纸媒的依赖度大为降低，这迫使报纸等纸媒必须考虑转型。根据皮尤研究中心的“卓越新闻计划”（Pew Research Center's Project for Excellence in Journalism）在2012年的调查数据显示，54%的美国成年人利用互联网设备（PC、智能手机或平板电脑）阅读当天的新闻提要。[①] 尤其是以iPhone和iPad为代表的移动终端的兴起，使得用户在移动网络端的停留时间大大增加，与传统计算机用户相比，移动新闻应用用户阅读的新闻数量更多，文章内容也更长。

在此背景下，纸媒的数字化转型已经成为当前美国报业的一大特征。根据美国Alliance for Audited Media（审计媒体联盟，原发行审计局）在2012年的调查，87%的报社和杂志社都有iPad的APP（应用程序），90%的已经有数字业务的出版社和报社都考虑了移动装置，40%的数字出版商未对其供应的内容收费，但44%提供免费内容的出版商打算一两年内开始收费。[②]

（二）传统广告收入的下滑

与纸媒数字化如火如荼地开展形成鲜明对比的是美国报业传统广告收入的下滑。虽然报纸广告收入依然是美国报业最大的经济收入来源，但所占的比重已经逐年缩小（见图1）。

根据美国报业协会（NAA）1971年以来对美国报业广告额的统计数据，美国报业整体广告（印刷版+数字版）连续25个季度下滑，年收入从2005年494亿美元的最高点下降到2012年的225亿美元，若只看印刷版广告的话，则是从2005年的474亿美元下降到2012年的189亿美元。以2012年第三季度为例，该季度印刷版报纸广告营业额仅45亿美元，比2011年第三季度下滑6.4%，即减少了3亿多美元，是自1982年以来第三季度的最低收入额（1982年45亿美元相当于现在的103亿美元）。[③]

---

① Pew Research Center，“Digital：As Mobile Grows Rapidly，the Pressures on News Intensify”，http：//stateofthemedia.org/2013/digital-as-mobile-grows-rapidly-the-pressures-on-news-intensify.

②③ 吕理哲：《印刷版报纸广告与数字版广告的消长》，《今日印刷》2013年第1期。

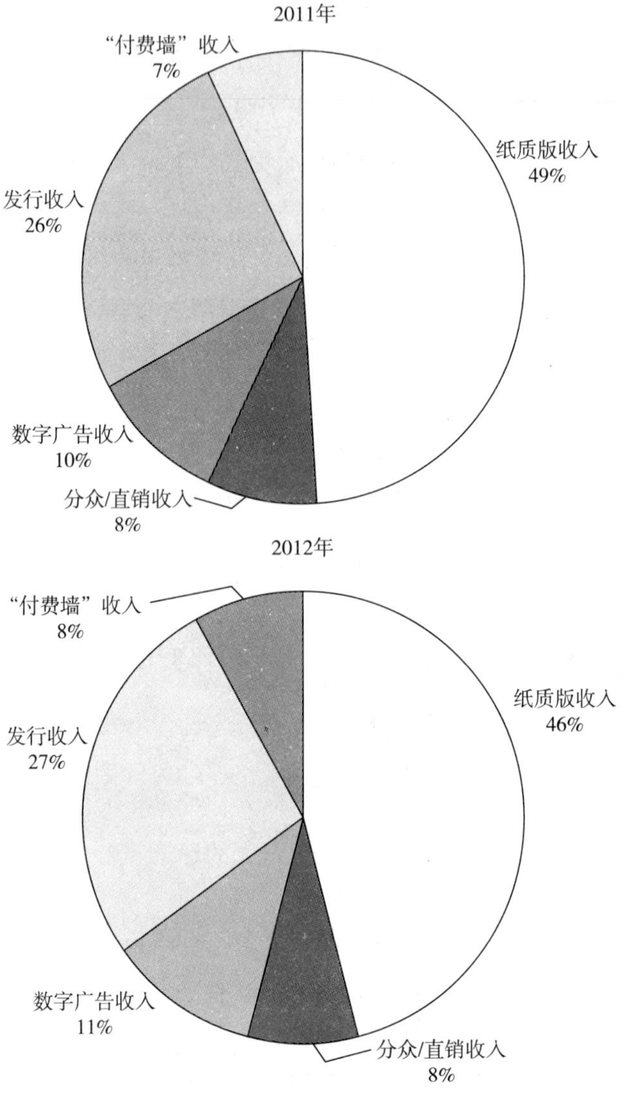

图1　美国报业收入来源结构变化

资料来源：美国报业协会（NAA）。

与印刷版广告收入逐年下滑相对应的是美国报业数字版广告保持着缓慢的增长，2012 年美国报业数字版广告收入为 33.7 亿美元，比 2011 年增长了 3.7%。同时，数字版广告收入在整体广告中所占的比重也逐渐加大，到 2012 年，已经占据了 15%（见图 2）。

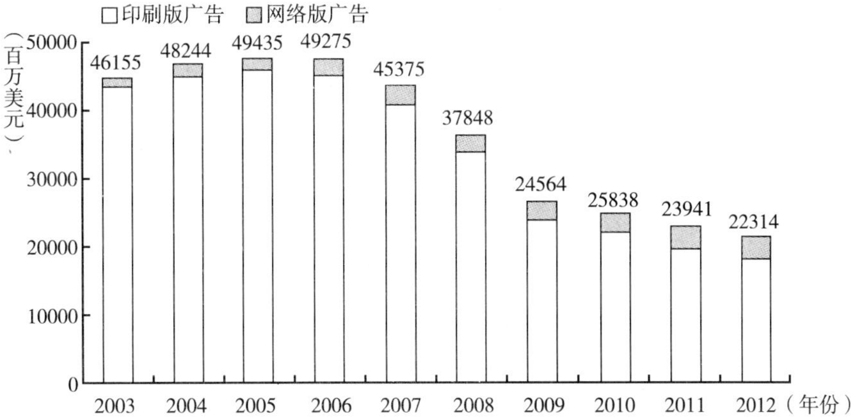

图 2　美国报业印刷版广告的下降与数字版广告的增长

资料来源：皮尤研究中心（Pew Research Center）。

（三）“付费墙”的三个发展阶段

在数字化转型的背景下，免费开放数字内容的报纸网站吸引了大量不产生经济效益的访问量，不但未给报纸增加收入作出太多贡献，相反，还造成了报纸订阅、零售以及印刷版广告的下跌。作为一种报业盈利模式的新探索，对数字版内容进行收费的“付费墙”应运而生。

“付费墙”在美国报业的实践历程，基本可以概括为早期普遍排斥、中期中小型报纸推广和大报实践受挫以及当前普遍实行这三个阶段。①

1. 早期：《华尔街日报》一枝独秀

《华尔街日报》网站于 1997 年 1 月设立“付费墙”，成为美国主流大报网站在内容收费方面的先行者，并在随后一年多的时间里赢得了 20 多万订阅用户。《华尔街日报》网站之所以能够最早实现收费并成功盈利，关键在于其“内容为王”。由于《华尔街日报》提供的财经资讯在世界范围内享有盛誉，其网站提供的财经新闻、经济数据、分析、图表等内容成为了该行业的权威信息，众多需要依靠这些信息进行决策的读者不得不订阅其网站内容。

① 余婷：《美国报纸网站付费墙的发展历程及模式探析》，《新闻记者》2012 年第 7 期。

2. 中期：大报的失败和中小型报纸的有效实践

2005年9月，《纽约时报》网站首次设立“付费墙”，订阅费用为每年49.95美元或每月7.95美元，结果却带来了网站访问量的大幅下滑。该网站不得已于2007年9月暂停了对网站大部分内容的收费。《洛杉矶时报》于2005年首次尝试对其网站的娱乐频道线上收费，数月之后就因该板块流量大幅下降97%而宣告终止。与此同时，阿肯色州的《阿肯色民主公报》、俄亥俄州的《诺沃克反映者报》等地方性中小型报纸在设置“付费墙”后访问量却稳中有升。其原因主要在于中小型报纸所提供的内容大部分是本地新闻，具有一定的独特性和独家性，与本地居民关系密切，维持了读者对此类报纸稳定的需求，而且此类报纸在数字内容发行上灵活实施了一些价格促销，有效吸引了订户。

3. 当前：设立“付费墙”或成美国报纸网站发展的大势所趋

2011年，美国报业的一个重要变化就是主流大报开始重设“付费墙”。《纽约时报》网站于2011年3月再建“付费墙”，到2012年，其数字版的订阅收入已经超过了广告收入。美国最大的报业集团甘尼特公司2012年将其下属82家地方性报纸（不包括全美发行量最大的《今日美国》）设立“付费墙”，其年度财务报告显示，当年数字产品收入增长19%，达到13亿美元，使该公司股票扭转了2011年下滑趋势，从不足10美元回升到目前的20美元。根据皮尤研究中心（Pew Research Center）发布的《2013美国纸媒状况报告》显示，截至2013年3月，数字支付计划已经被全美1380家日报中的450家所接受，这些报纸中不仅包括像《纽约时报》这样的享有大份额市场的知名大报，同样还有一些小型甚至微型的报纸。[①]

二　欧美报业的“付费墙”发展现状与案例分析

（一）欧美报业的“付费墙”发展现状

2011年3月28日，《纽约时报》重设“付费墙”，并在2012年实现数字

① Pew Research Center，“Newspapers：Stabilizing，but Still Threatened”，http：//stateofthemedia.org/2013/newspapers-stabilizing-but-still-threatened.

订阅收入超过广告收入。在《纽约时报》的带动之下，美国各大报业集团都已经加入到“付费墙”的阵营，如麦克莱齐报业集团、甘尼特报业集团纷纷宣布旗下的报纸进入“付费墙”时代，斯克利普斯（Scripps）报业、论坛报集团和道琼斯公司旗下的报纸网站也都开始了收费。美国报业网站收费似乎已成主流趋势，并且还在不断继续和扩大中（见图3）。

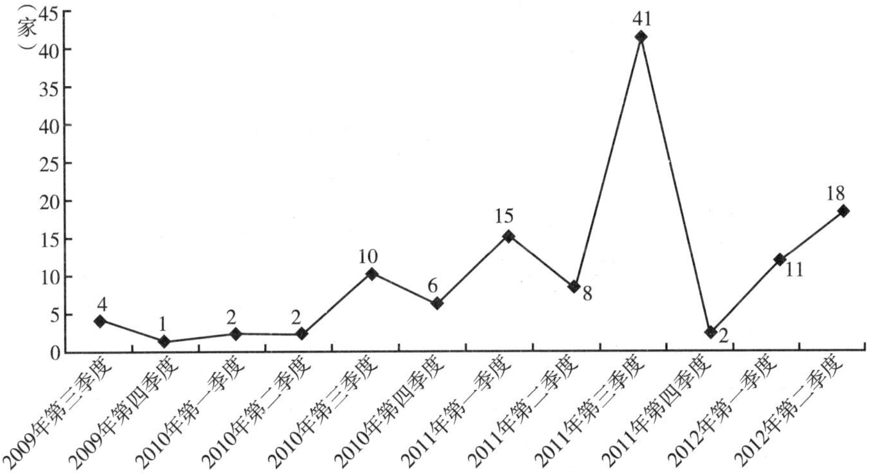

图3　美国收费报纸网站增加量（按季度）

资料来源：Susan Johnston，“Newspaper Paywalls Accelerating”，http：//ebyline. biz/2012/07/newspaper-paywalls-accelerating。

“付费墙”这一趋势简单看来无非是撤掉免费版，收取订阅费，但其实质却是报业公司在互联网上商业模式的根本变化，是从大众市场向利基市场的转变。以往大多数媒体网站都依靠免费的内容吸引大量受众，再转售高流量给广告主收取广告费，这面对的是大众市场。而“付费墙”意味着细分和聚焦，即放弃大量非忠诚用户，面向忠诚用户收费。皮尤和尼尔森对美国25家最受欢迎的新闻网站的用户调查数据显示，网站用户的月度访问次数呈幂律分布，即50%的用户每月阅读文章数在3篇以下，25%的用户每月阅读文章超过10篇（纽约时报网站15%的用户每月阅读文章超过20篇）。[①]“付费墙”模式的

① 王武彬：《付费墙模式全透视》，《新媒体观察（付费墙专刊）》2012年第3期。

核心就是要区别开发这15%或25%用户的价值，同时将另外85%或75%的用户拒之门外或采用其他的服务方式。

能够通过“付费墙”对受众细分和聚焦的欧美报纸主要有以下几类：一是财经类报纸，以《华尔街日报》《金融时报》为代表；二是有深度新闻、有社会公信力的报纸，以《纽约时报》为代表；三是体育类报纸，以《密尔沃基哨兵日报》为代表；四是其他个性化报纸，如一些地方性报纸。一些享有全球影响力的大报，如《今日美国》《华盛顿邮报》、英国《卫报》等报纸出于不同理念及自身条件，至今尚未决定建立“付费墙”。

（二）《纽约时报》“付费墙”案例分析

1.《纽约时报》“付费墙”的建立过程

《纽约时报》1996年1月成立网站“The New York Times on the Web”，最初实行国内用户免费、国外用户付费的策略，但不久就放开门户，全部免费，当时的初衷是为了尽可能吸引受众来争取广告，根据1999年7月Media Metix公布的统计数字，当时《纽约时报》每天吸引270万读者。

2005年，网站推出名为“Times Select”的收费服务，对优质内容，如报刊的社论及专栏作家的作品、历史档案等以每月7.95美元或包年49.95美元的方式收费，普通新闻仍然免费。这个收费项目每年为《纽约时报》带来了1000万美元的收入，但却无法弥补由于印刷版报纸订阅量减少带来的损失。2005～2006年，《纽约时报》发行量下跌了3.5%，在第三季度，其盈利下滑近40%。网站被迫于2007年8月实行全面免费，并提供自1987年后所有印刷版内容。①

经过几年的酝酿之后，2011年3月28日，《纽约时报》网站重新设立“付费墙”，但此次收费标准和范围较之前复杂很多（见表2）。到2012年底，《纽约时报》线上线下的总订阅收入达到7.683亿美元，首次超过广告收入，成为该报第一大收入来源。

① 孙发友、董朝：《〈纽约时报〉在线收费模式》，《新闻前哨》2012年第5期。

表 2 《纽约时报》“付费墙”具体收费方案

付费阅读	15 美元：可进入网站，并可下载报纸的智能手机应用软件 20 美元：可进入网站，并可下载报纸的平板电脑应用软件 35 美元：可进入网站，并可下载报纸的智能手机和平板电脑应用软件
无限阅读	通过 Twitter、Facebook 等社交网站进入报纸网站，可以无限阅读
限量阅读	通过 google 等搜索引擎阅读报纸文章，每天量限 5 篇 通过报纸网站阅读文章，每月限量 20 篇

注：收费周期为“四周”。
资料来源：The New York Times Company。

2.《纽约时报》“付费墙”模式分析

《纽约时报》的“付费墙”可谓是一道“篱笆墙”。“篱笆墙”是不完全收费的一种“付费墙”方式，可以分为两种，一种是分类策略，将内容划分为免费内容和付费内容，以此来对用户进行区隔，免费用户只能阅读限定的内容，付费内容只能看到摘要；另一种是计量策略，限定每户每月免费浏览文章数量的上限，《纽约时报》采用的就是这种策略，它将免费用户每月的浏览量限定在 20 篇，超出部分付费，分别按照手机、电脑、阅读器等进行交叉定价，并根据阅读单位时间定价。

“篱笆墙”模式旨在同时开发利基市场和大众市场，同时利用忠诚用户和非忠诚用户获得收入：一方面通过内容付费，直接获得订阅收入；一方面依靠免费内容吸引流量。这种策略显然更具弹性，凭借这种适合自身状况的“付费墙”策略，《纽约时报》自 2011 年第二季度起，开始扭转发行收入上的颓势，改变了报业的营收结构，取得了初步的成功（见图 4）。

3.《纽约时报》“付费墙”的成功因素

《纽约时报》“付费墙”的初步成功可以归为以下几点：（1）《纽约时报》所提供的内容具有不可替代性，《纽约时报》作为世界知名的百年大报，秉持高标准的新闻专业主义，其提供的内容视角独特、见解深邃，长久以来培养了大量忠实的读者；（2）《纽约时报》网站采取了合理的“半封闭”的“付费墙”模式，可以吸引大量的阅读者尤其是 Twitter、Facebook 等社交网络的用户；（3）当前美国完备的知识产权保护体系、便捷的金融支付以及网

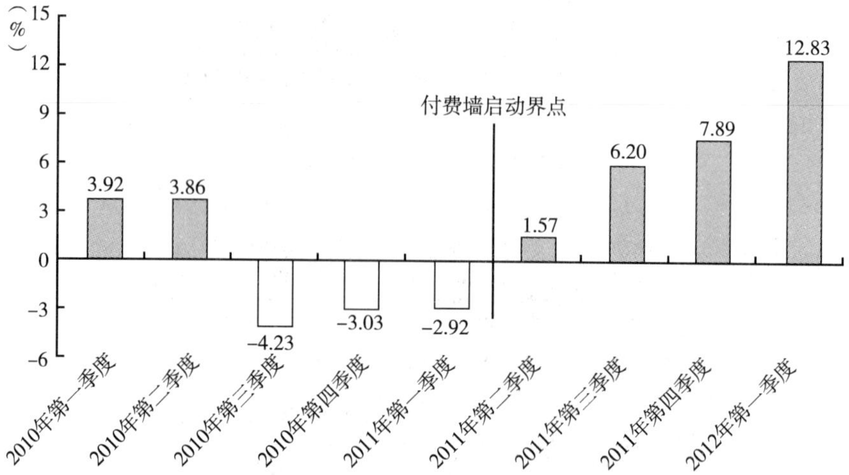

图4 《纽约时报》“付费墙”的启动与发行收入增减的变化

资料来源：The New York Times Company。

民们日趋成熟的消费心理为《纽约时报》“付费墙”的成功提供了良好的客观条件。

（三）《泰晤士报》“付费墙”案例分析

1.《泰晤士报》“付费墙”模式

2010年5月25日，《泰晤士报》网站正式启动收费策略，用户必须注册成为网站用户，才能阅读内容。为配合这一战略，《泰晤士报》的周末版《星期日泰晤士》网站从主网独立出来，单独成为一个收费阅读网站。从2010年5月25日开始的8周内，用户无须真正付费，只需要注册，进行“试用”。8周试用到期后，用户可以选择以1英镑的价格阅读1天，或者以2英镑的打包价格阅读一周。这种明显倾向让用户选择打包价格的定价，相比印刷版的报纸来说，具有一定价格优势（《泰晤士报》印刷版周一至周五每份售价1英镑，周六1.5英镑，周日2英镑）。

2.《泰晤士报》设立“付费墙”的结果

在收费前，《泰晤士报》网站每日独立访问者稳定在120万以上，以4%以上的市场占有率位列英国新闻类网站第四位（前3位均为BBC旗下网站），报纸类居第一位。收费战略启动后，即便是无须马上付费，用户仍然选择马上离开《泰晤士报》的网站。根据独立第三方监测机构 Hitwise 的数据显示，从 2010 年 5 月 25 日开始，《泰晤士报》网站在英国新闻类网站中的市场份额开始下滑，一周内持续下跌，至 2010 年 6 月，跌至 3.5%，并且保持稳健的下跌势头，一个月内跌至 2.67%，至正式收费前，市场份额只有 1.37%，彻底退出英国新闻类网站前 10 位（见图 5）。①

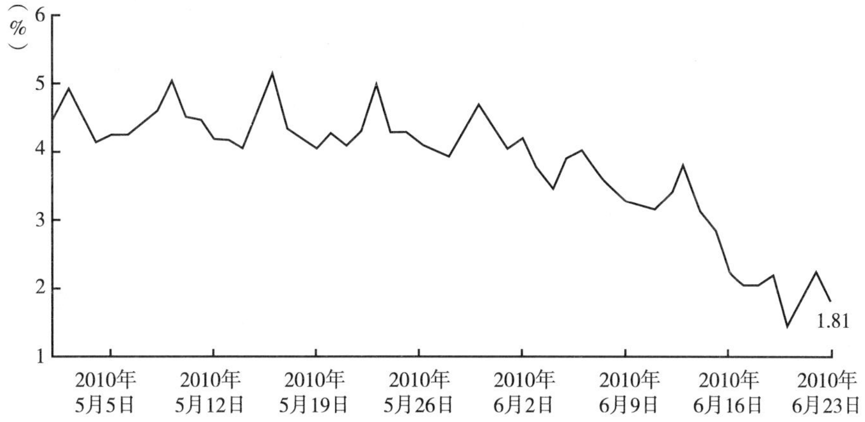

图 5　泰晤士报网站收费前后市场占有率变化趋势

资料来源：Experian Hitwise UK。

此外，Hitwise 的数据还显示，与《泰晤士报》存在竞争关系的英国其他报纸网站，在《泰晤士报》试行收费后，获得的来自《泰晤士报》网站的用户出现较明显增长，这说明更多读者选择其他媒体作为《泰晤士报》的替代品。

而根据由 3 名前《泰晤士报》负责传媒研究的编辑记者创办的独立研究机构 Beehive City 提供的数据，《泰晤士报》“付费墙”的前景更加不容乐观：在 8 周的试用期里，有 15 万人成为《泰晤士报》网站的注册用户，但其中只有约 1.5 万人在试用期结束后选择真正付费。②

① Experian Hitwise, “Times paywall: initial data and analysis”, http://www.experian.com/blogs/hitwise-uk/2010/06/24/times-paywall-initial-data-and-analysis.

② 风端：《付费阅读，值得吗?》，《南方传媒研究》2011 年第 25 期。

由此可见，“付费墙”并非是一剂包治百病的“灵丹妙药”。《泰晤士报》在2010年开始的“付费墙”策略使得原本服务120万人的大众媒体网站，变为了只有1.5万用户的小众网站，经济收益也十分有限。究其原因，很大程度上在于《泰晤士报》所采用的“硬付费墙”策略，完全将读者与报纸数字内容隔离，驱散了很大一部分受众，他们最终都投向了《泰晤士报》的替代性媒体。所以，选择适合报纸自身情况的“付费墙”模式，对报纸的发展至关重要。

三　欧美“付费墙”的基本模式

（一）“硬付费墙”模式

“硬付费墙”模式是指完全将读者与报纸数字内容隔离的支付模式，读者在缴纳订阅费之前不能看到任何内容。2007年之前的《华尔街日报》网站就采用这种“付费墙”模式。就报纸数字内容盈利而言，这是风险最高的一种模式。通常情况下，报纸网站一旦设立这种“付费墙”就会立即失去大部分受众与广告。唯一能使报纸网站获得生存的办法，就是能够提供足够多的独特内容来吸引足够的订阅者。因此，“硬付费墙”模式要取得成功必须具备以下要素：一是能提供具有附加价值的内容，二是精确圈定忠实目标读者，三是已垄断市场。①

（二）“半收费”模式

“半收费”模式即一部分免费，一部分收费。免费能够获得网络外部效应，提高流量、获得普通用户的关注，在此基础上，选择某个临界点，超过该点的就要付费。该模式主要针对难以获得的、深入独到的资讯内容，围绕着核心用户来收费。

该模式有两类具体形式：一是在一定数量免费的基础上，按单位时间

① 余婷：《美国报纸网站付费墙的发展历程及模式探析》，《新闻记者》2012年第7期。

（周、月、季度和年）订阅。这种收费方式是目前网络报纸中使用量最多，也是比较成功的方式。读者不再为琐碎的支付方式而费心，同时能获得阅读内容、质量、效率、感受的最大化。这类付费读者对价格的敏感度低，而对效率、功能和阅读质量要求高。二是在一定数量免费基础上按量订阅，当阅读文章的数量超过免费的临界点时收费，阅读篇幅越多，收费越多，但当阅读量加大时，会出现单价下降的趋势。也有的将几种方式交叉组合，任用户选择。①

（三）小额支付模式

《华尔街日报》早在2009年秋即对特定文章和高级订阅内容实行了“小额支付”的战略，以期降低对不断下滑的广告业务的依赖。《时代》周刊亦在2010年的封面文章《如何拯救你的报纸》提出用小额支付系统解决内容收费问题。小额支付，又称微支付，读者可以根据自己的喜好，通过微支付阅读自己喜欢的内容。即使每一篇文章的费用不高，但积少成多，可以产生非常可观的收益。在网络环境下，小额支付摆脱了传统“捆绑销售”的困境，实现了受众的自主选择权，易培养读者的依赖性和忠诚度，实现更大规模的使用与满足。

目前，小额支付有下列几种主要模式：一是将大部分的大众化新闻免费，剩下的独家深度内容收费；二是一篇文章的前半部分免费，后半部分收费；三是一篇文章在刊登数小时以后可免费，而在数小时之内收费，具体时间可根据内容的重要性和时效性等因素综合考量。小额支付对网络报纸带来的最大好处是，降低支付门槛，提高支付动力，扩大付费人群和收入。并且通过一定的免费内容扩大读者群和影响力，提供广告收入。②

（四）会员制、宗教捐赠和其他捐赠

例如《基督教科学箴言报》基本上是以忠诚的会员、虔诚的教徒的捐赠为主，另外辅以广告营收，形成以捐赠和广告相结合，会员制和广告收入相结合的方式，该报的捐款占90%，广告费占10%。

---

① 党西民：《网络报纸收费现状及发展趋势》，《青年记者》2012年第7期。

② 杨涵雯：《网络新闻免费时代的终结？——国内报纸网站付费墙的障碍与挑战剖析》，《新闻界》2012年第17期。

四 “付费墙”与中国报业

（一）“付费墙”在中国的尝试

2007 年 4 月 8 日，温报集团旗下《温州日报》《温州晚报》《温州都市报》《温州商报》正式上线开展收费服务。每份报纸的订阅价格是 160 元/年，任意两份则为 260 元/年，任意三份则为 320 元/年，四份都订阅则为 380 元/年。这在当时业界引起轰动，此举也被誉为“温州模式”。

由于温州数字报纸主要的受众对象是遍布世界各地的温州商人。因此，在营销手段上这些数字报主要依靠温州商会以及与其建立合作伙伴关系的意大利等国家的当地报纸进行代理销售。在支付手段上由最初单纯依靠各地的温州商会以及销售代理点、销售点卡逐渐发展成为售卡、网银支付等相结合的方式。

从盈利角度看，温报集团的数字报无疑是成功的。以 2010 年为例，仅在欧洲该数字报的发行量就达到了 2.6 万份，出口创汇 59.1 万美元。可惜的是，由于集团内部没有形成市场机制以及利用商会、海外合作伙伴推广数字报的非商业化销售模式，该数字报于 2012 年 7 月暂停了“付费墙”，改为完全免费阅读。①

《人民日报》的“付费墙”实践也并不成功：《人民日报》数字版曾于 2010 年 1 月 1 日起开始尝试实行收费阅读。根据当时的设定，收费标准为每月 24 元、半年 128 元、全年 198 元，以在线支付、银行转账和邮局汇款三种方式支付。但在三个月之后即宣布对数字报收费阅读服务做出调整：前四版内容长期免费，五版及五版以后版面内容当天免费；同年实行收费订阅的安徽日报报业集团也很快悄悄取消了这一模式。

（二）“付费墙”在中国难以实行的原因

1. 中国网民缺乏付费获取新闻的习惯

中国互联网用户多年来一直没有为内容付费的习惯，无论是视频还是音

---

① 李南：《我国数字报纸收费模式探寻》，《传媒》2013 年第 3 期。

频，都难以直接从用户那里获得利润，而新闻相比其他内容形式难度更大。

2. 对知识产权缺乏尊重

在互联网上免费内容随处可见，即便树立“付费墙”，难以有效保证内容不被泄露到墙外传播，从而导致“付费墙”的存在丧失意义。

3. 支付不够便捷

在欧美国家的“付费墙”实践中，微支付是常用的一种方式，尤其适用于支付金额小、交易频率高的情况，读者可以通过 Google Wallet（谷歌钱包）等方式便捷地支付“付费墙”的费用。而在国内，目前微支付的平台单一而且安全度不高，支付方式也比较繁琐，难以适应“付费墙”小金额、高频度的支付。

4. 内容同质化严重，缺乏不可替代性

目前，我国大部分报纸网络版内容都缺乏独特性，当用户可以轻松找到免费替代品的时候，很难吸引他们付费阅读相似甚至相同的内容。

（三）欧美报业“付费墙”对国内报纸数字版发展的启发

美国传媒经济学家肯·多克特（Ken Doctor）考察了包括芬兰 Sanoma 传媒公司、德国 Axel Springer 传媒公司、伦敦《泰晤士报》，以及《纽约时报》等多家报纸的“付费墙”之后，提出了报纸“付费墙”经营的5P原则，即客户（People）、产品（Product）、呈现（Presentation）、价格（Pricing）、促销（Promotion）。[①] 这五个方面对于中国报业数字版的发展乃至未来新的“付费墙”的尝试都有很大的借鉴意义。

报纸在线内容的客户（People）是“付费墙”的目标市场。挖掘客户的阅读需求、洞察客户的阅读体验、建立体验者客户数据库、为目标市场提供对位的服务，是成功设置“付费墙”的前提。

提供有价值的产品（Product）是实现收费的关键。无论是新闻报道、独家观点，还是对新闻信息、新闻事件富有创见的解读，内容价值的不可替代性都直接决定了“付费墙”设立的成功与否。

采用融合型渠道实现产品的呈现（Presentation）是实现收费的重要条件。

---

① 吕尚彬：《谁能够成为构建付费墙的中国报纸》，《中国报业》2012 年第 23 期。

以方便用户的体验与接触为基础，基于媒介融合与读者的媒介接触方式进行内容地有效呈现，形成与用户直接互动的渠道及体验接点，这是“付费墙”体系中有价值产品呈现的特点。

合适的价格（Pricing）是报纸获得规模利益的核心，强调产品的定价与其价值匹配。实际上，无论报纸采用何种手段加固“付费墙”的技术门槛，一些技术高超的“黑客”或用户总能找到“翻墙”的办法与途径。只要价格合适，翻墙不那么容易，付费成本低于“翻墙”成本，对报纸忠诚度高的人就可能愿意为之付费。

符合目标体验者需要的促销（Promotion）手段，其关键是提高用户的心理感受。除了常规的广告、公关活动、SP 促销等内容促销途径之外，论坛、社交网络、部分免费阅读等网络推销途径，常常与“付费墙”的市场推广相配套。特别是展示产品魅力的“部分免费阅读”，成为一些大报屡试不爽的“付费诱饵”。

尼泊尔宽带发展概况

刘丰海*

本文主要是依据尼泊尔政府中央统计局的《尼泊尔生活水准调查2010/11》、国际电信联盟《衡量信息社会发展 2013》及尼泊尔财政部 2012~2013 财年的部分经济数据，对尼泊尔居民的媒体尤其是互联网使用情况进行简要介绍。

一 尼泊尔的媒体概况

1. 通讯社

尼泊尔国家通讯社（RSS）是全国唯一官方通讯社，成立于 1962 年 4 月。

2. 报纸

尼泊尔全国注册发行的各类报刊有 4871 种，其中日报 362 份，英文报纸 387 份。

全国最大的两份日报都是官方报纸：《廓尔喀报》（尼文，1901 年创刊）、《新兴的尼泊尔》（英文，1965 年创刊）。著名的日报还有《加德满都邮报》（英文）、《坎蒂普尔日报》（尼文）和《喜马拉雅时报》（英文）等，以及周报《尼泊尔时报》（英文）。

3. 广播

尼泊尔广播电台（Radio Nepal）是全国唯一的官方电台，成立于 1951 年，广播语言有尼泊尔语、英语、尼瓦尔语、印地语等。此外，还有 4 家私人调频电台。全国 70% 的人口能收听到广播节目。部分电台已经开展细分化服务，比如加德满都的一家儿童电台，所有节目从策划筹备带采访录制，都由十几岁

* 刘丰海，中国传媒大学国际学院，讲师。

的儿童们在成年人的指导下完成。

4. 电视

目前，尼泊尔有22个电视频道，其中官方频道2个。尼泊尔电视台NTV（Napal Television）创建于1984年，自2006年7月起，实现了全天24小时播出，信号覆盖尼泊尔45%的国土和65%的人口。尼泊尔电视台还向22个国家输出电视信号。私人电视台、私人有线电视台主要播放电影、教学和娱乐节目。

5. 电信及网络

尼泊尔于1999年4月正式开通无线移动电话业务。现有3家主要电信运营商，NT（Nepal Telecom）、SPNL（Spice Private Nepal Limited）、UTL（United Telecom Limited）。其中NT是国有企业和电信业务主要提供商。尼泊尔的互联网接入集中在较发达的加德满都河谷地区，在偏远地区互联网服务较不发达。截至2010年，尼泊尔有43%的人口使用互联网，互联网普及率在尼泊尔迅速增长。

2012年12月，尼泊尔主管互联网服务的信息通信部通过制定《网络法》对互联网进行管理。《网络法》对于言论和表达的自由做了比较详细的规定。发布不良信息，导致社会混乱或诋毁他人者，可能会受到相关法律的处罚。某些上网行为，包括黑客入侵和网络欺诈等行为，将被处以包括罚款和长达五年的监禁等处罚措施。①

二　尼泊尔居民的传播设施使用情况

尼泊尔政府中央统计局分别在1996年、2004年、2011年进行了三次国民生活水准调查。根据2011年11月发布的第三次调查结果《尼泊尔生活水准调查2010/11》（*Nepal Living Standards Survey* 2010/11），可以看出，尼泊尔居民对媒体与传播相关基础设施的使用情况及商品的消费情况（见表1～3）。

① 江明：《尼泊尔通过〈网络法〉对互联网进行管理》，http：//news.xinhuanet.com/world/2012－12/26/c_114158784.htm。

在尼泊尔，对邮局、电话亭、互联网、社区图书馆等政府提供设施的使用与媒体使用紧密相关。从表1中可以发现，电话使用率增长迅速。从地区差异看，城市人口的使用率远远高于农村人口。

表1　尼泊尔居民对政府提供传播设施的使用情况

单位：%

设　施	1995/96 调查	2003/04 调查	2010/11 调查
邮局	—	61.0	65.4
电话亭	—	53.6	86.3
互联网	—	—	43.2
社区图书馆	—	—	38.6

资料来源：《尼泊尔生活水准调查2010/11》。

表2　尼泊尔居民对政府设施及服务的评价

设　施	2003/04 调查			2010/11 调查		
	好	一般	差	好	一般	差
邮　局	14.0	70.7	15.3	6.4	82.6	11.0
电话亭	14.9	57.1	28.3	17.6	73.7	8.7

资料来源：《尼泊尔生活水准调查2010/11》。

表3　尼泊尔部分耐用品中位折旧率

物　品	中位年折旧率	物　品	中位年折旧率
收音机	0.278	电话/手机	0.351
照相机	0.227	电脑/打印机	0.242
TV/VCR/DVD	0.208		

资料来源：《尼泊尔生活水准调查2010/11》。

第三次调查结果显示，13%的家庭安装有线电话，主要集中在城市、富裕家庭，但手机持有的增长速度很快。另据尼泊尔财政部发布的2012～2013财年（2012年7月～2013年7月）经济数据，全国电话拥有量2000万部，其中85%是手机。

三　尼泊尔居民宽带使用费用情况

根据联合国下属机构国际电信联盟2013年10月7日发布的全球互联网年度报告《衡量信息社会发展2013》（*Measuring the Information Society* 2013），尼泊尔的信息与计算技术发展，处于世界下游水平。

2012年，国际电信联盟收集了169个经济体有关信息社会化的综合价格指数。尼泊尔的宽带服务成本比较高，其固定电话、固定宽带、移动宽带的价格分别排在第127位、第133位、第124位。表4～8是从中摘录的尼泊尔与其两个相邻大国的数据比较。

表4　2012年中国、印度、尼泊尔固定电话的价格比较

排名	经济体	人均GNI（%）	价格（美元）	购买力评价指数	2011年人均国民总收入（美元）
59	中　国	1.2	4.9	7.6	4940
108	印　度	2.7	3.2	7.6	1410
127	尼泊尔	6.0	2.7	5.6	540

资料来源：国际电信联盟。

表5　2012年中国、印度、尼泊尔固定宽带价格比较

排名	经济体	人均GNI（%）	价格（美元）	购买力评价指数	2011年人均国民总收入（美元）
93	印　度	5.1	6.0	14.4	1410
99	中　国	5.6	23.2	36.1	4940
133	尼泊尔	17.8	8.0	16.6	540

资料来源：国际电信联盟。

表6　2012年中国、印度、尼泊尔移动宽带价格比较

排名	经济体	人均GNI（%）	价格（美元）	购买力评价指数	2011年人均国民总收入（美元）
18	中　国	0.6	2.3	3.5	4940
82	印　度	2.9	3.5	8.3	1410
124	尼泊尔	7.7	3.5	7.2	540

资料来源：国际电信联盟。

数字宽带发展委员会确定的有关宽带可承受性的目标为："到2015年，发展中国家应通过适当的规范和市场力量让入门级宽带服务价格达到消费者可承受的水平（使其低于人均月收入的5%）。" 2012年，尼泊尔入门级固定宽带签约服务的成本占人均国民总收入（CNI p. c）的17.8%。

在发展中国家，移动宽带价格比固定宽带更加令人可承受。尼泊尔两种宽带价格的比较也验证了这一点。

国际电信联盟开发了估算全球范围内数字原生代（Digital Natives，DN）人群规模的模型。该模型将数字原生代人群定义为年龄在15～24岁，具有五年或更多上网经验的网络化青年。发达国家的数字原生代占人口10%，发展中国家居民中数字原生代约占4.2%，尼泊尔的数据为0.8%（见表7）。

表7　2012年中国、印度、尼泊尔数字原生代数据

单位：%

排名	经济体	DN（总数）	DN在总人口中的比例	DN在青年总数中的比例	青年人口比例
89	中　国	75210372	5.6	34.7	16.0
139	印　度	22660059	1.8	9.5	18.9
158	尼泊尔	238079	0.8	3.7	20.9

资料来源：国际电信联盟。

在多数国家，青年对互联网的使用水平明显高于一般人。发展中国家的平均比率为2.0，发达国家的平均比率为1.3，全球平均值为1.8。尼泊尔的比率为2.2（见表8）。

表8　2012年中国、印度、尼泊尔互联网使用渗透率数据

单位：%

经济体	15～24岁青年人互联网使用渗透率	全体互联网使用渗透率	比值
中　国	75.0	42.3	1.8
印　度	27.8	12.6	2.2
尼泊尔	24.9	11.1	2.2

资料来源：国际电信联盟。

四　电信行业的国际合作开放

尼泊尔的信息通信技术产品和服务不能满足尼泊尔居民，尤其是年轻人的使用需要。此外，不断增长中的赴尼泊尔旅游的外国游客也需要更便捷、便宜的网络服务。[①]

2005 年 6 月，尼泊尔工业局发布的《外国在尼泊尔投资程序》及之后的相关政策法规规定，以下行业属于不对外国投资开放的范围：

（1）家庭手工业；

（2）服务业（例如理发馆、美容室、裁缝和驾校）；

（3）军事工业；

（4）西药业；

（5）与无线通信有关工业；

（6）房地产（买卖地产，不包括建筑开发商）；

（7）电影工业；

（8）涉密印刷业；

（9）银行票据和钱币业；

（10）烟酒（90% 的烟酒产品用于出口的企业除外）；

（11）国内快递服务；

（12）原子能；

（13）养殖家禽；

（14）渔业；

（15）管理、财务、工程和法律方面的咨询服务。

但以上法规近年来逐渐有了松动，例如贸易、批发、货运、旅游、渔业、养殖、管理和工程咨询等企业，出现了合资合作经营的情况。与电信、媒体相

① 尼泊尔旅游委员会（NTB）2013 年度公告称，2012 年通过特里布文国际机场赴尼旅游的外国游客总数为 598204 人，比 2011 年增长 10%。这一数字不包括通过尼印边境和尼中樟木口岸等陆路赴尼游客人数。

关的行业及服务中，外资在政府部门主导许可的前提下，光缆设备等硬件建设、电脑软件、数据处理、照片扫描与洗印等服务开始有限进入。根据尼泊尔财政部公布的 2012 ~ 2013 财年经济数据，尼泊尔经济增速 3.5%，低于预期的 5.5%。贸易逆差 4286.7 亿卢比，进口/出口比高达 14:1，其中电信设备位居进口商品第六位，总额 134.8 亿卢比，占比 2.4%，同比增长 59.52%。

由中国通信建设集团有限公司施工的中国政府援建尼泊尔樟木至加德满都光缆铺设项目于 2008 年 8 月移交尼泊尔政府。该项目对加快尼泊尔电话、计算机网络速度和容量起到了促进作用。近年来，中国东方通信卫星公司、中国电信设备供应商华为公司、软件解决方案和服务提供商亚信联创股份有限公司与尼泊尔国有电信运营商 NT 分别就信号传输、GSM 网络设备、通信建设支撑系统有良好合作。

参考文献

1. *Nepal Living Standards Survey* 2010/11, Central Bureau of Statistics, National Planning Commission Secretariat, Government of Nepal, November 2011.
2. *Measuring the Information Society* 2013, International Telecommunication Union, October 2013.
3. 商务部国际贸易经济合作研究院、商务部投资促进事务局、中国驻尼泊尔大使馆经济商务参赞处,《对外投资合作国别（地区）指南·尼泊尔》, 2012。
4. 李涛等:《南亚地区发展报告 2012》，时事出版社，2013。

图书在版编目(CIP)数据

新媒体前沿. 2013/胡正荣，唐晓芬，李继东主编. —北京：社会科学文献出版社，2013.12
ISBN 978-7-5097-5415-3

Ⅰ.①新… Ⅱ.①胡… ②唐… ③李… Ⅲ.①传播媒介-研究-世界 Ⅳ.①G219.1

中国版本图书馆 CIP 数据核字（2013）第 287926 号

新媒体前沿（2013）

主　　编／胡正荣　唐晓芬　李继东

出 版 人／谢寿光
出 版 者／社会科学文献出版社
地　　址／北京市西城区北三环中路甲 29 号院 3 号楼华龙大厦
邮政编码／100029

责任部门／皮书出版中心（010）59367127
电子信箱／pishubu@ssap.cn
项目统筹／任文武　蔡继辉
经　　销／社会科学文献出版社市场营销中心（010）59367081　59367089
读者服务／读者服务中心（010）59367028
责任编辑／王　芳　高蝴蝶　任文武
责任校对／白秀红
责任印制／岳　阳

印　　装／北京季蜂印刷有限公司
开　　本／787mm×1092mm　1/16
印　　张／19.25
版　　次／2013 年 12 月第 1 版
字　　数／310 千字
印　　次／2013 年 12 月第 1 次印刷
书　　号／ISBN 978-7-5097-5415-3
定　　价／79.00 元